TODOS OS ASTROS LEVAM A PARIS

NATASHA SIZLO

TODOS OS ASTROS LEVAM A PARIS

MINHA HISTÓRIA DE AMOR, MAGIA E DESTINO

Tradução
Carolina Simmer

1ª edição
Rio de Janeiro-RJ / São Paulo-SP, 2023

VERUS EDITORA

Título original
All Signs Point to Paris

ISBN: 978-65-5924-172-9

Copyright © Natasha S. Barrett, 2022
Todos os direitos reservados.
Edição publicada mediante acordo com HarperCollins Publishers LLC.

Tradução © Verus Editora, 2023
Direitos reservados em língua portuguesa, no Brasil, por Verus Editora. Nenhuma parte desta obra pode ser reproduzida ou transmitida por qualquer forma e/ou quaisquer meios (eletrônico ou mecânico, incluindo fotocópia e gravação) ou arquivada em qualquer sistema ou banco de dados sem permissão escrita da editora.

Verus Editora Ltda.
Rua Argentina, 171, São Cristóvão, Rio de Janeiro/RJ, 20921-380
www.veruseditora.com.br

CIP-BRASIL. CATALOGAÇÃO NA FONTE
SINDICATO NACIONAL DOS EDITORES DE LIVROS, RJ

S637t

Sizlo, Natasha
  Todos os astros levam a Paris : memórias de amor, magia e destino / Natasha Sizlo ; tradução Carolina Simmer. - 1. ed. - Rio de Janeiro : Verus, 2023.

  Tradução de: All Signs Point to Paris
  ISBN 978-65-5924-172-9

  1. Sizlo, Natasha. 2. Mulheres - Estados Unidos - Biografia. 3. Paris (França) - Descrição e viagens. 4. Autobiografia. I. Simmer, Carolina. II. Título.

| 23-84247 | CDD: 944.361092 |
| | CDU: 910.4(44) |

Gabriela Faray Ferreira Lopes - Bibliotecária - CRB-7/6643

Revisado conforme o novo acordo ortográfico.

Seja um leitor preferencial Record.
Cadastre-se no site www.record.com.br e receba informações sobre nossos lançamentos e nossas promoções.

Atendimento e venda direta ao leitor:
sac@record.com.br

A minha irmã, Tara
A minha mãe, Edna
E ao meu pai, o grande Bob Sizlo

O vento sob as minhas asas

Sumário

Nota da autora — 9

Prólogo — 11
Casa Um: *Enchanté* — 13
Casa Dois: Paris é sempre uma boa ideia — 34
Casa Três: Dançando com o francês — 48
Casa Quatro: Zumba — 71
Casa Cinco: A culpa é da minha astróloga — 100
Casa Seis: *Coucou* — 134
Casa Sete: *Bonjour*, você é minha alma gêmea? — 161
Casa Oito: *Merde!* — 192
Casa Nove: Vamos achar esse filho da p*ta — 216
Casa Dez: *La vie en rose* — 252
Casa Onze: *Au revoir* — 277
Casa Doze: Um céu estrelado — 289

Agradecimentos — 315

Nota da autora

Este livro é a história real da minha busca pelo amor. Sendo assim, a verdade pode ser subjetiva, e reconheço que a memória de algumas pessoas sobre os eventos apresentados aqui possa ser diferente da minha. Por motivos de privacidade, modifiquei certos nomes, locais e características. Diálogos e situações foram recriados com base em lembranças e, em alguns casos, resumidos para transmitir a essência de conversas ou acontecimentos. Em virtude da natureza confidencial do mercado imobiliário, as casas, os vendedores e os compradores mencionados aqui são uma mescla das muitas transações que testemunhei durante minha carreira em Los Angeles. Este livro não tem a pretensão de oferecer conselhos médicos, imobiliários nem astrológicos. As vozes na minha cabeça são reais.

Todo capítulo começa com informações sobre uma das doze casas do zodíaco. A intenção desses trechos é despertar a curiosidade e a introspecção. A renomada astróloga Stephanie Jourdan, ph.D., me ajudou a escrevê-los, porém quaisquer erros são de minha responsabilidade.

Prólogo

Terça-feira, 22 de outubro de 2019
00h37
Paris

— Que diabos foi isso? — perguntou Tara enquanto dobrávamos a esquina. Ela parou na calçada e me encarou com os olhos arregalados.

O brilho suave de um poste nos iluminava. Meu coração batia disparado. *Isso foi de verdade? Acabei de conhecer...*

— Não sei — respondi, recuperando o fôlego. — Ele simplesmente apareceu. Do nada. Como se fosse um sonho. Disse que é escritor. Está escrevendo alguma coisa sobre amor e destino. E só vai passar uma noite em Paris. Não entendo o que acabou de acontecer. Tudo pareceu tão familiar.

— Ai, meu Deus, será que ele é o amor da sua vida? Puta merda, Tasha, você precisa voltar lá. Agora. Antes que ele *des*apareça.

— Mas não é esquisito? Tipo, ele já deve ter entrado no hotel. Como é que eu vou encontrá-lo? Ele pode estar no bar ou voltando para o quarto. O que eu vou fazer, bater em todas as portas? Não sei nem o nome dele.

— Sim. É isso mesmo que você deve fazer. Depois de tudo que a gente passou em Paris, sem falar no último ano, sair correndo pela rua atrás do cara mais gostoso da Europa inteira com certeza *não* seria esquisito. Ele mesmo disse, parecia destino. Será que uma bola de cristal precisa cair do céu e acertar a sua cabeça? É pra ser. Esse cara pode ser a sua alma gêmea.

Não era assim que eu tinha imaginado as coisas. Eu deveria estar usando meu vestido de veludo azul-escuro, com sandálias de salto, os olhos esfumados e a lingerie mais sexy da minha mala. Droga, meu cabelo devia cascatear pelas minhas costas, naturalmente ondulado. Olhei para minhas unhas lascadas, para minha calça jeans e minhas botas, depois para o Hôtel Costes, sua silhueta grandiosa quase indistinguível no escuro.

Tara suspirou.

— Não foi por isso que você veio pra cá?

Ela estava certa. Eu devia estar correndo na direção das faíscas instantâneas e da magia inegável, não indo embora com indiferença. Respirei fundo e me obriguei a me concentrar em onde eu estava e no porque: uma calçada de pedrinhas na Rue Saint-Honoré, no primeiro *arrondissement*, as vitrines da Saint Laurent, Balenciaga e Louis Vuitton apagadas ao nosso redor. O coração de Paris. *Amor.* A Torre Eiffel resplandecia ao longe, um pináculo feito de estrelas brilhantes contra a vastidão do céu preto.

Estrelas. Eu as seguira até a outra metade do mundo, até Paris, em busca de amor. Sem brincadeira.

— Eu não estou sonhando, estou?

— Já é tarde, mas você não está sonhando. Eu também vi. Tem alguma coisa ali. Ele é diferente dos outros.

Merda. Eu ia mesmo fazer aquilo? Quebrar a única promessa que eu tinha feito em Paris, esquecer a ficha que havia caído no meio da madrugada, e voltar correndo para um hotel em que nem estávamos hospedadas, em busca de um homem possivelmente destinado para mim, que eu tinha acabado de conhecer? Não dava para acreditar naquilo, mas a minha irmã mais velha sensata, que vivia pregando que devemos pensar antes de agir, me mandava fazer aquilo.

Talvez fosse um sinal?

Seria ótimo se os astros pudessem falar com todas as letras o que eu deveria fazer.

Casa Um

Enchanté

O começo do mapa astral, a Casa Um, também é o começo da vida de uma pessoa. O mapa, um círculo, é dividido em doze partes, chamadas de casas. Cada uma delas representa uma área de potencial poder e crescimento, como relacionamentos, saúde, dinheiro ou propósito. No dia em que nascemos, cada um dos planetas, com o Sol e a Lua, ocupava uma das doze casas. Pode acontecer de uma casa abrigar mais de dois planetas e, às vezes, de ela estar vazia. Um mapa astral (também chamado de horóscopo) reflete a posição dos planetas e astros na data, minuto e local do nascimento de uma pessoa. Ele muda a cada quatro minutos mais ou menos, então é importante saber o horário e a localização em que nascemos.

A Casa Um fala sobre como nos definimos. Aparências. Começos. Ela nos convida a perguntar: *Eu gosto disso? Eu me sinto bem com isso? O que eu quero? Como posso conseguir o que quero?* A Casa Um também espelha nossos primeiros sete anos de vida e como essa fase formativa cria nossa personalidade e o alter ego que acaba se tornando nosso outro lado, nosso parceiro na vida. O alter ego consiste nos aspectos descartados da identidade geral de uma pessoa, mas que não são perdidos. Eles podem ser encontrados na Casa Sete e são uma mina de ouro de sabedoria, talentos e desejos ocultos.

> Peixes, regido pelo planeta Netuno, ocupa minha Casa Um
> Peixes está ligado a se desapegar e se render ao desconhecido.

Eu desisti.

Aos quarenta e três anos, quase completando quarenta e quatro, eu era uma mãe solo trabalhadora, que havia alugado uma casinha amarela em Pacific Palisades, um bairro tranquilo porém caro na zona oeste de Los Angeles, e que mal conseguia pagar as contas. Depois do divórcio, eu usei quase todas as minhas economias no aluguel da casa, para ficar perto da minha irmã mais velha, Tara. Ela me ajudava a cuidar das crianças, já que eu não tinha mais condições de pagar alguém para fazer isso. O dinheiro — quando e como eu ganharia o suficiente para sustentar minha pequena família de três pessoas — era uma fonte constante de preocupação, algo que eu precisava esconder do mercado resplandecente em que trabalhava agora: vendendo imóveis residenciais sofisticados para celebridades e outras figuras influentes em uma empresa chamada The Agency. (Sim, a corretora de luxo fundada por Mauricio Umansky e Billy Rose, que aparece em *The Real Housewives of Beverly Hills* e *Million Dollar Listing Los Angeles*.) Aparências faziam diferença.

E foi por isso que, depois da minha primeira grande venda, eu investi boa parte da comissão em alguns "itens essenciais" para minha nova carreira: uma bolsa chique, um par de tênis caros da moda, o leasing de um Audi e lavagens semanais do carro. Na época, não havia escolha. Eu precisava fazer muitas outras vendas, e rápido. Quando me tornei corretora, meu filho, Dashiell, só tinha oito anos, e minha filha, Margot, onze. Eles dependiam de mim. Era essencial ter a mesma aparência que meus colegas elegantes do escritório. Como minha amiga Katie me lembrava: "Quem, em sã consciência, compraria uma casa de dez milhões de dólares com uma corretora que dirige um carro de mãe e carrega uma bolsa de loja de departamentos?" Katie sabia muito bem como era difícil precisar de cada centavo do salário para pagar as contas, e tinha razão. Porém, mesmo após alguns anos e muitas casas vendidas, a obrigação de manter a pose no trabalho me cansava. Não é fácil fingir ser alguém que você não é, mesmo que seja em meio expediente e por um bom motivo.

Também havia o problema do meu coração estraçalhado em mil pedaços. Em alguns dias eu me sentia um caquinho em pessoa. Esse era o nível da falta que eu sentia de um homem chamado Philippe. E do medo que me assolava sobre meu futuro próximo. Mas Philippe primeiro. Era sempre mais fácil falar sobre ele. Sem parar. Com qualquer um que estivesse disposto a ouvir. Havia pouco tempo que Philippe e eu tínhamos terminado. De novo. Nós vivíamos tentando transformar nosso romance apaixonado-porém-louco-pra-caralho em um relacionamento prático. Nós dois éramos divorciados, nós dois éramos *pais*. Com responsabilidades. Sabíamos como aquilo deveria funcionar. E mesmo assim.

Eu pensava nele todo santo dia.

Mas o pior golpe contra o meu coração, infinitamente pior que o divórcio, que os problemas financeiros, pior até mesmo que Philippe, era o prognóstico do meu amado pai. Dois anos antes, ele havia sido diagnosticado com uma doença terminal que estava acabando com seus pulmões. Agora, os médicos diziam que ele aguentaria mais três meses, no máximo. Meu pai era o único que sempre estava disposto a ouvir até o menor dos meus problemas e que ainda conseguia acreditar que sua filha era capaz de tudo. Eu não me permitia pensar na despedida e na tristeza de saber que Dash e Margot, agora com doze e quinze anos, também o perderiam. Não dava. Eu preferiria enfiar uma mão no fogo e deixá-la ali. Em vez disso, eu pensava obsessivamente no meu fracasso mais recente. Em como tinha desperdiçado anos com o Sr. Nem Tão Perfeito Assim. Em como a minha segunda chance de ter o final feliz com que sempre sonhei — em que meu pai assistiria, todo orgulhoso, enquanto eu caminhava sozinha até o altar, para os braços de um companheiro amoroso, que ficaria ao meu lado e das crianças para sempre — com certeza não se realizaria. Eu não havia encontrado o Amor da Minha Vida enquanto meu pai ainda estava aqui. Eu achava que ele tinha todo o tempo do mundo e sempre teria. Agora eu precisava abandonar o sonho e fazer outros planos para o futuro da minha pequena família. Só não sabia por onde começar. Meu coração estava dormente.

Então, em outubro, quando Nicole, minha melhor amiga completamente pirada, mas de uma lealdade inabalável, me deu de presente de aniversário uma leitura do meu mapa astral com uma astróloga famosa, pensei *Porra, por que não?* Era nítido que todas as coisas que guiavam minha vida até ali não estavam dando certo. Como se eu ainda precisasse de outra prova cósmica de que devia mudar *alguma coisa*, mais cedo naquela semana, enquanto dava uma olhada em uma propriedade absurdamente luxuosa antes de abri-la para compradores à tarde, a dona da casa tinha me pedido para tirar o cocô do seu bebê de dentro da piscina de borda infinita. Ela havia notado a torinha marrom boiando enquanto conversávamos sobre os méritos de avaliar o preço de uma propriedade com base na métrica da moda ou usando dados reais. Será que eu podia dar um jeitinho naquilo? Só que não foi uma pergunta. Fiquei me questionando se aquilo havia acontecido porque eu estava de tênis (lindos, eu juro!) e vestido, em vez dos saltos intimidantes, causadores de tontura, que minhas colegas preferiam. Eu parecia alguém que sorriria e diria "Claro!" para todos os desafios que o universo jogasse em meu caminho — até cocô de bebê? Caso você esteja se perguntando, eu recolhi o cocô. E, na tarde seguinte, deixei lá uma cesta de presente com produtos para ajudar no desfralde, com um exemplar do livro *Everyone Poops*,* de Taro Gomi. Por que, de vez em quando, precisamos de um lembrete de que merdas acontecem. Está tudo bem. Além disso? Seja lá qual fosse o sinal que eu estava transmitindo, ele precisava ser encerrado, e, se os astros pudessem me ajudar de algum jeito, ótimo. Apesar de eu não ser o tipo de pessoa que buscava provas cósmicas nem que acreditava em enviar sinais. E acreditar em astrologia com certeza estava fora de cogitação.

Criada por pais que reverenciavam a santíssima trindade da educação, lógica e trabalho duro, eu fui condicionada a ter a mesma opinião sobre

---

* "Todo mundo faz cocô", em tradução livre. (N. da T.)

astrologia que tinha sobre carne vegetariana ou o festival Burning Man: meus amigos místicos de Los Angeles podiam adorar aquelas coisas, mas *não* era a minha praia. O que eu conhecia sobre os astrólogos se limitava aos que batiam ponto na Hollywood Boulevard usando echarpes, olhando para bolas de cristal cheias de pisca-piscas neon. E era melhor ninguém começar a falar sobre previsões perto de mim. Por que alguém desperdiçaria dinheiro com o puro suco da bajulação e mentiras, só para ser enrolado? Em resumo, eu *jamais* seria o tipo de pessoa que se consultaria com um astrólogo.

Só que agora, sem Philippe, e vislumbrando um futuro inimaginável sem meu pai, eu não sabia que tipo de pessoa ser. Ou quem me tornar.

Conheci Philippe pouco depois do meu divórcio desastroso. Imagino que a maioria dos divórcios seja desastrosa, mas o meu foi do tipo em que seu marido vai embora, você perde a casa, o cachorro morre, sua empresa quebra, seu dinheiro desaparece, você é obrigada a decretar falência e acaba em choque, desencaixotando a mudança em um apartamento minúsculo, tudo isso em um intervalo de meses — ao mesmo tempo que tenta criar dois filhos pequenos em Los Angeles. A vida havia se tornado bem difícil de uma hora para outra. Minha porta estava escancarada esperando o diabo chegar.

Então Philippe entrara em cena. Lindo, francês, bronzeado e, acima de tudo, *divertido*. Ele invadiu meu castelo de cartas trazendo uma *joie de vivre* impulsiva que eu havia esquecido, ocupada na minha rotina como esposa e mãe. Uma distração bem-vinda do caos recente do meu mundo, o belo Philippe fumava um cigarro atrás do outro, entornava infinitas garrafas de vinho rosé e berrava palavrões como "*Merde!*" e "*Putain!*" do seu Porsche conversível branco enquanto corria pela Abbot Kinney Boulevard até o apartamento em que morava sozinho em Venice. Ele dava em cima das vizinhas que se vestiam no estilo boho chic, apertava as baguetes da padaria artesanal Gjusta's com um sorriso confiante e mandava quase tão bem na cozinha quanto na cama.

Philippe era escandaloso e grosseiro, sexy e inebriante. Tudo naquele homem parecia errado. Menos seu coração. Deve ter sido por isso que fiquei tão apaixonada.

No início, meu relacionamento com Philippe era o sonho de uma divorciada. Satisfeita em abandonar a realidade e aproveitar ao máximo a liberdade quando meu ex ficava com as crianças, eu tinha começado a fumar, bebia mais garrafas de vinho do que imaginava ser possível e descobri a verdadeira definição de *o melhor sexo da minha vida*. Para minha surpresa, nosso casinho ardente acabaria se transformando em um romance de verdade. Nós podíamos estar em solo americano, mas Philippe era completamente francês, e isso era exatamente do que eu precisava. Nós íamos a degustações de vinho, andávamos de bicicleta, fazíamos piqueniques no parque. Comíamos salada niçoise e tomávamos vinho rosé no almoço, coquetéis no terraço ao pôr do sol, jantávamos bife com batata frita com algumas garrafas de Bordeaux ou côtes du Rhône e tínhamos frozen de vodca e caviar para o lanche na madrugada. Eu me sentia outra pessoa. Minha versão antiga não entendia absolutamente nada sobre vinhos franceses chiques nem sobre quanto algumas pessoas levam suas omeletes a sério.

Philippe e eu dançávamos na cozinha até amanhecer, fumando Marlboro Lights sem parar, nos perdendo nas canções de Al Green, Van Morrison e Nina Simone, especialmente na sua versão de "Ne Me Quitte Pas", de Jacques Brel. Nós andávamos de mãos dadas pela rua e molhávamos nossos croissants no café com leite enquanto o sol nascia sobre os canais de Venice. Eu passava protetor nas costas dele na praia, e ele lia poesia francesa para mim na cama. Nós transávamos louca e apaixonadamente em todas as horas do dia, em todos os cômodos do seu apartamento à beira-mar. Eu até o convidara para a festa de reencontro da minha turma do ensino médio, para impressionar meus antigos colegas de classe com meu namorado francês perfeito. Nossa química era inegável. Quando dei por mim, éramos um casal. Uma noite se transformou em um mês, um mês se transformou em um ano, e um ano se transformou em meia década.

Só que Philippe e eu não nos resumíamos às nossas escapadas amorosas desnorteantes. Nós combinávamos um cronograma com nossos ex de forma que os três adolescentes dele, Josephine, Theo e Charlie, pudessem passar tempo com meus filhos. Philippe tinha ensinado Dash sobre o Grand Prix de Mônaco e ajudava Margot com o dever de casa de matemática. Charlie e Margot se tornaram amigas, tão próximas que pareciam irmãs. Dash e Theo, apesar da diferença de idade, fizeram amizade jogando videogame e conversando sobre golfe. Philippe levava os cinco para o mercado e dizia para escolherem os itens mais loucos que encontrassem — lichia, presunto enlatado, kiwano e tutano —, levando tudo para casa para um desafio de comida misteriosa no estilo do programa *Chopped*. Ele sempre dava um jeito de preparar uma refeição deliciosa com aquelas bobagens. A gente se divertia. A gente se divertia de um jeito lindo, caótico. Eu gostava de pensar que aquilo era um treino. *Não seria ótimo se fôssemos assim para sempre?*

Achei que tivesse encontrado o amor da minha vida. Philippe sempre me acompanhava até o meu carro, para abrir a porta. Ele se certificava de que eu tivesse paz para estudar para as provas para me tornar corretora imobiliária. Ele costumava colocar um suéter por cima dos meus ombros segundos antes de eu sentir frio. Porém, mais importante, ele havia me reerguido quando eu não tinha forças para isso, depois que meu casamento e minha empresa fracassaram. Ele não só me incentivara a tomar as rédeas da minha vida e do meu futuro como queria que eu fizesse isso com orgulho. Ele se recusava a me chamar de "Tash" ou "Tasha", como quase todo mundo fazia. "Natasha", sussurrava ele no meu ouvido com seu romântico sotaque francês, me incentivando a adotar o nome forte que recebi em homenagem às raízes eslavas do meu pai, um nome que sempre havia me intimidado. "Aceite o seu nome", dizia ele. "Você é Natasha. Você perdeu muita coisa, mas jamais vai perder isso." Philippe enxergava minhas inseguranças e meus erros bem-intencionados, mas abria os braços sem me julgar. Ele também havia se divorciado recentemente, e passávamos horas falando sobre perdas, tristezas e sofrimento.

Bom, eu falava bastante enquanto Philippe criava nossa playlist pós-divórcio e dançava pela cozinha, com um cigarro em uma mão e uma taça de vinho na outra. "*Chérie*", dizia ele, inclinando meu queixo para cima e me beijando na boca, "o que nós temos é perfeito. Não quero que nada mude nunca."

E era meio perfeito mesmo. Até deixar de ser.

Apesar de eu amar Phillipe loucamente, eu estava me afogando em um mar cada vez mais cheio de decepções e frustrações, sabendo que desejava um futuro calmo, mais convencional, que Phillipe não parecia interessado em oferecer.

"Ainda não sei como isso aconteceria", dizia Philippe quando eu sugeria unir nossa família e morarmos juntos. "E por que tanta pressa, de qualquer forma? Nós dois já tentamos ser casados, e deu no que deu."

Talvez ele tivesse razão. Será que eu queria aquilo só porque a sociedade me dizia que esse deveria ser o maior objetivo de um relacionamento?

Porém, com uma vida para reconstruir e meus filhos para criar, era impossível não questionar a *perfeição* daquilo tudo. Quando nós dois estávamos com as crianças, eu precisava pegar minha família de três e carregar pilhas de coisas para o apartamento do-tamanho-certo de Philippe (ficar no meu seria impossível, porque ele era minúsculo), e depois levar toda a tralha de volta. Essa agitação sugava as energias de todo mundo. Quando Philippe e eu ficávamos sozinhos, as longas noites de cigarros, bebida e sexo selvagem começaram a me cansar. Os cigarros casuais acabaram se transformando em um vício terrível que eu precisava esconder da minha família e dos meus amigos. As noites divertidas de bebedeira significavam que eu passava tempo demais de ressaca para manter o pique da minha nova carreira exigente de corretora de imóveis (sem mencionar as exigências da maternidade). O melhor sexo da minha vida resultara em cistites insistentes tratadas com antibióticos, e depois em uma gravidez inesperada para a qual nenhum de nós estava minimamente pronto. A notícia tinha acabado comigo e, mais tarde, com nós dois, de certa forma. E meu reencontro com a turma da escola? Acabaram nos pegando no flagra transando no banheiro enquanto esperávamos um guincho buscar o carro dele, que, de algum jeito, tinha conseguido ficar pendurado na beira de um penhasco. Nós estávamos descontrolados.

Eu me via em uma encruzilhada, completamente apaixonada por *un beau gosse* — isso quer dizer "o cara mais lindo que já conheci" em francês —, mas sonhando com um lar feliz e um futuro estável, em que eu não vivesse fedendo a cigarro, enfrentando uma ressaca e passando metade do tempo tendo que catar minhas roupas de uma mala no chão. Por mais maravilhoso que nosso romance tivesse sido na época em que começamos, o estilo de vida despreocupado de Philippe, com sua *joie de vivre*, simplesmente não era sustentável. Depois de outra de muitas brigas sobre planos para o futuro, eu tinha pegado minhas coisas e dito adeus. Foi uma das decisões mais difíceis que já tomei.

Torci para Philippe me procurar, mas ele não fez isso. Não de um jeito significativo, quero dizer.

Na minha cabeça, seguir em frente seria fácil, só que não foi bem assim. Meses se passaram, e meu coração ainda pertencia a Philippe. Eu vasculhava a cidade em busca do meu próximo amor, aplicando Botox no rosto pela primeira vez e entrando de cabeça no mundo dos solteiros de Los Angeles. Eu ia com minhas amigas a todos os lugares mais badalados — com os figurões de Hollywood no Chateau, os candidatos a famosos no Bungalow, os escritores no Alfred, os amantes da boa comida nas feiras de rua, os gostosões depilados na Hot 8 Yoga e todos os hipsters partidários da alimentação saudável no mercado orgânico de Venice nas noites de sexta. Baixei o Tinder e todos os outros aplicativos de namoro. Deletei um monte de fotos de paus não requisitadas e saí com todos os matches promissores. Ignorei meu requisito de altura mínima e dei uns amassos com o Belga Bilionário Baixinho enquanto esperava o Uber na frente da Catch LA. Tive um caso com um surfista sexy que minhas amigas chamavam de Delicinha, que terminou depois que fiquei de saco cheio de ouvir sobre "altas ondas" e "tubos cabulosos" — sem mencionar o apelido vergonhoso que ele inventou para mim, "gatasha".

Assisti horrorizada a um homem que eu chamava de o Cirurgião Russo demonstrar suas habilidades com uma faca ao dissecar uma abelha inocente diante dos meus olhos no meio do nosso piquenique em Hollywood Bowl. Peguei o Millennial Gato no SHOREbar e o Millennial Mais Gato durante um show de música bem sensual no Peppermint Club. Até saí com um homem que fazia seu próprio kimchi. Um alerta importante: comer kimchi dá gases demais.

Eu tentei. Eu tentei de verdade.

Só que, não importava o quanto eu procurasse pelo próximo amor da minha vida, meu coração sempre voltava para Philippe. Eu estava empacada. Pedi ajuda às minhas amigas, mas ninguém conseguia me dizer o que eu tinha que fazer para esquecê-lo. Minha irmã, Tara, havia desistido. Nenhum cabelereiro seria capaz de resolver o problema. Até o meu barman favorito no Tasting Kitchen — o bonitinho que era a cara do Ryan Gosling — parecia estar de saco cheio da minha incapacidade de seguir em frente.

— Só pra você saber, não acredito em astrologia — avisei à astróloga quando ela me ligou alguns dias depois do meu aniversário.

— Eu entendo — disse ela, em um tom tranquilo, sábio. — Mas você não precisa acreditar.

A astróloga, Stephanie Jourdan, era muito conhecida em certos círculos e tinha conquistado um séquito de seguidores fanáticos, embora discretos, entre celebridades do primeiro escalão e políticos pelo mundo todo. Ela trabalhava na área, em dedicação exclusiva, fazia trinta anos, e seus atendimentos eram mais exclusivos que as mesas no pátio do Little Beach House (o clube do Soho House que só permitia a entrada de associados, na praia dos bilionários de Malibu). Ela só aceitava novos clientes por indicação, e sua lista de espera tinha duração de seis meses a um ano. Stephanie começou a leitura me explicando como trabalhava.

— Desculpe te obrigar a aprender astrologia em, tipo, dois minutos — disse ela, rindo —, mas quero ter certeza de que você vai entender o que eu vou falar.

Eu já tinha enviado a data, a hora e o local do meu nascimento por e-mail para Stephanie algumas semanas antes. Ela descreveu como usaria essas informações para calcular meu mapa astral, ou o mapa da minha leitura.

— O seu mapa representa a posição do Sol, da Lua e dos planetas em relação à Terra e à sua cidade no momento exato em que você nasceu — explicou ela. — Eu acredito em reencarnação, e leio os mapas sob essa perspectiva. Algumas pessoas parecem ter pouca influência de vidas passadas, enquanto outras são saturadas de problemas, relacionamentos, perdas e conquistas de outras vidas. A sua leitura é baseada no seu mapa natal, que mostra a vida que você planejou para si mesma antes da sua encarnação física.

Calma, calma... o quê?

— O ser humano tem uma criatividade fantástica e costuma usar o livre-arbítrio para escolher um caminho diferente do que planejou antes do nascimento. O mapa astral reflete suas possibilidades de acordo com seu mapa original. Olhando para ele, eu vejo que você tem uma mediunidade forte e que tem muitas pessoas mortas do seu lado, sempre. Você vive se comunicando com os espíritos, chegando ao ponto de nem perceber que isso é diferente. Talvez você ache que são só vozes na sua cabeça ou pensamentos, mas não são. Muita gente mora na sala da sua casa — disse ela, com uma risada. — Eles só não têm um corpo físico.

Caramba, essa mulher é completamente doida, pensei, dando um olhar nervoso ao redor da sala de casa.

— Certo. Então, você deve saber qual é o seu signo solar, que é o signo mais famoso do zodíaco, mesmo que não acredite em astrologia — continuou Stephanie. — Você é libriana. Mas a posição da Lua e de todos os outros planetas na hora e no local do seu nascimento acrescenta outras características. O zodíaco é como um relógio, dividido em doze partes, ou casas, e cada uma é comandada por um signo diferente. Ele começa na posição das nove horas, com a Casa Um, e segue no sentido anti-horário. Você está conseguindo me acompanhar?

— Estou. Acho que sim — respondi, me perguntando como eu tinha concordado em desperdiçar uma hora da minha vida com uma astróloga famosa de Los Angeles que falava sobre vidas passadas e signos solares.

— Bom, vamos dar uma olhada no seu mapa — continuou ela. — Quando você nasceu, a Terra, o Sol e Plutão estavam alinhados. Essa é uma conjunção rara e importante na astrologia. Plutão rege o nascimento, a morte, o sexo e os impostos. Ele rege transformações e mistérios, pessoas que enxergam coisas que os outros não veem. Ele rege o xamanismo, e rege o poder também. No seu mapa, ele está na Casa Oito. As pessoas que nascem com ele nessa posição geralmente morrem no nascimento — disse ela, em um tom despreocupado. — Ou com sete anos e meio, quinze, vinte e um ou trinta. Não é um começo fácil. Mas a vida fica fantástica depois dos quarenta e quatro. É quando ele é ativado. É quando você fica forte e começa a colher os benefícios desse poder. Você acabou de completar quarenta e quatro, não foi?

— Faz dois dias — respondi, atordoada, me lembrando dos quatro momentos mais importantes da minha vida: quando quase me afoguei numa piscina aos sete anos, quando fui expulsa do colégio interno aos quinze, quando lutei contra ataques de pânico e uma dependência química horrível aos vinte e um, e quando tive que enfrentar uma depressão pós-parto grave e inesperada aos trinta. Independentemente de ela ser ou não uma doida maníaca por astrologia e que se vestia feito uma hippie, Stephanie Jourdan havia conquistado toda a minha atenção de repente.

— Que ótimo! — exclamou ela. — Então você está na sua fase do superpoder. Que divertido! Em resumo, isso quer dizer que a fase mais difícil da sua vida ficou pra trás, e agora o seu trabalho é parar de se importar com o que os outros pensam. Chamamos pessoas assim de alienígenas, porque vocês são diferentes de todo mundo. Você é de Libra, então tem mais dificuldade em não se comparar com os outros, mas está na hora de parar com isso. Você vai ser diferente da maioria das pessoas. Não tem o que fazer.

Enquanto Stephanie continuava explicando as outras características do meu mapa, me peguei prestando atenção em cada vírgula do que ela dizia.

— Você nasceu com Plutão e Vênus a seis graus de separação — contou ela. — Vênus rege o apego, e Plutão, o desapego. Isso te dá uma dinâmica interessante de ser passional demais e se jogar de cabeça, mas depois dizer "Chega, cansei" assim que o clima fica estranho. Isso faz sentido? Você está se identificando?

— Estou — respondi.

Havia sido assim com todas as minhas relações. Uma amiga tinha até me apelidado de "Fujona" depois de se surpreender com a rapidez com que eu caía fora ao primeiro sinal de problema, sem jamais permanecer para enfrentar minhas emoções de um jeito saudável. Essa era uma grande fonte de tensão no meu relacionamento com minha irmã compulsivamente responsável, Tara, que morria de medo de eu desaparecer à medida que a doença do nosso pai piorava em um ritmo acelerado.

Enquanto Stephanie continuava a leitura, fiquei impressionada com sua explicação quase científica da posição dos planetas e de como eles pareciam descrever com perfeição a minha história. Era simplesmente inexplicável a maneira como Stephanie sabia detalhes da minha vida.

Alguns eram simples: "Você se veste como se fosse mais nova". (*Jura? Estou solteira e procurando um namorado em Los Angeles!*) Outros eram mais sérios: "Não resta muito tempo para o seu pai. Essa doença foi duradoura e difícil, mas, assim que ele fizer a passagem, vai sentir um alívio imediato e continuar ao seu lado. Na verdade, ele é um espírito muito prestativo e engraçado!"

Stephanie também falou sobre minha carreira anterior como jornalista — da qual eu tinha desistido fazia muito tempo — e viu que eu voltaria a escrever dentro de um ano.

— Você tem Mercúrio, o planeta do escritor, na Casa Nove do seu mapa, que fala de publicações — disse ela. — O mercado imobiliário sempre vai ser uma possibilidade; você é boa nesse trabalho. Mas não é uma coisa que deixa a sua alma feliz. Você precisa voltar a se enxergar como uma escritora. O seu ponto do destino é contar uma história.

— Ponto do destino? O que é isso? — perguntei.

— O ponto do destino é o ponto de maior expressão do seu ser, onde você recebe mais apoio do seu eu superior e do universo. Não é uma coisa que nós conquistamos com facilidade, do jeito que nós costumamos pensar que o destino é inevitável; está mais para uma jornada preciosa que, se enfrentada, oferece resultados sublimes — respondeu Stephanie.

Sinceramente, eu não conseguia nem lembrar a última vez que a palavra *destino* havia passado pela minha cabeça. Ela parecia tão antiquada, como algo que tinha sido cancelado muito tempo antes. Mas talvez não tivesse sido?

— Agora, com quarenta e quatro anos, você vai começar a entender o conceito de parceiro de vida — continuou Stephanie. — E vai entender também que você deve iniciar uma relação se sentindo inteira, completa, sem *precisar* de um companheiro, mas disposta a compartilhar a sua vida. A se divertir. Você só precisa se expor, passar uma boa impressão. O seu mapa é esquisito, e isso é ótimo. Este vai ser um ano imenso e maravilhoso para você. Uma aventura está a caminho.

Por sessenta minutos, fiquei ouvindo em silêncio enquanto Stephanie fazia observações muito interessantes sobre minha infância, família, carreira e trajetória de vida. Nem tudo fazia sentido — "Parece dramático, mas é raro encontrar pessoas com mapas iguais ao seu. Pelo amor de Deus, você é triplamente alienígena!" —, mas a maioria das coisas batia tanto que não tinha como ser coincidência. Fiquei chocada.

— Quer fazer alguma pergunta específica antes de nós encerrarmos? — perguntou ela.

— Quero — respondi, envergonhada. — Tem um homem na minha vida, uma pessoa que eu não consigo esquecer. Será que você pode dar uma olhadinha nisso?

— Claro — disse Stephanie. — Você sabe quando e onde ele nasceu?

— Sei, hum, deixa eu pensar... — Vasculhei meu cérebro. Eu nunca conseguia me lembrar de datas. Eu tinha traumatizado meus filhos quando eles eram pequenos, sempre aparecendo para festas no dia errado. Um exemplo bem memorável foi a vez que me confundiram com uma fã maluca quando apareci na casa de Paul Stanley, o guitarrista do Kiss, na Mulholland, duas semanas antes da data marcada para a festa de aniversário do filho dele. — Quatro de novembro de 1968 — falei rápido, com medo de o tempo estar acabando. — Paris, na França.

— Qual é o primeiro nome dele?

— Philippe.

— Philippe, ótimo. Vou partir do princípio de que você não sabe a hora do nascimento, então vou colocar meio-dia. — Stephanie caiu em silêncio por um momento, e fiquei ouvindo enquanto ela digitava e murmurava baixinho. Prendi a respiração, esperando. — Não sei se essa pessoa quer crescer ao seu lado — disse ela com relutância, me dando detalhes sobre como nossos mapas e planetas não se alinhavam. Então, finalmente: — Esse não é o cara para você.

É difícil descrever o maremoto de emoções que me inundou naquele momento. Não foi bem alívio, mas um misto de amor, tristeza, luto e uma sensação de desapego imediata. Philippe não era o meu destino. O nosso romance não estava escrito nas estrelas. Era hora de seguir em frente.

E foi exatamente isso que tentei fazer. Minhas quatro melhores amigas — Nicole, Katie, KC e Heather — e minha irmã, Tara, me surpreenderam com uma festa de aniversário atrasada, me enchendo de presentes para meu futuro ano do superpoder: um cristal de quartzo rosa para atrair o amor, papeizinhos voadores para escrever pedidos sobre encontrar o homem da minha vida, um spray vaginal de abacaxi para preparar minha pepeca para dias melhores (se você estiver de bobeira hoje, procure *abacaxi e vagina* no Google), um batom vermelho-fogo da Chanel e um conjunto de sutiã e fio dental de renda preta. Eu me despedi pela última vez de Philippe, fiz um pedido silencioso para encontrar o amor da minha vida e soprei a vela no meu bolo de aniversário.

À medida que a doença do meu pai piorava, eu sabia que os próximos meses seriam dos mais difíceis da minha vida. E, mesmo assim, me libertar de ficar imaginando obsessivamente o que poderia ter acontecido se eu continuasse com meu ex me passava uma sensação de segurança que eu não experimentava havia anos. Contei para todo mundo sobre minha astróloga onisciente e recuperei o ânimo.

Quer dizer, até a manhã em que o Facebook me enviou uma notificação de aniversário.

O aniversário de Philippe é hoje piscou na tela do meu celular, sobre a mesa de cabeceira. Fiquei sentada por um momento, pensando enquanto o sol dourado de outono tomava meu quarto. Pela primeira vez em anos, ver o nome de Philippe não acompanhava a onda de adrenalina chocante com que eu tinha me acostumado. Entrei no seu perfil, vi uma foto dele bebendo margaritas com uma morena bonita e não senti nada. Era oficial. Estava tudo acabado entre nós.

Liguei a televisão e coloquei a chaleira no fogão. *Que maravilha*, pensei. *Finalmente estou livre.* Peguei minha prensa francesa e coloquei o café moído dentro dela. Savannah Guthrie abria um sorriso radiante na televisão.

— Ao vivo, do Studio One A na Rockefeller Plaza, está começando o *Today.*

Foi então que vi SEXTA-FEIRA, 2 DE NOVEMBRO me encarando em letras laranja televisionadas.

O aniversário de Philippe. Era 2 de novembro, não 4 de novembro.

Dois. Da merda. De novembro.

Corri para o computador e comecei a escrever um e-mail, com a chaleira berrando ao fundo.

> Oi, Stephanie.
> Acabei de descobrir — depois da nossa leitura — que o homem sobre quem perguntei (meu ex-namorado, Philippe) nasceu no dia 2 de novembro em Paris (não 4 de novembro em Paris). Isso muda o que você me falou sobre ele? Espero não ter cometido um erro imenso!
> — Natasha

A secretária de Stephanie (*Astrólogas têm secretárias?*, pensei) me respondeu imediatamente.

> Oi, Natasha.
> Infelizmente a Stephanie está com a agenda lotada pelos próximos seis meses, mas, se você tiver uma pergunta específica, podemos marcar uma ligação com a resposta para daqui a três semanas. Ela cobra sete dólares por minuto.
> — Sheri

Sete dólares por minuto? É mais que o advogado do meu divórcio cobrou!, pensei, reconhecendo como aquilo tudo era absurdo. E mesmo assim:

> Ótimo, obrigada, Sheri. Cinco minutos seriam suficientes.

Eu estava presa no trânsito da autoestrada na hora do rush quando a secretária de Stephanie me ligou, três semanas depois. Malibu tinha acabado de ser evacuada por causa do incêndio em Woolsey, e eu estava indo encontrar uma amiga para tomarmos um drinque no Shutters, um hotel à beira-mar em Santa Monica. Afinal de contas, que lugar melhor para encontrar o amor da minha vida que um hotel cinco estrelas lotado de pais gatos e deslocados de Malibu?

— Oi, Natasha, aqui é a secretária da Stephanie Jourdan, a Sheri. Você tem cinco minutos pra gente conversar?

— Claro — respondi, olhando para a infinidade de carros diante de mim. Dava para sentir o cheiro de fumaça no ar.

— Que bom, ótimo. Vou ligar o cronômetro agora — disse ela. Então respirou fundo e mexeu em uns papéis. — Dia 2 de novembro de 1968, em Paris... está pronta? Ele é perfeito pra você! — exclamou ela, sua voz tomada pela alegria de dar notícias celestiais maravilhosas.

— Desculpa, o qu...

— O horário pode fazer diferença — continuou Sheri —, mas Marte está na Casa Sete, que é o seu *marido*. Vênus está a seis graus do Sol, o que significa um relacionamento longo ou um casamento. E, mais importante, ele está alinhado com o seu ponto do destino! Que legal! *Ele é perfeito pra você!*

Enquanto Sheri explicava os detalhes, fiquei encarando o engarrafamento, sem conseguir falar.

O Shutters estava surpreendentemente desprovido de pais gatos de Malibu, assim como o Casa del Mar ao seu lado. Mas isso não me impediu de encontrar um banco no bar e pedir a bebida mais forte que eu conseguiria encarar.

— Casamigos Blanco, com bastante limão — falei para o barman enquanto mandava uma mensagem para Nicole.

A Stephanie disse que o Philippe é PERFEITO para mim. Ela disse que ele é o homem da minha vida!!!

Virei a dose de tequila e chupei o limão. Acrescentei:

Ele não pode ser o homem da minha vida!!!

Nicole respondeu na mesma hora: Uma astróloga me disse: "Só um tolo segue as estrelas; os sábios as escutam".

Eu: Mas que porra quer dizer isso?

Nicole: Quer dizer que essas leituras são orientações — não verdades absolutas —, e que devem ficar em segundo plano. Você só encontra o seu norte quando alcança o equilíbrio.

Eu: Bom, de acordo com a SUA ASTRÓLOGA, o meu norte está comendo uma morena bonita do Facebook.

Foi uma noite longa. Depois de quatro doses de tequila, três taças de chardonnay e uma viagem de Uber muito nebulosa, acabei sozinha na minha casinha amarela, com o coração mais uma vez doendo por um homem que não podia ser meu.

Acordei na manhã seguinte com uma dor de cabeça do cão e uma chamada perdida da minha irmã.

— Oi, irmã. O papai piorou esta noite, e a situação não é das melhores — disse Tara na minha caixa postal. — Ele pediu pra gente fazer uma reunião de família hoje para debater suas opções de fim da vida. Ele está pesquisando um negócio chamado suicídio assistido. E está obcecado por encontrar a música perfeita pra ouvir na hora. Então... eu... preciso de ajuda. Me liga quando acordar.

Entrei no chuveiro e deixei a água quente escorrer pelo meu rosto, me esforçando para ignorar a ressaca e assimilar as palavras da minha irmã.

Fim da vida.

Suicídio assistido.

Até aquele momento, eu tinha conseguido me manter impassível diante da batalha do meu pai contra a fibrose pulmonar, uma doença que lentamente endurece o tecido dos pulmões e vai piorando a capacidade de respirar até que isso se torne impossível. Mesmo após ver dezenas de radiografias desanimadoras, de conversar com inúmeros médicos, de desembolar um emaranhado infinito de tubos de oxigênio e entrevistar todos os enfermeiros de cuidados paliativos no condado de Santa Barbara, eu permanecia em relativa negação sobre o fato de que o meu pai estava morrendo. Pessoas como o meu pai não ficavam doentes, e pessoas como o meu pai com certeza não morriam.

Nascido em Detroit e formando no MIT (a primeira pessoa da sua família a ter um diploma universitário), meu pai era um homem íntegro e determinado, amante da ciência e da lógica. Ele tinha um intelecto incansável e era capaz de resolver praticamente todos os problemas do mundo. Desde me ensinar a fazer contas de dividir e baliza até me ajudar a reconstruir a vida depois do divórcio, a presença amorosa do meu pai era uma constante. Ele era o meu norte; ele tinha me guiado com abnegação desde o dia em que nasci. Eu ainda precisava do meu pai. Seria ótimo se eu tivesse acordado aos quarenta anos sabendo de tudo que precisava saber, ligando o foda-se para o resto do mundo, mas isso não havia acontecido comigo. Nem com ninguém que eu conhecesse.

Eu queria acreditar que a fibrose pulmonar era só mais um dos muitos dilemas aparentemente intratáveis que meu pai havia superado na vida. Eu queria nada menos que o impossível: meu pai ao meu lado para sempre.

Mas não haveria um para sempre. O momento tinha chegado.

Fim da vida.

Suicídio assistido.

Deslizei até o chão do chuveiro, puxando o ar com força, incapaz de fugir da realidade do mundo que desmoronava ao meu redor. Eu me encolhi e abracei os joelhos contra o peito enquanto a água escaldava minha pele e as lágrimas escorriam pelas minhas bochechas. Desta vez, chorei não apenas pela perda do meu pai, meu porto seguro, mas também de Philippe, que aparentemente era minha única chance de amor verdadeiro, apesar do seu desinteresse em construir um futuro adulto. Meu destino, no fim das contas, era viver sozinha. Chorei, chorei, chorei. A água ficou fria, e parecia que alguém tinha me esfolado viva. Chorei até não restar mais nada. Então fiquei deitada lá em silêncio, pressionando uma bochecha contra o azulejo, observando a água escorrer pelo ralo.

Finalmente me levantei, saí do chuveiro e olhei com atenção para o espelho. Eu não reconhecia mais a mulher que me encarava. Meus olhos estavam inchados e vermelhos, sem brilho e sem vida; meu rosto estava abatido e frágil. Eu tinha desaparecido.

Então, atrás do meu reflexo, algo chamou minha atenção: uma foto de mim quando criança, enfiada no meio do estoque infinito de cremes e tônicos anti-idade. Peguei a foto e a analisei. Seis anos. Vestido florido. Marias-chiquinhas loiras. Olhos azuis brilhantes. A pequena Natasha, cheia de esperança. Com seis anos, eu acreditava no amor, em magia, nas possibilidades infinitas do universo. Era uma idade em que meu coração estava aberto, e minha imaginação fluía.

Virei a foto para ver o verso. Na caligrafia do meu pai, em tinta desbotada, porém ainda visível:

Tudo pode acontecer, criança, tudo pode ser
— Shel Silverstein

Foi aí que a ficha caiu. Mandei uma mensagem para Nicole.

Acabei de ter uma revelação brilhante! Preciso encontrar o máximo de homens possível que tenham nascido em Paris no dia 2 de novembro de 1968. O Philippe não é o único, concorda?

Nicole imediatamente respondeu. Hahahahahahahaha! Perfeito! Vamos colocar um anúncio nos classificados.

Eu: Isso!!! ADOREI a ideia!!! SIM!!!

Nicole: E depois você pode escrever sobre isso, que nem a Stephanie disse.

Eu: É, claro. O título vai ser MINHA VIDA PATÉTICA.

Nicole: Não. A HISTÓRIA MARAVILHOSA E INCRÍVEL SOBRE COMO NATASHA ENCONTROU SUA ALMA GÊMEA.

Eu: Gostei da parte da alma gêmea.

Nicole: Vamos ter que ir pra Paris, é claro.

Eu: SIM!!!

Nicole: Eu te amo, Tash.

Casa Dois

Paris é sempre uma boa ideia

A Casa Dois representa o que é importante, o que você valoriza. Ela tem uma natureza passiva. A Casa Um começa alguma coisa e a Casa Dois recebe os resultados. Ela é como uma árvore que sabe que, na vida, basta crescer e ser maravilhosa. Essa casa simplesmente acredita que vai receber todos os recursos necessários no momento certo.

O signo de Áries rege minha Casa Dois. Áries fala sobre saber o que você quer, ir atrás disso e conquistar sua recompensa por um trabalho bem-feito. É uma energia muito diferente de se permitir receber aquilo que você merece pelo simples fato de existir.

Áries também rege os homens, e a Casa Dois mostra como recebemos amor. De alguma forma, minha alma uniu essas duas coisas de um jeito que fizesse sentido para uma árvore.

QUANDO CHEGUEI À CASA DOS MEUS PAIS EM SUMMERLAND, UMA CIDAdezinha praiana cento e quarenta quilômetros ao norte de Los Angeles, o carro de Tara já estava na frente da garagem. Eu tinha deixado Dash e Margot com o pai naquela tarde. As decisões que precisariam ser tomadas em família eram adultas demais, tristes demais. Apenas duas semanas antes, Dash estava ali, aconchegado em seu avô Bob, os dois completamente imersos em um filme em preto e branco sobre a Primeira Guerra

Mundial. Sorri ao pensar nisso. Nos últimos dias, tínhamos conversado por FaceTime quando Bob se sentia fraco demais para receber visitas, apoiando o telefone na bancada da nossa cozinha enquanto Dash preparava seu famoso filé e Margot contava histórias sobre a escola. Bob adorava esses "jantares em família" e sempre pedia seu prato favorito — asinhas de frango — para a próxima vez. Apesar de ele não poder comer mais asinhas de frango. Nem praticamente nada.

Peguei a orquídea branca minúscula que tinha comprado em uma das fazendas pelo caminho, respirei fundo e entrei. Minha irmã estava sentada ao pé da cama de hospital alugada do meu pai e segurava um bloco de papel amarelo.

— Oi, Tasha. Que bom que você chegou! — disse Tara. — Estou ajudando o papai com uma lista de prós e contras sobre o fim da vida, pra gente pensar na "morte digna". Aliás, pai, fiz uma pesquisa hoje cedo e descobri que esse é o nome certo dessa opção. — Ela olhou para mim e levantou uma sobrancelha, oferecendo sua melhor versão do sinal secreto de *Que loucura!* que tínhamos aperfeiçoado ao longo dos anos. — Você sabe que o papai adora uma lista.

Era verdade. O interior da casa dos meus pais com vista para o mar estava coberto de notas adesivas fluorescentes e listas de tarefas intermináveis. Havia uma sobre o tanque de oxigênio do qual meu pai dependia, adequadamente direcionada à minha mãe distraída, dizendo NÃO DESLIGUE e ✓ MANTER O BOB VIVO! em letras garrafais escritas com canetinha preta.

Meu pai de oitenta e dois anos sorriu para mim da sua cama e balançou os dedos dos pés sob o cobertor, todo feliz.

— Fiz uma lista parecida pro Colin quando ele ficou na dúvida sobre qual piñata queria na sua festa de aniversário de oito anos — disse Tara, em um tom confiante. — Vai ajudar.

Bom, parece que todo mundo pirou de vez, então é melhor eu entrar na onda, pensei, abrindo caminho pelo emaranhado de tubos e me inclinando sobre a grade da cama para dar um beijo na testa do meu pai.

— Oi, pai. Como você está se sentindo?

Meu pai fez um joinha.

— Tranquilo — disse ele por cima da barulheira do tanque. O problema era que nada no meu pai parecia tranquilo. Seu corpo tinha uma aparência frágil e magra, suas bochechas antes rosadas exibiam um tom pálido de cinza. Seu nariz estava vermelho e ferido pela exposição constante ao alto fluxo de oxigênio que saía dos tubos plásticos da cânula nasal. Seu cabelo estava comprido, e ele precisava fazer a barba. O grande anel de ouro da turma de formatura do MIT e a aliança brilhante de casamento pareciam largos em seus dedos esqueléticos. — Mas eu preferia estar escolhendo uma piñata.

Ele sorriu.

O humor era uma parte importante da nossa família. Está perdido em uma montanha? Precisa ir para o pronto-socorro? Era nesses momentos que a família Sizlo brilhava. Nós éramos a graça da festa em momentos de desespero. A maioria das pessoas entraria em pânico enquanto corria para o corpo de bombeiros na manhã de Natal com os dedos da filha presos nos maxilares serrados do anjo que enfeitava o topo do pinheiro. A nossa família? *Olha só o poste pra deslizar! Vamos brincar!* Bob era nosso líder, nos ensinando desde o começo que, quando as coisas não acontecem conforme o planejado, o que mais importa é *como* encaramos a situação. Ele era mestre em fazer limonada com os limões da vida e em transformar desastres em aventuras. "Always Look on the Bright Side of Life",* do Monty Phyton, era a música-tema da nossa infância cheia de acidentes e risadas.

— O papai está muito preocupado com o fim — explicou minha irmã enquanto eu me acomodava. Havia um quadro branco de hospital pendurado na parede com uma lista exaustiva de todos os medicamentos que meu pai tomava diariamente. ATIVAN, MORFINA, HALDOL, DOFETILIDA, SENNA, MIRTAZAPINA estavam anotados em uma caligrafia bonita com tinta vermelho-cereja apagável, seguidos por *Lembrar de encher a água do compressor de oxigênio* em azul, e *Sucesso não é o fim; fracasso não é fatal:*

---

* "Sempre olhe pelo lado bom da vida", em tradução livre. (N. da T.)

é a coragem de persistir que importa, Winston Churchill, em verde. — Ele não está empolgado com a ideia de sufocar, já que os pulmões dele vão parar em pouco tempo — continuou Tara. — Ele quer morrer do seu jeito e está dentro dos pré-requisitos para conseguir os medicamentos para uma morte digna. A mamãe pegou o frasco hoje cedo. — Os olhos de Tara ficaram marejados, o bom humor desaparecendo quando ela apontou para um saquinho de farmácia sobre a mesa. — Ontem à noite, o médico disse que ele só tem mais algumas semanas, e nós estamos tentando resolver se o medicamento realmente é a melhor alternativa, e, se não for, quais são as outras opções. Não é isso, pai?

— E eu quero ouvir "The Wind Beneath My Wings" quando eu beber o remédio com todo mundo ao meu lado — acrescentou meu pai. — De preferência numa terça-feira.

— Ai, que saco. A Bette Middler vai entrar na coluna dos contras — disse minha irmã, escrevendo no bloco de papel. — Que tal "My Way"? Ou "Midnight Train to Georgia"? — Tara levantou a sobrancelha de novo. — Ainda não terminamos de montar a playlist de morte do papai.

Eu nunca havia imaginado que seria assim. Eu achava que morrer era ter uma parada cardíaca no hospital enquanto a família estava no andar de baixo, comprando um club sandwich (o favorito do meu pai) na lanchonete. Ou talvez algo que acontecesse de repente — perder o controle do carro, ter um ataque do coração repentino, mergulhar de cabeça na água rasa sem querer. Eu não tinha a menor ideia de que a morte podia ser tão lenta e dolorosa, tão confusa e arrastada; que havia um milhão de decisões a serem tomadas, médicos a serem consultados, enfermeiros a serem contratados, parentes para ligar, funerárias para pedir orçamentos e cemitérios para visitar. Que sair da vida era um processo tão complicado quanto entrar nela. E eu com certeza não sabia que um dia seria chamada para uma reunião de família para discutir se meu pai, meu único porto seguro real, deveria tomar um copão de um remédio que o mataria ou lentamente sufocar até a morte. E por que uma terça-feira?

— Está tudo bem, pai — disse minha irmã. — Suas meninas estão aqui. Nós vamos te ajudar e vamos apoiar qualquer decisão sua.

— Cadê a mamãe? — perguntei.

Minha mãe, ou Edna, como frequentemente a chamávamos, alternava entre o choque e a negação diante da ideia de perder seu marido após cinquenta e seis anos de casamento. Nos últimos meses, ela sumia sempre que fazíamos uma reunião de família importante. Fui lavar o carro, tinha dito ela a Tara por mensagem quando o médico nos apresentou ao formulário cor-de-rosa da ordem de não ressuscitar, três meses antes. "Vim fazer um clareamento nos dentes", explicara ela por telefone quando eu tinha ido ao corpo de bombeiros de Carpinteria-Summerland para perguntar se a equipe poderia ajudar a carregar meu pai para o andar de cima da casa deles. "Vou passear com o cachorro da vizinha", tinha anunciado ela antes de sair correndo pela porta na manhã em que minha irmã e eu entrevistamos um monte de cuidadores estranhos que encontramos no Google depois de um dos enfermeiros de cuidados paliativos sabiamente recomendar que contratássemos ajuda adicional para conseguir descansar. Cuidar de alguém tão doente quanto Bob era um trabalho em tempo integral. Mas eu entendia por que minha mãe queria fugir das entrevistas. Depois da Chorona (uma cuidadora profissional que literalmente não conseguia parar de chorar depois de ver o estado terminal do meu pai) e da Diva (que se autodescrevia como "uma aspirante a enfermeira com muita experiência" e tinha se recusado a participar de uma entrevista completa porque era famosa), eu também queria fugir.

— Quem a Diva pensa que é, a Cher? —perguntei, batendo a porta com força antes de desmoronar de cansaço. — Vamos contratar logo a Celeste. Ela pode não saber usar o micro-ondas nem conseguir dar os remédios do papai, mas me pediu pra tirar uma foto dela pra colocar no seu perfil de um site de namoros, e, sei lá, eu consigo me identificar com uma pessoa que está procurando o amor e entende as vantagens de uma boa iluminação.

Nós tínhamos conversado com Celeste primeiro e gostado da sua personalidade fofa, mas tínhamos medo de ela não ter experiência nem cuidando de plantas. Mas em comparação com a Diva, a Chorona e todos os outros candidatos maravilhosos? Especialmente quando precisaríamos de mais de um cuidador? Resolvido.

Minha mãe, Edna, é uma escocesa durona que nasceu em 1936, em um bairro pobre de Edimburgo. Ela se lembra de ter passado madrugadas escondida no abrigo antibombas do vizinho durante ataques aéreos, sempre com medo de ser capturada e torturada pelos nazistas. Foi difícil crescer com dois irmãos no apartamento de um quarto sem água quente e aquecimento. Sua mãe? Tinha sequelas da poliomielite. E seu pai? Um asmático determinado a servir o país. Quando minha mãe tinha três anos, a Força Aérea Real finalmente o aceitara na artilharia terrestre. Ela só voltaria a revê-lo após o fim da Segunda Guerra Mundial. Na época ela estava com dez anos. Minha mãe cresceu malnutrida, sobrevivendo à base das rações periódicas oferecidas pelo governo, com apenas um vestido e um par de sapatos.

Quando criança, Edna admirava as estrelas de Hollywood na tela do cinema do seu bairro e os soldados americanos heroicos que perambulavam do lado de fora do castelo e pela Princess Street, distribuindo roupas e doces enquanto protegiam os habitantes locais da ameaça de invasões. "Tem um chiclete, moço?", gritavam as crianças, e os soldados lhes davam o primeiro gostinho de um chiclete e a esperança de um futuro melhor. Aos doze anos, Edna havia resolvido que o caminho para sair da pobreza era ir para os Estados Unidos e casar com um americano. A escola terminava aos catorze anos para crianças da classe trabalhadora como minha mãe. Edna trabalhava em mais de um emprego por vez, entregando jornais, fazendo bicos como garçonete e depois como secretária, e de algum jeito conseguiu juntar dinheiro suficiente para comprar uma passagem só de ida para os Estados Unidos, com vinte e um anos. Ela chegou com apenas quarenta dólares no bolso.

Meus pais se conheceram em um prédio em Wilshire Boulevard. Edna morava no andar de cima; Bob, no andar de baixo. Nenhum dos dois tinha muita coisa. Meu pai havia acabado de se formar no MIT e de se mudar para Los Angeles, para começar uma vida nova sob o céu ensolarado e as palmeiras. Apesar de ele mal entender o carregado sotaque escocês da minha mãe, foi amor à primeira vista. Engenheiro de dia e estudante de direito à noite, meu pai conquistava minha mãe expressando seu amor em termos matemáticos, dizendo "Eu te amo à enésima potência, ao maior grau possível" e desenhando o número oito deitado — o símbolo do infinito — em guardanapos de papel. Instruído e gentil, meu pai era o príncipe encantado dela e melhor que qualquer astro de Hollywood ou soldado fardado. Ele lhe oferecia uma vida que ela jamais havia imaginado ser possível; ele gastava todo o dinheiro que tinha (e, graças aos cartões de crédito, às vezes o que nem tinha) para paparicar sua Edna. Os dois fizeram a festa em Los Angeles, com Bob surpreendendo Edna com vestidos da Bullock's e drinques chiques feitos com rum e servidos em canecas tiki no luau, em Beverly Hills. Ele a havia pedido em casamento espontaneamente, enquanto os pais dela faziam uma visita vindos da Escócia, e a cerimônia aconteceu poucos dias depois, para que meu avô pudesse levá-la até o altar, como ela sempre sonhara. Meu pai havia jurado que daria uma vida boa para minha mãe, em que ela sempre se sentiria segura e nunca mais passaria medo ou fome. Era impossível descrever quanto ele estava comprometido com ela; sua vida inteira havia sido dedicada à felicidade dela e, consequentemente, à nossa.

— A mamãe está mostrando uma casa — disse Tara, fazendo uma bola com o chiclete e tensionando sua caneta. (Eu mencionei que minha mãe trabalhava no mercado imobiliário? Eu havia começado por causa dela, depois de queimar a largada em uma série de empreitadas diferentes.) — Agora, vamos voltar para a lista. Os prós e contras de tomar o remédio em vez de morrer de forma natural. — Minha irmã tentava soar forte, como uma orientadora de escola, mas dava para sentir a tristeza pura e o cansaço extremo por trás de suas palavras adocicadas. — Pró: conversei com o farmacêutico hoje, e ele disse que acrescentou sabor de limão ao medicamento para anular o gosto amargo que estava deixando você preocupado — disse ela. — Então isso é bom! Mas tem um ponto negativo: infelizmente, agora eu sei que é um frasco bem grande. Você precisa tomar *tudo*, pai. *Em dois minutos.* Estou com medo de você não conseguir, por estar tão fraco e com dificuldade pra engolir. E não sei o que acontece se você só tomar metade do coquetel de fim de festa.

Ai, meu Deus. Nós estamos fazendo isso mesmo?, pensei, visualizando meu pai lutando pela vida ao som da trilha sonora de *Amigas para sempre*.

— Pró: Podemos marcar para uma terça!

Tara era três anos mais velha. Mãe perfeita de dois meninos e feliz com o seu casamento, ela é o tipo de pessoa que nunca perde uma reunião de pais e mestres, que se oferece para ajudar em todos os eventos escolares e que manda os filhos para a escola com lápis etiquetados com nome e lancheiras dignas do Pinterest, apesar de os meninos já estarem na adolescência. Para o mundo exterior, somos completamente opostas. Ela é baixa; eu sou alta. O corpo dela é curvilíneo; o meu é reto. Ela é loira; meu cabelo é castanho-escuro. Ela faz planos e cronogramas detalhadíssimos; eu deixo tudo para a última hora. Ela segue regras; eu faço questão de quebrá-las. Nós enlouquecemos uma à outra. Fico frustrada com o estilo maternal organizado dela e com seu jeito extremamente cuidadoso de encarar a vida; ela se irrita com minhas decisões impulsivas e minha incapacidade de pensar sobre situações potencialmente perigosas antes de me jogar de cabeça. Desde que me entendo por gente, tento escapar dos limites que me são impostos. Como na madrugada em que resolvi pular da janela do meu quarto, com dezesseis anos, e tentar roubar o carro dos meus pais para encontrar meus amigos na Don Q's, a sinuca local, apenas para ser descoberta pela minha irmã mais velha caxias, que dramaticamente se jogou em cima do capô em protesto. Agora nós duas rimos disso. "Está indo pra Don Q's?", pergunta ela sempre que acha que estou chegando perto de ultrapassar o limite. Esse é o seu jeito de cuidar de mim, discretamente se posicionando entre a minha pessoa e o grande mundo malvado. Também é o seu jeito de manter o controle, uma dinâmica contra a qual passei a vida toda lutando.

— Pai, se você resolver que *não* quer tomar o remédio, vamos ficar aqui, do seu lado, até o fim — disse Tara. — Os médicos estão prontos pra aumentar a sua dose normal de morfina, pra que você continue confortável. Isso deve ajudar com a sua respiração e com qualquer sintoma de ansiedade. Os enfermeiros me ensinaram a aplicar os medicamentos quando eles não estiverem aqui. Então eu vou dar as doses quando for necessário. Você não vai ficar sozinho — disse ela, sua voz incerta das palavras que iam saindo.

— Nós prometemos que vamos tomar conta de você — acrescentei, sentindo que aquela era a minha deixa —, e não vamos deixar que sinta dor ou desconforto quando você, hum...

Ninguém havia me preparado para como seria difícil dizer a palavra *morrer*. No último ano, minha família evitou qualquer menção a ela, substituindo-a por eufemismos como *bater as botas, abotoar o paletó de madeira, esticar as canelas*, e a favorita do meu pai, *perder a validade*. Só que não havia mais botas para bater. Não havia paletós para abotoar. E pessoas não perdiam a validade. Leite perdia a validade. Cupons perdiam a validade. Pessoas *morriam*. Não havia como contornar isso. Meu pai estava *morrendo*.

Uma lágrima escorreu pela bochecha dele.

— Você está bem, pai? — perguntou Tara. — Está sentindo dor? Quer que a gente chame o enfermeiro?

Apesar de estar sofrendo de uma doença difícil e apavorante que causava imenso desconforto, meu pai nunca tinha reclamado. Nos meses que antecederam aquele dia — conforme meu pai lentamente perdia a capacidade de dirigir, caminhar, levantar, comer, beber, falar e, por fim, respirar —, ele nunca tinha perguntado: *Por que eu?* Nunca tinha dito à família: *Estou com dor*. Nunca havia proferido as palavras: *Estou com medo*. Meu pai simplesmente sorria para nós com seus olhos azuis brilhantes e dizia para mim, para minha irmã e para minha mãe que tudo estava "tranquilo".

— Não quero deixar a sua mãe — finalmente ele respondeu, envergonhado e lutando para encontrar a voz. — Eu prometi que a amaria até o infinito. Prometi que cuidaria dela pra sempre. Mas não posso.

Era devastador ver meu pai antes invencível — agora preso a uma cama, cheio de tubos, com o zumbido alto do seu tanque de oxigênio tocando ao fundo — chorando incontrolavelmente. Eu nunca tinha visto meu pai chorar antes.

— Está tudo bem, pai — mentiu Tara. — Vai ficar tudo bem.

Depois de dizer para meu pai que ele era um homem incrível, um pai e marido espetacular, de prometer que nós duas cuidaríamos da nossa mãe independentemente do que acontecesse e de chorar com ele, minha irmã se virou para mim, exausta.

— Não consigo mais — disse Tara quando Martin, o cuidador gato de vinte e poucos anos que pacientemente esperava nossa conversa acabar do lado de fora do quarto, veio dar uma olhada nos sinais vitais do meu pai. — Você precisa melhorar o clima. Muda de assunto. Estou arrasada. Faz ou diz alguma coisa, qualquer coisa!

— Tudo bem — falei, tentando assimilar a gravidade da situação e o peso daquele pedido. Afinal de contas, minha irmã mais velha tinha acabado de se oferecer para ser responsável por monitorar o sofrimento do nosso pai enquanto ele lentamente sufocava, entrava em coma e morria. — Me deixa pensar.

Então contei para o meu pai sobre a leitura do meu mapa com a astróloga.

— Eu tenho um plano, pai. E acho que você vai gostar. — Meu pai e minha irmã ouviram com atenção enquanto eu contava a história do presente de aniversário louco que tinha ganhado de Nicole. Sobre eu ter aceitado de má vontade e ficar desconfiada no começo, mas passado a acreditar em cada vírgula depois de alguns minutos. Sobre ter dado a data de aniversário errada para a astróloga e depois conversar com sua secretária — Você acredita, pai? As astrólogas têm secretárias! —, e descobrir que o mapa astral do meu ex-namorado completamente incompatível comigo estava em perfeita harmonia com meu ponto do destino.

— Qual é a probabilidade de uma coisa dessas? — Sobre eu desmoronar e então ter a ideia possivelmente brilhante de conhecer todos os homens que conseguisse que tivessem nascido em Paris no dia 2 de novembro de 1968. — Porque, fala sério, pai, ele não é o único, né?

Eu não sabia como meu pai reagiria. Ele não era um homem religioso e com certeza não acreditava em astrologia. Ele tinha se recusado a conversar com o capelão do hospital de cuidados paliativos e havia nos feito prometer que ninguém falaria de religião no seu velório, porque só acreditava em "fatos e lógica". Ele nem queria um velório. Mas Bob também tinha ficado estranhamente (para ele) interessado em um cristal que ganhei de aniversário. Tanto que havia pedido para eu comprar alguns e deixar na sua mesa de cabeceira. Surpresa, eu tinha ligado para Nicole e pedido dicas. Eu não entendia nada de cristais.

— Essa é fácil. Ametista, cornalina e kunzita. Eles vão ajudar na passagem sagrada do seu pai — havia dito ela.

"Eu acredito em energia", Bob vivia dizendo para mim e Tara enquanto segurava os cristais resplandecentes em suas mãos. Ele começava a contar que os rádios antigos usavam cristais para transmitir ondas sonoras, um tipo de energia, e *bum!* — o Bob do MIT estava de volta. Nessas ocasiões, eu pensava que meu pai simplesmente não conseguia resistir a nos dar uma última aula de ciências, mas, agora, conversando com ele sobre destino e estrelas, fiquei me perguntando se ele estaria nos orientando para algo diferente, menos palpável. Porém, assim que esse pensamento surgiu, eu o dispensei. Aquele era o *Bob*. O maníaco por fatos e lógica. De repente, fiquei com medo de a notícia de que eu pretendia ir atrás de uma pessoa imaginária por causa de uma profecia mística causasse um ataque cardíaco nele. Estremeci só de pensar que ele partiria achando que sua menininha tinha ficado biruta. A última coisa que eu queria era chatear meu pai no seu leito de morte.

Minha irmã e eu o encaramos por uns bons quinze minutos enquanto ele analisava minha história com seu cérebro de cientista. Então, com dificuldade, ele disse:

— Parece que você vai pra Paris, então. Mas não se esqueça de dar uma olhada nos documentos dele! Só para ter certeza de que é o cara certo. — Calma aí. Meu pai achava que a minha ideia louca era *legal*. — Vai com tudo! — ele conseguiu dizer. — Eu te encontro lá.

A resposta foi inesperada, despreocupada e feliz. O corpo dele relaxou por inteiro, e o brilho voltou aos seus olhos azuis. Aquele era o Bob que eu conhecia e tanto amava. Parecia que tínhamos acabado de resolver um problema de matemática que havia confundido especialistas pelos últimos cinquenta anos. Quando dei por mim, suas lágrimas haviam sido substituídas por histórias sobre as coisas absurdas que ele também fizera por amor.

— Uma vez, vim de Detroit até Los Angeles sem parar o carro só para levar sua mãe para jantar — disse ele. — Dois dias sem dormir, e quase me botaram na cadeia por andar a cento e sessenta por hora, mas vou te contar, valeu a pena. Promete que sempre vai acreditar em magia e nunca vai desistir do amor?

O quê? Bob Sizlo acreditava em magia? Aquilo era efeito da morfina?

— Promete pra mim — repetiu ele, em um tom muito claro.

— Tá bom, pai. Prometo que sempre vou acreditar em magia e nunca vou desistir do amor.

— Isso! À magia e ao amor! Chega de tristeza. Vai se foder, vida, por querer mandar na gente! — disse minha irmã.

Ela riu, mostrou o dedo do meio para o céu e foi pegar uma garrafa de tequila na cozinha.

— Traz uma Modelo pra mim — disse meu pai, surpreendendo nós duas ao pedir sua cerveja mexicana favorita.

— Você vai me encontrar em Paris, pai? — perguntei. — O seu fantasma voaria até a França pra me ajudar a encontrar minha alma gêmea?

Ele fez um joinha. Dava para ver que o cansaço estava vencendo.

— Que maravilha! Nós vamos pra Paris! — exclamei. Enfiei uma mão entre os tubos e fiz carinho nos pés do meu pai. Ele usava meias amarelas antiderrapantes de hospital; as solas estavam intactas, me lembrando com um soco no estômago de que ele nunca mais ficaria de pé. — Eu te amo, pai.

Meu pai concordou com a cabeça, cansado demais para dizer as palavras.

— Tara, você devia ir também — falei. — Vai ser divertido! — Eu conseguia imaginar minha irmã, daquele seu jeito, já bolando uma lista de prós e contras na sua cabeça. — Anda! O papai vai. Quem não iria adorar visitar a Cidade do Amor com o Bob?

— Hum, tudo bem, eu vou — disse ela de má vontade, me entregando uma dose de tequila e servindo a cerveja do meu pai em um copo pequeno. — Mas não quero levar susto do seu fantasma, pai. Você sabe que eu morro de medo.

Meu pai caiu em silêncio, fechando os olhos, lutando para respirar. Tara e eu o observamos com atenção, sem saber se ele tinha pegado no sono ou se só estava fraco demais para continuar a conversa. Ficamos sentadas ali por alguns minutos, nos perguntando se deveríamos chamar Martin.

Quando os olhos do meu pai voltaram a abrir, ele parecia querer falar, mas as palavras não saíam. O médico havia nos alertado de que ele acabaria perdendo a voz. Nós duas nos inclinamos para a frente, nos esforçando para ouvir por cima do zumbido alto do oxigênio. Olhei para Tara. *Será que exageramos na dose? Será que falar abertamente sobre o fantasma do papai enquanto virávamos doses de tequila diante do seu leito de morte tinha sido demais? Era assim que a maioria das pessoas se despedia? É isso que está acontecendo? Nós estamos efetivamente nos despedindo?*

Então, de repente, meu pai quebrou o silêncio.

— Buuu! — berrou ele o mais alto possível, em sua voz de fantasminha camarada. — *Buuuuuuu!*

Minha irmã deu o maior pulo da sua vida, e eu gargalhei tanto que Martin entrou correndo. Eu nunca tinha visto uma coisa tão engraçada. Meu pai riu de alegria. Minha irmã soltou uma risada escandalosa. Quando dei por mim, todos nós estávamos gargalhando e rindo, as lágrimas voltando a rolar, mas agora de alegria. Até Martin ria. Nada conseguiria nos segurar. Nós rimos, rimos, até cansar.

Com o tempo, Tara terminou sua lista de prós e contras, e ficou decidido que Bob morreria naturalmente, com suas três garotas ao seu lado. Meu pai enfrentava sua sina com coragem, da maneira que queria, o equilíbrio perfeito entre destino e livre-arbítrio. Montamos sua playlist de morte, deixando que ele ouvisse sua Bette Midler, mas com doses saudáveis de Motown e Sinatra no meio, e encerramos o dia com uma competição de dança ao lado da cama ao som de "Good Day", dos Nappy Roots. Até Martin participou. Quem conseguiria ficar parado enquanto as crianças do coral cantavam o refrão animado, empolgante?

And ain't nobody gotta cry today
'Cause ain't nobody gonna die today.*

Foi um dia bom. Um dos melhores.
— A gente se vê em Paris — disse meu pai, com um sorriso no rosto, antes de cair no sono naquela noite.
Ele morreu duas semanas depois. Era uma terça-feira. Pelo menos acho que era. Nunca fui boa em lembrar datas.

---

* Em tradução livre: "E ninguém precisa chorar hoje/ Porque ninguém vai morrer hoje". (N. da T.)

Casa Três

Dançando com o francês

Pensar, conversar, escrever e caminhar — seja bem-vindo à Casa Três. Ela também fala das pessoas com quem você aprende e evolui ao longo da vida, como irmãos, vizinhos, colegas de escola e companheiros de viagem.

O signo que rege sua Casa Três determina como você se expressa. E o planeta que rege esse signo mostra como você dá vazão a isso.

Tenho os pés no chão do signo de Touro, de Terra, na Casa Três. Parece legal, né? Eu me expresso de forma "graciosa e elegante", segundo uma olhada rápida no meu mapa. Mas veja com mais atenção. Touro é regido por Vênus, que está na Casa Oito do meu mapa, e essa posição afeta o que acontece na minha Casa Três. A Casa Oito é intensa. Às vezes atrai figuras do submundo. Stephanie diria que isso nem sempre é ruim; simplesmente é.

A PLACA NA VITRINE DIZIA REMEMBERED FOREVER CREMATION. Cremação direta completa, mil quatrocentos e cinquenta dólares. A funerária, uma lojinha pequena, ficava entre uma academia e um centro de terapias holísticas em uma galeria. Eu estava lá para buscar Bob. E para escolher uma urna.

Mas havia tantas urnas. Urnas de nogueira polida e urnas práticas de metal, urnas de porcelana pintada e urnas de mármore. Uma urna feita completamente de sal, para derreter no mar. Havia urnas cristãs e urnas judaicas, urnas militares e urnas esportivas. Uma, no formato de bola de golfe, mas do tamanho de uma bola de basquete, dizia EXPRESSO PARA O PARAÍSO em sua superfície branca enrugada. Vitrines exibiam pingentes em formato de coração, broches de asas de anjo e amostras de vidro soprado que poderiam ser customizados usando as cinzas do seu ente querido. Uma plaquinha com imagens natalinas e ramos de plantas sugeria que joias seriam um presente carinhoso, um lembrete de bom gosto para as festas de fim de ano. O espaço era nitidamente comercial, com suas prateleiras de acrílico e etiquetas de preço plastificadas (dava para imaginar aquelas prateleiras lotadas de petiscos e coleiras para cachorros ou de sapatos ortopédicos), e extremamente esquisito ao mesmo tempo. As pessoas queriam *mesmo* transformar sua amada tia Deedee em um diamante?

Apesar da esquisitice em níveis astronômicos, a sensação de estar fazendo compras era boa. Além dos vinte vestidos pretos que eu tinha comprado pela internet para tentar me preparar para o funeral (ficando apenas com um e devolvendo todos os outros depois, é claro), aquela era a primeira vez em meses que eu saía para fazer compras. Na época em que eu podia bancar o hábito, fazer compras era minha terapia, porque nada de ruim acontecia dentro de uma loja. Muito pelo contrário, lojas eram lugares felizes, cheios de possibilidades. Não importava o fato de que aquela loja específica vendia potes para guardar restos mortais. Eu não pensaria nisso. Daria na mesma se eu estivesse provando perfumes na Elyse Walker ou torcendo para o meu cartão de crédito passar na Zara.

Eu me obriguei a manter o ritmo. A funerária era apenas uma das muitas tarefas pós-morte que precisavam ser cumpridas. A cama de hospital alugada havia sido removida, com o quadro branco, agora limpo da sabedoria de Winston Churchill e da poesia louca da lista de medicamentos do meu pai. Nós tínhamos devolvido o tanque de oxigênio, e o medicamento para a morte digna havia sido devidamente descartado. A única coisa que restava no quarto do meu pai era a nota adesiva rosa--fluorescente que estava presa ao frasco: *Apenas para o Bob. Não tome!!*

VOCÊ VAI MORRER!! O próximo item da lista era a urna. Que exigia fazer compras. *Deixa comigo,* pensei.

— Posso ajudar? — O agente funerário surgiu de trás de uma cortina, me obrigando a voltar para a realidade.

Nessa hora, minha mente se encheu de pensamentos sobre o que poderia existir atrás da cortina do crematório. Será que havia, tipo, cadáveres lá atrás? Pilhas e mais pilhas de cadáveres? Um forno? Montanhas de cinzas? *Se concentra, Natasha.* Quando encontrei os olhos azuis calorosos do agente funerário (tão parecidos com os do meu pai), senti as bochechas corarem e as lágrimas surgirem. *Respire. Você só está fazendo compras.*

— Oi, hum, sim. Eu me chamo Natasha Sizlo. Vim buscar o meu pai. Bob. Robert Sizlo. Ele está...

Fiz uma pausa, batendo nervosamente com o dedo em uma urna biodegradável vendida com uma árvore viva. *Espera, você pode enterrar as cinzas e plantar uma árvore ao mesmo tempo? Até que isso é legal.*

— Pronto, Natasha — disse o agente funerário, em um tom bondoso. — O seu pai está pronto. Você só precisa escolher uma urna. Demore o tempo que precisar. Eu me chamo Ken, e estou aqui pra ajudar.

— Certo.

Engoli em seco. E me dei conta de que não sabia bem como fazer aquela compra. Como é que ir à funerária havia se tornado a *minha* tarefa? Por que eu não estava em casa, pedindo certidões de óbito pela internet, igual à minha irmã? Ou fazendo uma limpeza nos dentes, como minha mãe? Minha cabeça doía; meu coração doía. Ken arrumou alguma coisa para fazer atrás do balcão, e eu fiquei andando pela loja, cheia de ansiedade.

Podemos espalhar o papai com sementes de flores silvestres, e ele pode se transformar em um campo de papoulas, como em *O mágico de Oz!*, escrevi para Tara enquanto pegava um tubo com sementes. Flores silvestres são bem melhores que uma urna no cemitério.

O papai não quer virar uma flor, respondeu Tara. Segue o plano. Ele escolheu o túmulo há anos. Está tudo pago. Ele adorava aquela porcaria de cemitério. Lembra quando ele levou a mamãe lá pra ver o túmulo que ele projetou como uma surpresa no dia dos namorados?! Nada diz "eu te amo" como um jazigo eterno com vista para o mar. Haha.

Nossa, o papai era tão estranho. Como a gente sobreviveu à nossa infância?

Sei lá. A gente sobreviveu mesmo?

Talvez ele tomasse uma decisão diferente se soubesse que poderia virar um girassol...

Não.

Por favor, deixa ele virar uma árvore?

Ele não queria ser uma árvore.

Se ele fosse uma árvore, eu poderia abraçá-lo de novo. Odeio ter que colocá-lo numa caixa. É tão...

Tasha. Você é a melhor irmã do mundo. Obrigada por estar resolvendo isso. Escolhe uma urna. Agora.

— Esta — finalmente anunciei para Ken, apontando para o recipiente mais simples, de aparência mais modesta, que encontrei: uma caixa dourada delicadamente escovada, sem nenhum enfeite. Bob não gostava de chamar atenção. — Quando eu morrer, vou virar um carvalho — murmurei, sem graça.

Ken sorriu.

— Já volto.

Eu não conseguia lidar com a ideia de meu pai e sua completa grandeza serem reduzidos a algo que caberia dentro de um potinho quadrado que seria coberto com terra por toda a eternidade. Poucos dias antes, meu pai tinha dito que me amava. E, agora, seu corpo, o mesmo que havia sussurrado para mim, era cinzas. Cinzas que logo estariam dentro de uma caixa. Aquela caixa. E depois na terra. Para sempre. Eu não conseguia lembrar por que alguém tinha achado que aquilo seria uma boa ideia. Não era.

— Espera — chamei assim que Ken desapareceu na sala dos fundos. — Eu só... quer dizer... você pode... hum... separar uma parte do meu pai do meu pai, e, quer dizer, eu posso levar um punhadinho das cinzas? Só pra mim?

— Você quer reservar uma parte das cinzas em outro recipiente? Talvez um tubinho para espalhá-las?

— Sim! Isso. — Forcei um sorriso, aliviada por ele entender. Mas Tara não entenderia. Na verdade, ela provavelmente ficaria furiosa quando descobrisse. Mas eu podia esperar pelo momento certo para dar a notícia. Talvez ficasse tudo bem. Uma lágrima desceu pela minha bochecha. Eu tremia. Sabia que não era certo fazer aquilo, mas não conseguia me controlar. — Perfeito. Obrigada.

Ele voltou com dois pacotes: uma urna para o cemitério e então um tubinho dourado lindo, meu pai, só para mim.

— Sabe — disse Ken, com a voz tranquilizadora que devia ter aperfeiçoado ao longo dos anos —, estou feliz por ter te encontrado. Desculpa se eu estiver passando dos limites, mas fiquei preocupado com você. A outra noite ficou na minha cabeça.

Droga. Eu meio que estava torcendo para aquele homem gentil e competente ter esquecido daquilo tudo por algum milagre. *Só mais um dia, hum, uma noite normal no trabalho! Nada fora do comum.* Ou não.

Ken e eu tínhamos nos conhecido alguns dias antes, às três da manhã. Nas horas após a morte de Bob, após todos os telefonemas serem feitos, Tara tinha ido ajudar nossa mãe a dormir, e eu fiquei encarregada de conversar com o agente funerário, Ken. Eu já tinha ligado para ele e cancelado três vezes naquela noite, e agora já estava quase amanhecendo. Ele devia achar que eu era uma doida varrida. Talvez eu fosse mesmo. Só não queria que Bob saísse do seu quarto, da sua casa, para sempre. Mas eu sabia que minha mãe não aguentaria acordar e descobrir que o corpo dele continuava ali, então Ken finalmente estava a caminho. Eu havia ficado esperando com meu pai. O enfermeiro e a cuidadora o limparam e o vestiram com outras roupas, e então o cobriram com um lençol branco. A colcha vermelha macia do meu pai estava dobrada sobre uma poltrona, com a almofada que dizia EU TE AMO MAIS, que tinha sido um presente meu, e um cachorrinho de pelúcia de Tara. Toquei sua mão.

— Pai — eu sussurrei. — Vão levar o seu corpo pra outro lugar, mas você precisa ficar aqui com a gente. Porque nós somos divertidíssimas. Não esqueça isso.

Não me lembro do momento que eles entraram na casa. Tantos desconhecidos haviam entrado e saído pela porta nos dias que antecederam a morte do meu pai que finalmente decidimos colocar uma fechadura eletrônica e dar a senha para a equipe hospitalar. Ken e seu assistente — um cara alto e quieto, que, com seu rosto pálido como a Lua, cabelo despenteado e camisa de flanela, parecia ter sido escalado para o papel por uma agência de atores — me pediram para sair do quarto enquanto preparavam meu pai para ser transportado. Sem saber o que isso significava, nervosa, eu tinha saído para esperar no corredor, o mesmo em que Bob me recepcionava sempre que eu chegava para uma visita.

"Minha gatinha!", berrava ele, me dando um abraço forte. "Como você está?" Sua voz cantarolava. Meu pai era tão cheio de vida. Eu tinha olhado ao redor da casa que ele mesmo construíra, meu olhar parando no pôster emoldurado de Joe Montana que ele orgulhosamente pendurara na parede. Antes, eu achava que era brega pendurar um pôster com a cara de um jogador de futebol americano na sala de casa. Mas minha perspectiva sobre Joe havia mudado naquela noite. Usando um uniforme vermelho e dourado, ele estava em um campo de futebol americano, seus braços triunfantemente erguidos no ar. O pôster era autografado por Joe em pessoa: *Para Bob, tudo é possível! — Joe Tranquilo*, dizia. Era isso que meu pai costumava me dizer. *Tudo pode acontecer, criança.* Quando a vida ficava difícil, ele sorria, me dava um joinha e me incentivava a "ser como Joe Tranquilo!" Quando meu pai dizia isso para uma das suas amadas filhas, significava que ele estava ali e que podíamos deixar de lado nossas preocupações. Por isso, tínhamos resolvido batizar sua playlist de morte de Joe Tranquilo. Bob *era* Joe Tranquilo.

Mas não haveria abraços fortes naquela noite. Não haveria um: "Minha gatinha!" Tudo estava silencioso. Eu estava sozinha.

Quando o agente funerário e o assistente finalmente saíram do quarto, meu pai estava preso a uma maca. Um lençol azul-marinho cobria seu corpo todo, da cabeça aos pés. *Como uma droga de uma múmia.*

Eu não conseguia ver seu rosto. Eu queria ver seu rosto. Mas agora ele era uma múmia prestes a ser enterrada nas catacumbas. Eu não sabia o que fazer. Ninguém tinha me contado que o corpo seria escondido, sobre como isso transformava a pessoa que você amava em um objeto desconhecido.

Eu tinha começado a chorar e seguido os dois homens enquanto eles cuidadosamente saíam da casa. Mas *chorar* talvez seja um eufemismo. Depois que um ente querido morre, você descobre que seu corpo emite sons que antes pareciam impossíveis. E que ninguém, jamais, é capaz de lhe preparar para a sensação de ver dois desconhecidos carregando seu falecido pai para fora da casa onde você cresceu, em uma maca.

As estrelas no céu estavam extraordinariamente brilhantes, e eu havia parado, hipnotizada. Nós não víamos estrelas em Los Angeles. Não como as do céu naquela madrugada, pelo menos. Tem luz e poluição demais. Aquelas estrelas pareciam me chamar. Por um minuto estranho, eu tinha flutuado como em um sonho, observando o mundo e a minha vida do alto. *É isso que acontece quando tristeza e exaustão se misturam e você perde qualquer contato que tinha com a realidade?* Os ventos quentes de Santa Ana sopravam ao meu redor, os mesmos ventos que carregavam o fogo pelos condados de Ventura e Santa Barbara, causando camadas pesadas de fumaça que prejudicaram ainda mais os pulmões frágeis do meu pai. Isso fora demais para ele. O universo é poderoso. *Ele está no comando*, pensei. *Não eu.*

— Parem — gritei de repente quando Ken e o assistente fizeram menção de colocar meu pai dentro da van funerária. — Preciso de um minuto. Por favor! Parem!

Os homens se afastaram enquanto eu me aproximava. Puxei os lençóis enrolados com firmeza até chegar ao rosto de Bob. Ele estava paralisado. Frio. Cinza. Olhei para ele pela última vez, outra parte de mim ainda assistindo à cena do alto, fitando nós dois, um pai e uma filha sob um céu carregado de estrelas lindas. Lembrei como ele me ensinara a jogar uma bola de beisebol no fim da rua sem saída da nossa antiga casa no Oregon. De como ele parecia orgulhoso ao me ver andar a cavalo no internato. De como ele havia me envolvido em seus braços quando voltei para casa, após ser expulsa dessa mesma escola. De como ele havia entrado comigo na igreja no meu casamento, ao som da gaita de fole, com uma flor branca na lapela. De como ele havia prometido que tudo ficaria bem depois de eu sair da última sessão de mediação do divórcio. De como ele havia me ajudado a encaixotar minhas coisas depois de a casa ser vendida. De como ele havia lidado com o contador para encerrar minha empresa. De como ele tinha ficado ao meu lado no tribunal do centro da cidade quando fiz o pedido formal de falência. Sorrindo, me dizendo para "ser como o Joe Tranquilo".

Beijei sua testa, suas bochechas, seu nariz, seu rosto inteiro sem parar.

— Eu te amo, eu te amo, eu te amo, eu te amo — eu repetia, falando cada vez mais alto enquanto as lágrimas escorriam pelo meu rosto e pingavam no dele. Eu precisava ter certeza de que ele me escutaria. — Eu-te-amo-eu-te-amo-eu-te-amo! — chorava. — Não entra na van. Esse aí não é mais você. Você não está no seu corpo. Fique aqui com a gente. Fique com a mamãe. Você precisa ficar com a gente.

Então eu havia sentido. Pela primeira vez. Era a primeira vez que eu sentia o espírito do meu pai. E ele não tinha entrado na van.

— Eu? Eu estou bem. Ótima, até. É muito bom saber que agora eu tenho esta urna linda, obrigada — garanti a Ken enquanto ele me passava a caixa discreta e o tubinho dourado brilhante com as cinzas de Bob.

Enfiei o tubinho no fundo da bolsa. A mesma bolsa vermelha da Celine que eu tinha comprado com Katie na Barneys de Nova York depois de vender minha primeira mansão. A bolsa que havia me ajudado a sair da terra-do-divórcio-desastroso e voltar ao mundo do trabalho. Porém, apesar da melhor bolsa para fingir-até-virar-realidade que o dinheiro podia comprar, eu não me sentia bem naquele dia, no Remembered Forever Cremation. Nem perto disso.

Uma hora depois, quando estacionei diante da minha casa, senti um alívio profundo ao ver minha porta. Poucas pessoas percebem isso a meu respeito, porque tenho muitos amigos e falo demais, especialmente quando estou nervosa, mas, no fundo, sou introvertida. A minha casa é o lugar onde me refugio e recarrego as baterias. Porém, naquela tarde, eu não estava psicologicamente preparada para encarar os vinte vestidos pretos "possíveis" pendurados pela minha casinha amarela, ainda com as etiquetas, lembretes do funeral que ainda aconteceria — outra tarefa impossivelmente triste — e do fato de que a morte estraga tudo que é bom. Quando entrei, sentei no sofá, me enrolei em uma manta e tentei não desmoronar de novo. Minha excêntrica e chamativa casa amarela, com seu minijardim cheio de flores e borboletas, parecia tão perfeita olhando de fora. Mas, por dentro, tudo era preto. Essa era eu. Eu era uma casa amarela cheia de vestidos de enterro.

Bob havia morrido no auge da temporada de festas de fim de ano, uma época que minha família adorava. No entanto, naquele dezembro, enquanto outras pessoas corriam para comprar presentes e preparar biscoitos, eu não conseguia levantar do sofá. Ou me vestir, ou cozinhar, ou pensar. Eu me sentia pesada e vazia ao mesmo tempo. Quando os vizinhos penduraram seus pisca-piscas natalinos, fechei todas as cortinas para não precisar vê-los. Amigos ligavam; eu não atendia. Não fui trabalhar. Eu queria que o mundo parasse, que o Natal fosse cancelado. Mas também queria desesperadamente que aquele Natal fosse mágico para Dash e Margot. A alegria natalina exagerada tinha sido minha especialidade um dia, algo que eu conseguia fazer melhor que ninguém. Olhando para trás, acho que minhas estripulias de Natal eram uma forma de compensar o fato de que nossa estrutura familiar tradicional estava implodindo aos poucos. Este seria o primeiro Natal que eu e as crianças passaríamos na casinha amarela. Nós tínhamos ido da casa enorme com o pai delas para o apartamento minúsculo em que eu dividia um quarto com Dash para, finalmente, o chalé amarelo.

Um lugar onde eu poderia voltar a produzir a magia natalina para os meus filhos, mas em uma escala bem diferente. E por um motivo diferente: para comemorar o fato de que nós três finalmente tínhamos um lugar para transformar em lar. Mas o luto fazia até mesmo as tarefas mais simples parecerem impossíveis.

Dash e Margot estavam viajando havia duas semanas com o pai, e logo voltariam para casa. A ausência deles era gritante. A casa ficava silenciosa demais sem Dash gritando alegremente para seus jogos de videogame e Margot me dizendo que era melhor eu começar logo a composteira, ou teria que fazer um TikTok com ela sobre o processo. Eu precisava rir com eles, dar um abraço neles. Falei para mim mesma que ainda havia muito tempo para tirar os enfeites das caixas e encher as meias. Porém, dois dias antes da data que meus filhos chegariam, nada estava pronto. O jantar de Natal não havia sido planejado, os ingredientes para o chocolate quente não tinham sido comprados. As velas não estavam acesas. Havia apenas um pinheiro pequeno, vazio, que eu tinha deixado caído de lado no chão da sala de estar. Era fácil imaginar o que Bob diria: *Caramba! Coitada dessa árvore, Natasha. Você não pode comemorar desse jeito. Não precisa se preocupar. Eu arrumo tudo num instante.* Só que meu pai nunca mais me ajudaria com uma árvore de Natal nem com qualquer outra coisa. Do meu ninho no sofá, eu encarava o pinheiro, me sentindo entorpecida. A quem eu queria enganar? O Natal daquele ano seria um desastre do caralho.

— Ah, querida.

Pisquei e olhei para cima. A luz do sol inundava o interior escuro da minha casa. A mãezona da Agency, minha querida amiga Monique, estava parada na porta com um buquê imenso de flores. Eu devo tê-la deixado aberta. Monique colocou as flores de lado e veio me abraçar.

— Então as coisas estão bem ruins por aqui, né? — perguntou ela, olhando ao redor no escuro, vendo a bagunça, os vestidos pretos cobertos de plástico, o pinheiro no chão.

Concordei com a cabeça, sem saber se conseguiria falar.

— Foi por isso que decidi ver como você está. E ainda bem que eu vim.

Eu não gostava de falar sobre a minha vida pessoal com os outros, especialmente com colegas de trabalho, mas Monique também era mãe solo. E ela havia perdido os pais. Ela jamais me julgaria.

— Como vou conseguir fazer isso? Coitados da Margot e do Dash. É Natal. Mas não decorei nada nem comprei presentes, muito menos papel pra fazer os embrulhos. O Bob estava morrendo, e... — Eu já estava me debulhando em lágrimas, gesticulando loucamente para minha sala minúscula.

— Bota tudo pra fora. — Monique alisou minhas costas. — Vamos fazer o seguinte. Quero que você preste atenção. O Natal vai dar certo. Mais do que certo. Eu volto amanhã, e você vai ver. Só quero que descanse. E, querida, todos os vestidos pretos parecem iguais em um funeral. Você pode escolher o mais confortável.

No dia seguinte, Monique voltou com outra colega de trabalho e amiga, Alejandra. Elas deviam estar carregando umas dez sacolas da Target. Eu continuava no sofá.

— Não precisa sair daí, querida. Nós vamos decorar a sua árvore, a sua casa e os quartos das crianças, embrulhar os presentes. Você não precisa nem cozinhar. A Agency encomendou seu jantar de Natal no Gelson's.

Eu não conseguia parar de chorar. Não conseguia nem dizer um "Obrigada" coerente. Mas Monique e Alejandra entenderam. Simplesmente fiquei deitada de lado enquanto o Natal ia ganhando forma ao meu redor, um pontinho de luz que ia aumentando em meio à escuridão sufocante do luto.

O Natal foi diferente sem Bob, mas também foi um dia bom. Pela primeira vez desde o divórcio, convidei a família de Tara e Edna para comemorarem. Em um ano normal, eu acharia que minha casinha amarela era pequena demais, simples demais, para abrigar todos nós. Além de tudo isso, tínhamos criado o hábito de passar o Natal na casa de Bob e Edna. Mas naquele ano, graças aos meus colegas de trabalho, eu tinha comida para todo mundo e uma decoração festiva. Minha família se apertou ao redor da mesa, grata pelo conforto de uma bela refeição e da bondade de amigos. Monique tinha até pensado em comprar pijamas natalinos aconchegantes para Margot e Dash. É impossível chorar enquanto você está vestindo um pijama com estampa de rena. A magia das festas de fim de ano realmente havia chegado à nossa casinha amarela.

Nós conseguimos, pensei depois que o jantar terminou e os convidados voltaram para casa. *Sobrevivemos ao primeiro Natal sem o grande Bob Sizlo*. Eu me joguei de volta no sofá com uma taça de vinho em punho. Fechei os olhos e fiquei escutando Dash e Margot enquanto eles juntavam pedaços de papel de presente e pratos abandonados. Crianças legais.

— Mãe! — exclamou Dash, animado. — Tem mais um negócio embaixo da árvore! Nós esquecemos um presente!

Ah... hum... o quê?

— Ai, meu Deus, Dash — disse Margot. — Lembra quando a mamãe e o papai faziam isso com a gente quando éramos pequenos? Escondiam um último presente até a hora de irmos dormir? Uma última surpresa antes do melhor dia do ano acabar? Ahhh...

— É... um envelope grande. Cheio de papel — disse Dash, confuso.

— Bilhetes de loteria? — perguntou Margot, esperançosa.

— Tragam aqui — falei do sofá.

Dash me entregou um calhamaço de papéis com cara de documentos e o envelope branco enorme em que eles estavam. ESTADO DA CALIFÓRNIA. DEPARTAMENTO DE SAÚDE PÚBLICA. Um selo azul rebuscado. Então, em letras maiores, mas ainda em bold: CERTIDÃO DE ÓBITO. Abaixo disso, o nome do meu pai. Minha mãe deve ter trazido os papéis e os deixado embaixo da árvore. Como qualquer um faria. Não que ela tivesse avisado que havia recebido a documentação, é claro. Antes daquele dia, fazia tempo que não víamos nossa mãe. Sua agenda frenética de mostrar casas para clientes, idas à Apple Store, visitas à farmácia e quaisquer outras tarefas em que ela conseguisse pensar conforme a condição do meu pai piorava apenas tinha se intensificado depois da morte dele. *Valeu, Edna.* Imediatamente mandei uma mensagem para minha irmã.

Duvido que você adivinhe o que o Papai Noel trouxe pra mim. Enviei uma foto. Ho-ho-ho!

Nossa! A certidão de óbito! Bem que eu estava me perguntando quando ela ia chegar. Você deve ter se comportado bem este ano. HAHAHAHA, achei engraçado! É o papai! O espírito dele! Ele quer que a gente ria.

Então comecei a rir, devagar a princípio, mas logo estava soltando gargalhadas estrondosas. Eu não ria tanto desde que meu pai em seu leito de morte tinha assustado Tara com um uivo alto, sobrenatural, depois que contei minha ideia maluca sobre ir para Paris e ele prometeu que seu fantasma me encontraria lá. Aquele momento, assim como esse, era sombrio, absurdo e hilário. *Oi, pai.*

Mas ponha isso em um lugar seguro, por favor, ordenou Tara. Não vai perder a certidão de óbito do papai.

Fui até a mesa da cozinha e abri a gaveta em que guardava lembranças que não sabia onde colocar. Um cartão elegante chamou minha atenção, aninhado entre os muitos tesouros perdidos ali. Fazia parte do material de escritório personalizado de Philippe, com seu nome estampado em relevo no topo, em uma caligrafia firme. Nele, havia um poema escrito em francês que tinha sido meu presente de aniversário do ano anterior, antes de terminarmos. Eu não tinha a menor ideia do que estava escrito ali nem de como pronunciar as palavras, mas sabia que sentia falta de Philippe. Analisei sua caligrafia. Seu nome. Coloquei o cartão dentro da bolsa, ao lado das cinzas de Bob. *Não me esqueci de Paris, pai. Feliz Natal.* Então fui dormir.

Obedecendo aos desejos do meu pai, o funeral foi pequeno. Apenas sete pessoas ao lado do túmulo no cemitério de Santa Barbara, olhando para o mar em um dia ensolarado de janeiro. Eu usava uma calça preta confortável com uma blusa e uma jaqueta preta que já eram minhas. E tênis. Monique tinha razão: em um funeral, preto é preto. Todas as minhas vinte opções de vestidos tinham sido devolvidas para a Nordstrom, a Shopbop e a Revolve. Só restava uma coisa a ser feita: comemorar. Nós tínhamos prometido aos parentes do meu pai que, apesar de o enterro ser apenas para a família mais próxima, uma festa inesquecível e maravilhosa para celebrar a vida do grande Bob Sizlo aconteceria *em breve*.

Enviar os convites virtuais era minha responsabilidade. Mas eu não queria comemorar. Nem Tara e minha mãe. Em uma festa em homenagem a Bob, teríamos que passar horas falando sobre ele e sua morte para outras pessoas, e isso faria tudo se tornar real. Nós ficamos adiando o evento, até o dia em que o irmão do meu pai ligou para saber se tínhamos esquecido de mandar o convite para ele, por algum motivo. Ele precisava de um encerramento.

E eu precisava de outra dose de tequila para começar a planejar a festa. Fui até a cozinha, cortei um limão e abri meu laptop.

Nós vamos ter que fazer mesmo, falei para ela por mensagem. Não se preocupe, você se concentra na comida, nas flores e no vídeo. Eu cuido dos convites e faço um discurso maravilhoso.

Você é a melhor, respondeu Tara.

Fiquei remoendo a escolha da fonte do convite. E da cor da fonte. Porra, quem iria imaginar que existem tantas fontes? E a foto. O convite obviamente precisava de uma foto de Bob. Mas como escolher apenas uma foto para representar o homem que havia me dado tanto? Uma foto que o resumisse? Seria melhor usar uma recente? Ou uma comigo e com Tara quando éramos pequenas? Havia tantas opções boas. Assim, depois de beber até me sentir anestesiada e fazer um rascunho atrás do outro do convite, optei por uma foto que minha irmã havia mandado dos meus pais no começo do namoro. Em preto e branco, que provavelmente tinha feito parte de uma tira com quatro imagens. Edna devia estar sentada no colo dele; os dois estavam apertados feito sardinhas dentro da cabine da foto, sorrindo de orelha a orelha, recém-apaixonados, com vinte e poucos anos, em Los Angeles. Meu pai nunca perdera aquele sorriso quando estava perto de Edna.

Escolhi uma fonte vermelha. Vermelho-vivo, uma das cores do MIT.

Será que um dia alguém me amaria tanto quanto meu pai amava minha mãe? Tanto quanto meu pai me amava? *À enésima potência, Natasha. Eu te amo até o infinito.*

Pronto. Terminei. Apertei salvar e comecei a acrescentar convidados. Primeiro, a família: o irmão caçula de Bob, Tom. Os primos. O irmão caçula de Edna, Murdoch, e todo o clã escocês. Mandei um e-mail para minha mãe pedindo uma lista com os contatos dos amigos deles. Mandei um e-mail para Tara pedindo os dela. Então abri minha pasta de contatos. Todas as mulheres fenomenais da minha vida: Nicole, minha melhor amiga espiritualizada. Katie, que mantinha meus pés no chão. Kira, minha musa fashion. Sonia, cheia de sabedoria de vida. KC, tão engraçada que podia ser comediante profissional. Heather, que sempre topava dançar um pouco mais. E Penelope, uma romântica inveterada que havia se mudado para o outro lado do mundo, trocado Los Angeles por Ibiza, por amor. A lista foi aumentando cada vez mais. E eu fui bebendo cada vez mais.

Estou botando a mão na massa, mandei por mensagem para Tara, horas depois. No meio da madrugada. Vai ACONTECER, irmã. Vamos dar uma festa pro papai. Uma festa enorme, maravilhosa. Agora já era.

Não parei por aí. Convidei meus colegas da Agency, qualquer um que tivesse convivido comigo no último ano. Billy Rose, Mauricio Umansky, Michel Grady, Keri White e, é claro, Monique e Alejandra.

Continuei virando doses de tequila. Merda. Merda, merda, merda.

Vai ser a festa mais incrível da vida!, mandei para Tara de novo, chupando um limão.

Estou com medo, o que exatamente está acontecendo?, Tara enfim respondeu.

Eu não conseguia parar. Convidei amigos de infância. Enfermeiros de cuidados paliativos. Martin. Amigos que moravam no exterior. Amigos que nunca tinham conhecido Bob. Meu ex-marido. Meus ex-sogros. Até convidei alguns caras que conheci pelo Bumble.

Então convidei Philippe.

O dia da Comemoração da Vida do Grande Bob Sizlo começou chuvoso e frio. Nuvens escuras se acumulavam no céu, e o vento soprava. Cheguei à casa dos meus pais e encontrei Tara arrumando fileiras de cadeiras no quintal, ignorando completamente o tempo. Vi um microfone. E um palanque. *Ah, não.* Eu sabia que tinha, de algum jeito, convidado setenta e cinco pessoas, mas nem cogitei em como seria *fazer um discurso* na frente de todas elas. Meu lugar *não* era atrás de um microfone. Meu lugar *não* era na frente de uma plateia. Claro, tinha sido fácil discursar no funeral do meu pai. Mas havia apenas sete parentes lá, sem nenhum ex em um raio de oitenta quilômetros, sem contar meus colegas de trabalho. Sou o tipo de pessoa que esquece o que vai falar se estiver na frente de uma multidão. Sempre fui assim. No jardim de infância, alguém achou que seria fofo me colocar no palco usando um collant roxo brilhante e uma cartola para cantar e dançar "New York, New York", de Frank Sinatra. Meu pai havia sentado na primeira fila com um sorriso radiante, segurando uma câmera preta enorme sobre o olho. A música começou. Mas fiquei paralisada como um animal ao ver os faróis de um carro. Esqueci os versos, os passos, tudo. Fiquei petrificada. Porque sabe o que costuma acontecer com os animais que ficam paralisados no meio da estrada? *Eles morrem!*

— Tara? Tara! Me escuta. Vai chover. Olha. O microfone vai molhar. É melhor a gente levar tudo pra dentro. Onde não vamos precisar de um microfone.

Tara me encarou com irritação.

— *Não* vai chover. Não vou deixar. O papai adorava exibir o quintal e passar tempo com os amigos aqui, então é isso que nós vamos fazer. É isso que o papai *quer*. Agora, pega o vinho no seu carro. E tenta encontrar a mamãe. Ela está aqui em algum lugar.

Tara havia enlouquecido. Bob não iria querer que ficássemos morrendo de frio na chuva. Mas ela estava abrindo ainda mais cadeiras, resmungando sobre as flores e, de algum jeito, vigiando todos os movimentos do pessoal do bufê. Naquele momento, eu não tinha ideia de que ela havia passado a noite anterior em claro, escolhendo fotos e preparando a casa até que estivesse perfeita, nem que ela havia sentido o espírito amigável do meu pai quando fora arrumar o quarto antigo dele. (Claro que Bob viria ajudar com a festa.) Eu só sabia que era melhor pegar logo o vinho e ficar fora do caminho dela. Voltei para o meu carro e vi um homem alto segurando as garrafas que eu estava prestes a buscar.

— Entrega de vinho.

Aquele sotaque francês. Philippe. Ele tinha vindo.

— Oi... eu... hum, obrigada por vir. Ainda está meio cedo, e...

— Eu não perderia a festa do Bob. Eu adorava o seu pai. Sinto muito, Natasha. Como está a minha garota?

Por que ele sempre tem que estar bonito pra caralho?

— Assustada. Apavorada. Não sei se consigo. A Tara está montando *cadeiras.*

— Ah. — Ele piscou. — Cadeiras. Entendi. Natasha, você vai se sair bem. Eu sei.

Meu coração estava disparado. Não era só o discurso; em um dia já intenso, a presença de Philippe me deixava ainda mais descompensada. Mas tinha sido eu quem o convidara.

— Pode deixar essa parte comigo, Natasha. Fique com a sua família. — Philippe sorriu para mim enquanto levava o vinho para dentro.

A casa e o quintal começaram a encher. Minhas amigas. Parentes. Desconhecidos. Meu chefe. Cumprimentei as pessoas, pedi que assinassem o livro de convidados, recebi flores. O tempo todo amassando o papel do meu discurso, nervosa enquanto andava de um lado para o outro. Tara estava certa ao me dizer mais cedo para eu não usar a saia de arco-íris com lantejoulas e a blusa estampada chamativa que pretendia vestir como uma forma de mandar a morte ir se ferrar. "Pois é, Tash, acho que ninguém vai entender assim." Todo mundo usava roupas pretas elegantes, do jeito que ela havia previsto. Bom, tirando Philippe. Ele sabia que eu não iria querer vê-lo de preto. E sabia muito bem quanto eu gostava dele em uma camisa social branca bem passada. De algum jeito, aquele cara ficava delicioso de camisa branca. Mesmo em uma festa fúnebre.

Lancei um olhar temeroso para as cadeiras, a tela e o projetor que Tara havia arrumado. Ela estava ajoelhada no chão, dando uma olhada nos muitos cabos que levavam a... caixas de som imensas. *Meu Deus do céu.* Eu precisava tentar de novo. Especialmente agora que as nuvens pareciam ainda mais ameaçadoras. Eu não seria apenas humilhada; eu seria eletrocutada.

— Tara. Vamos colocar essas porcarias lá dentro. Olha pro céu! — *Talvez* eu tenha gritado.

Tara se empertigou e se virou para mim, os olhos cheios de lágrimas e de uma determinação furiosa.

— *Não*. Tasha, estou cansada de você ter suas crises sempre que te dá na telha. Como colocar as cinzas do papai em outro pote sem pedir pra mamãe. Ou pra mim. O Bob também era meu pai. Nem pense que eu me esqueci disso...

Tara havia descoberto as cinzas de Bob na minha bolsa durante o funeral. *Depois* de enterrarmos a urna principal e nos despedirmos. No fim das contas, tubinhos dourados brilhantes não eram muito discretos. Ela havia ficado tão irritada comigo quanto eu temia. Até mais. Porém já era tarde para fazer alguma coisa. Depois de eu perguntar para o funcionário do cemitério se tinha como colocarmos o tubinho com a urna, ele havia olhado para mim como se eu fosse louca. "Moça, o nosso trabalho por aqui não é bem tirar coisas de buracos, se é que você me entende."

Eu tinha cutucado a onça com vara curta.

Mas, no instante em que Tara estava prestes a me passar um sermão, as nuvens escuras se abriram dramaticamente no céu, como as cortinas de um teatro, e o sol surgiu. As bordas das nuvens se tornaram iluminadas por dentro, algodões-doces arroxeados sobrenaturais contra o acetinado céu azul-tiffany. O tipo raro de céu que fazia as pessoas pararem seu carro, estacionarem e tirarem uma foto. No dia da morte de Bob, o céu estava igualzinho. Tara e eu caímos em silêncio no quintal. *Pai?* Ele sempre detestava quando brigávamos. Com frequência ele se metia, tentando nos convencer a fazer as pazes, mesmo muito depois da nossa infância. Tara e eu fitamos o céu estupendo, as duas pensando a mesma coisa: estava na hora.

Se existe um evento na vida em que você não quer sentar na primeira fileira, é em uma cerimônia fúnebre. Eu queria ceder meu lugar para outra pessoa. E me esconder. Em vez disso, levantei e peguei o microfone. Vi um mar de rostos diante de mim, esperando e em silêncio. Por um instante, perdi a capacidade de falar. Fiquei paralisada como o pobre animal diante dos faróis, como sabia que aconteceria.

Então meus olhos encontraram os dele. De Philippe. Ele estava sentado na última fila de cadeiras com Charlie, sua filha. Eu a tinha visto com Margot mais cedo, as duas grudadas enquanto conversavam. As meninas viviam bolando planos para nos unir de novo. Philippe estava mais distante que todo mundo, porém parecia mais próximo que qualquer pessoa ali naquele momento apavorante. Sua expressão carinhosa mostrava que ele percebia o desespero infinito no meu coração e o medo presente em mim. Quase dava para sentir o fantasma do seu toque no meu corpo, escutar o eco do seu sussurro sensual na minha cabeça: *O seu nome é Natasha.*

Então eu comecei. Falei sobre o amor lendário do meu pai pela família, por sanduíches de banana e cebola, por Frank Sinatra, pelo MIT, por fazer compras no atacado e por conversas longas. Sobre as coisas absurdas que ele fazia em nome de aproveitar a vida à enésima potência, como a vez que comprou uma van antiga que havia pertencido ao time de basquete Utah Jazz para usarmos como o *carro da família*. Tara havia aprendido a dirigir naquela raridade compridíssima dos anos 80, que era basicamente um ônibus com minibar, televisão e uma cama dobrável. Os garotos da cidade a chamavam de "a van das festas", para sempre marcando as irmãs Sizlo como unicórnios místicos de algum tipo. Falei sobre quanto ele amava Edna.

— Nunca vi alguém amar uma pessoa tanto quanto o papai amava você, mãe.

Nós choramos no quintal. E rimos. Eu me sentia esgotada e aliviada. Entramos na casa, onde Tara havia organizado uma exibição de lembranças da vida do nosso pai. O lado escocês da família começou a cantar alto, do jeito como escoceses fazem em funerais. Imagine "Auld Lang Syne" sendo repetido mil vezes. Alguém tentou melhorar o clima com músicas dos anos 50, e as pessoas começaram a dançar. Tara e eu dançamos, dançamos, e dispersamos um pouco da nossa tristeza. Uma competição de dança das irmãs Sizlo, algo que fazíamos desde que éramos pequenas. Tara, uma bailarina treinada com um sexto sentido para seu próprio corpo em relação a qualquer espaço físico, sabe dançar *de verdade*. Eu? Parece que estou tendo espasmos nos cotovelos e joelhos, não importa o que aconteça. Com o tempo, minha irmã, se dobrando de rir de mim, se coroou novamente a vencedora. Ela foi para a cozinha para descansar e pegar um copo de água.

Philippe surgiu ao meu lado.

— Você foi ótima — disse ele, passando os braços ao meu redor e me dando um beijo na bochecha. Um beijo um pouco demorado demais, mas não o impedi. — Estou orgulhoso, Natasha. O Bob também estaria.

Apoiei a cabeça em seu ombro. Aquele era o meu lugar. Parecia que eu estava em casa. Ele tinha um cheiro tão familiar. Tão *vivo*. Eu o inalei. Olhos castanhos. Pele bronzeada. A camisa social branca. Eu ainda o amava. Era tão bom ter seus braços ao meu redor. Ouvi as primeiras notas de "La Vie en Rose", então Philippe e eu estávamos dançando. Devagar. *Era isso que Stephanie queria dizer quando me contou que Philippe era perfeito para mim?* Talvez eu não precisasse ir a Paris em busca de todos os outros homens que tinham nascido lá no mesmo dia que ele. Talvez Philippe *fosse* o meu destino.

Mais tarde, Tara diria que algumas pessoas pararam de dançar para nos observar, porque parecíamos tão perfeitamente apaixonados, mas não percebi. Ela também diria que KC, que conhecia meu histórico com Philippe e sabia que Tara não era a maior fã dele, deu uma cotovelada nela e sussurrou:

— Ah, não! A sua irmã está dançando com o francês!

Mas não escutei KC. Todo o meu foco estava em Philippe.

Leitor, eu voltei com ele.

Dizem que, quando você perde um pai, se torna membro de um clube do qual ninguém quer participar. Eu não achava que isso fosse verdade. Eu não tinha um clube. Eu não tinha ninguém. Isto é, não tinha ninguém cuja companhia eu quisesse. Nem Tara nem Nicole (porque elas poderiam dizer algo sobre mim e Philippe, algo que eu não queria escutar). Havia apenas Philippe, que era seguro. Familiar. Eu não precisava explicar nada para ele. Nós éramos um clube de duas pessoas, e eu não queria deixá-lo ir embora. Nunca. E foi por isso que pedi para ele casar comigo logo depois da festa de comemoração da vida do meu pai. Nós estávamos passando o fim de semana no rancho de um amigo, fazendo um piquenique sob um velho carvalho, com uma garrafa de rosé. Eu estava prestes a contar sobre Stephanie, a data do aniversário dele e o plano bem estranho que eu quase tinha colocado em ação, quando ele me interrompeu.

— Eu estava querendo te perguntar uma coisa — disse Philippe, roçando os lábios pela minha testa.

— O quê?

— Quer ir pra Paris comigo? Nós nunca fomos, e não sei por quê. Lá é a minha casa. Quero mostrar a cidade pra você. Ando pensando muito nisso. Ando pensando muito em nós.

— Sim, eu quero ir pra Paris!

É um sinal! Os astros estão se alinhando!

Puxei Philippe e lhe dei um beijo. Naquela tarde, acabei não tendo a oportunidade de contar a ele sobre a busca pela minha alma gêmea.

— Eu te amo, Philippe. Eu te amo mais que qualquer outra pessoa, mesmo. Vamos ficar juntos. Pra sempre. Vamos casar. Aqui. Embaixo desta árvore. E podemos pensar no restante depois. Casa comigo.

Philippe me respondeu com um beijo demorado. Ele nunca disse a palavra *sim*. Mas não reparei nisso naquele momento.

Depois que voltei para casa em Los Angeles, bem longe da magia da festa de Bob e do romance do piquenique do rancho, minhas velhas preocupações sobre nosso relacionamento foram voltando aos poucos. De algum jeito, nossos emocionantes fins de semana *à deux* sempre envolviam drinques perfeitos ao pôr do sol, garrafas de vinho francês e cigarros proibidos fumados na calmaria da madrugada. Era como nos velhos tempos, tirando o fato de que eu estava mais velha e tinha mais dificuldade para me recuperar no dia seguinte. Eu também estava mais ocupada com meu trabalho na corretora e precisava manter o foco. O temido ir e vir das malas com as crianças era tão cansativo quanto eu lembrava. E nós ainda não tínhamos feito planos de verdade para o futuro. Com medo de Philippe e eu acabarmos na mesma situação insustentável de antes, resolvi buscar ajuda especializada com uma terapeuta de casais milagrosa indicada por uma amiga e que também fazia muitas participações no site Goop. Se havia alguém que entendia de relacionamentos complicados, era Gwyneth Paltrow. Fechado! Bom, fechado para mim, pelo menos. Philippe não ficou muito convencido.

— No *Goop*? Você encontrou uma terapeuta de casais no Goop? Isso só pode ser brincadeira, Natasha. É sério? Parece que você está procurando uma pessoa diferente, procurando outra versão de mim. Mas eu sou quem eu sou. Nenhuma terapeuta do Goop vai mudar isso. Parece que nós estamos andando em círculos.

E, simples assim, terminamos de novo. E desta vez foi mútuo. Agora não havia noivado. Não havia Philippe. E o meu pai continuava morto. Na maioria das noites, exausta por causa do trabalho e pela tristeza, eu sentava na cozinha e tomava uma taça de vinho antes de dormir. Eu não saía muito de casa.

Em uma dessas noites, resolvi limpar minha amada bolsa. Como Katie diria: "Quem confiaria sua casa perfeita e cara em Brentwood, com sala de cinema, quadra de pickleball e um salão de Botox, a uma corretora que carrega o lixo de uma semana inteira do Starbucks na bolsa?" Quase no fundo da bolsa, encontrei o cartão com o poema de Philippe. Analisei o poema, mais uma vez desejando conseguir lê-lo. Sua caligrafia, tão francesa. Seu nome, tatuado no meu coração. Era uma tatuagem que eu queria muito remover. Coloquei o cartão de volta na bolsa. Ele não merecia se juntar ao lixo com guardanapos manchados de batom, mas eu não sabia o que fazer com ele. Então veio o tubinho dourado com as cinzas de Bob. Senti uma onda de energia e tristeza ao segurá-lo.

Coloquei Bob na pequena prateleira ao lado da mesa, onde eu guardava meus talismãs de esperança. Ele ficou bem do lado de uma foto de quando eu era criança, aquela que tinha a frase do poema de Shel Silverstein anotada pelo meu pai no verso. A foto estava apoiada no mapa astral que Stephanie tinha feito. Sorri. A prateleira estava ficando lotada. Ela também abrigava alguns presentes de aniversário que minhas amigas queridas tinham me dado no outono: o cristal de quartzo rosa. O batom vermelho da Chanel, chamativo demais para eu usar. O spray vaginal de abacaxi. E os papeizinhos voadores para escrever pedidos.

Os pedidos. Esqueci os pedidos!

Tirei o pacotinho da prateleira. O Minikit de Pedidos Voadores em Cartas de Amor. Minhas amigas tinham me dado esse presente com o objetivo específico de eu pedir o homem da minha vida.

Um kit fantástico para realizar seus sonhos, dizia a embalagem. *Escreva, coloque fogo e veja como ele voa! Deixe seu desejo voar para o céu com este kit. Escreva seu pedido especial no papel voador, enrole-o em um tubo e coloque-o sobre a plataforma dos desejos. Acenda o topo do tubo e o observe queimar em uma linda chama. No último instante, seu pedido magicamente vai se erguer da plataforma e subir pelo ar. Inclui quinze folhas de Papel de Pedidos Voadores, cinco plataformas de pedidos, lápis e instruções.*

Peguei um papel de pedido e o lápis que vinha na caixa, e fechei bem os olhos. A última vez que eu tinha desejado alguma coisa, havia sido pouco antes de meu pai falecer, quando pedi que ele tivesse uma morte tranquila. Mas estava na hora de olhar para o futuro. Para o meu ponto do destino, como Stephanie havia dito. Pensei por um instante. Então soube exatamente o que deveria escrever.

Alguém que lute por mim.

Mas não coloquei fogo no papel. Ninguém em sã consciência colocava fogo em pedaços aleatórios de papel em Los Angeles e os jogava no ar. Em vez disso, guardei o desejo em um pote de vidro azul, que também coloquei na prateleira.

Casa Quatro

Zumba

Primitiva e mutável, a Casa Quatro é como a Lua que a rege. Ela fala sobre fazer pausas, observar, sobre conhecimento instintivo, sentir a vibração da Mãe Terra. Fala também sobre a relação que temos com nossa mãe humana, e sobre nossa própria capacidade como mãe.

Ao mesmo tempo, a Casa Quatro trata de absorção. Todas as informações absorvidas pela Casa Três são assimiladas pelos planetas que estão na Casa Quatro ou que a regem. Ela mantém um registro de tudo que é significativo. Ela rege a história e a sua relação com o passado da sua família, que inclui padrões de comportamento e hábitos. Também fala sobre comida, digestão, nutrição, apoio emocional, gravidez, e sobre o lar.

Eu tenho Gêmeos na Casa Quatro. Mercúrio, o regente de Gêmeos, está em Escorpião, na minha Casa Nove de países estrangeiros. Escorpião rege a alma gêmea. Minha linha de Mercúrio passa pela Alemanha, pelo leste da França e pelo noroeste da Itália.

— É ESTRANHO EU NÃO SENTIR SAUDADE DELE? — ME PERGUNTOU DASH no caminho para a escola. Nós estávamos na pista direita, esperando para sair da Sunset Boulevard e entrar na Allenford Avenue, a alguns quarteirões da escola de ensino fundamental Paul Revere. — Não parece que o vovô Bob foi embora.

Não, não é mais estranho que nosso novo normal, pensei.

Eu havia buscado Dash na casa do pai naquela manhã. As crianças estavam passando muito tempo lá nos últimos meses. Imagino que agora seja um bom momento para explicar que não era apenas a casa do meu ex. Sua namorada, a extremamente talentosa, estonteantemente linda e totalmente bem resolvida Anna Faris, morava lá também. Sim, meu ex--marido, Michael, que era diretor de fotografia, havia juntado as escovas de dentes com a Coelhinha gata. E, sim, muito tempo antes, minha vida era bem mais conectada com Hollywood do que era agora. Michael tinha trabalhado em alguns filmes e séries importantes, e às vezes eu frequentava eventos glamorosos com tapete vermelho com ele. Mas esses dias tinham ficado para trás. O único tapete sobre o qual eu andava agora era o farrapo manchado da casa que eu estava (desesperadamente) tentando vender. Já Michael, por outro lado...

Anna estava do lado de fora quando parei o carro. Abri a janela e gritei:

— Nem tenho como agradecer toda a sua ajuda com as crianças.

Anna havia sido maravilhosa com Dash e Margot durante uma fase triste e imprevisível da nossa família, sempre os recebendo em cima da hora quando eu precisava. Eu estava feliz por finalmente poder agradecer ao vivo. Apesar de as crianças viverem alternando entre nossas casas, eu não via Anna desde pouco antes da morte de Bob. Os horários do meu trabalho como corretora eram bem loucos, e a agenda de uma atriz era mais ainda.

Anna colocou um saco na lata de reciclagem e se aproximou do carro.

— Ah, Natasha, sinto *muito* pelo seu pai. Nem imagino pelo que você está passando. Se tiver mais alguma coisa que a gente possa fazer pra ajudar...

Eu sorri, desejando que o bolo na minha garganta desaparecesse.

— Não sei o que eu teria feito sem vocês. Vocês me salvaram, e eu agradeço.

Mesmo às sete da manhã, antes do café, Anna transbordava uma bondade alegre e uma beleza natural radiante, impactante. Uma equipe poderia ter aparecido naquela hora e começado a filmá-la. *Existe um motivo para ela ser uma estrela de cinema, e eu...* Olhei para o retrovisor e vi meu rosto abatido, meu cabelo bagunçado, meus olhos cansados e inchados. *Não precisa concluir esse pensamento, Natasha.*

— Bom, fiquei feliz de te ver hoje — disse ela. — Promete que vai se cuidar.

— Vou, sim.

Fiz um joinha para Anna enquanto saía com o carro, sabendo que eu tinha falado por falar. Eu tinha outras prioridades. Como encontrar um comprador para aquela casa. E escutar o meu filho fofo, sensível, que tinha contado sobre sua noite divertida com o pai antes de mudar o assunto para o paradeiro do vovô Bob.

Não demorou muito para chegarmos ao fim da fila de carros na frente da escola. Dash tirou o cinto de segurança, pegou a mochila e abriu a porta. Coloquei uma mão no seu ombro.

— Não é nem um pouco estranho, Dash. Às vezes eu também sinto que o Bob está por perto. Mas eu queria que isso sempre me fizesse sentir bem, como você está se sentindo. Você tem sorte. Aproveite a escola. Não esqueça que você e a Margot vão jantar na tia Tara hoje. Te amo.

Com cuidado, saí da frente da escola e, quando parei em um sinal vermelho, bati com o dedo na tela grande do painel do carro. Meu celular e o som do carro deviam estar sincronizados. Pois é. Isso dava certo uma vez por semana no máximo, e hoje não era esse dia de sorte. Tentei de novo, porque as quarenta músicas mais animadas para seu "trajeto matinal" da 97.1 FM que estavam tocando faziam parte da rotina de Dash, não da minha. Eu queria voltar para os meus seis anos, quando Lionel Richie comandava as transmissões e "Endless Love" era garantida. Mexi no celular. Nada. Bati mais algumas vezes no painel, sem sucesso. Liguei e desliguei os limpadores do para-brisa também, por que não? De repente, a 97.1 FM parou de tocar, e a voz forte e relaxante de uma mulher explodiu das caixas de som no último volume.

— Agora, com quarenta e quatro anos, você vai começar a entender o conceito de um parceiro de vida — disse a voz. — E vai entender também que deve iniciar uma relação se sentindo inteira, completa, sem *precisar* de um companheiro, mas disposta a compartilhar a sua vida. A se divertir.

Mas que porra era aquela?

O sinal ficou verde. Com o coração disparado e completamente acordada, fiz uma curva abrupta no meio do trânsito e logo encontrei um lugar para estacionar.

— Você só precisa se expor, passar uma boa impressão. O seu mapa é esquisito, e isso é ótimo. Este vai ser um ano importante e maravilhoso para você.

Stephanie. Eu tinha esquecido completamente de que ela havia me mandado uma gravação da leitura do meu mapa, que estava salva no meu celular. Fazia meses que eu não escutava aquilo. Desliguei o motor — e a voz de Stephanie — e fiquei sentada em silêncio. Se expor? Se divertir? Um ano maravilhoso? Sem precisar de um companheiro? Ha. *Seu placar está negativo, Natasha.* Fechei os olhos. Carros passavam voando, e alguns buzinavam alto. Eu não podia continuar estacionada ilegalmente no acostamento da Sunset Boulevard, à beira de um minissurto. Não apenas isso seria ridículo como, se um guarda aparecesse, com a minha sorte, com certeza não seria um cara bonito e solteiro usando uniforme. Eu precisava ir para casa lavar roupa. E trabalhar. Tinha ficado tão focada em manter meu pai vivo que deixara meu fluxo de trabalho diminuir de um jeito preocupante no último ano. Eu precisava recuperar o tempo perdido. Agora. Liguei o carro, esperando que a 97.1 FM gritasse como sempre. Mas a voz melódica de Stephanie retomou a leitura.

— Não resta muito tempo para o seu pai. Essa doença foi duradoura e difícil, mas, assim que ele fizer a passagem, vai sentir um alívio imediato e continuar ao seu lado... Você precisa voltar a se enxergar como uma escritora.

Cedendo, diminuí o volume para um tom razoável e fiquei ouvindo Stephanie enquanto dirigia. Fiquei triste enquanto ela falava sobre a morte do meu pai. Mas as palavras *divertir* e *se expor* e *ano maravilhoso* também ecoavam pelo carro. E *escritora*. Uma pequena faísca de algo que não era desespero, mas também não era exatamente esperança, se abriu dentro de mim. "Você não se afoga quando cai na água, você se afoga quando continua nela", uma amiga havia dito recentemente. Na época, eu tinha pensado que isso era um monte de merda. Eu ficaria na porra da água por quanto tempo quisesse. Mas e se ela tivesse razão? E se *Stephanie* tivesse razão? De repente, eu sabia para onde precisava ir.

A cabeleireira encarou minha cabeça com os olhos arregalados.
— Nossa — disse ela, passando os dedos levemente pelo meu cabelo. — Posso tirar o que sobrou do megahair e dar uma aparada, mas você não pode ficar loira de jeito nenhum. Seu cabelo não vai aguentar. Seria um desastre.
— Eu entendo, obrigada — respondi, educada, pagando pelo corte e dando uma gorjeta de vinte por cento, mas murchando um pouco por dentro.

Meu cabelo já *era* um desastre. A questão era essa. Eu não queria colocar um colorista em uma situação impossível, mas devia haver uma solução fabulosa que não envolvesse uma peruca nem um chapéu. Parecia sensato buscar uma segunda opinião. Voltei para o carro e mandei mensagens para amigas com luzes lindas: Me passa o contato da sua colorista? É uma emergência. Meia hora depois, graças a um cancelamento, eu me vi na cadeira da mestra Sarah Conner em um salão da moda em Beverly Hills. Tentei não pensar em como eu pagaria a conta.

Sarah analisou meu cabelo por um instante.
— O que está acontecendo aqui?

Nos últimos meses, eu tinha observado horrorizada meu cabelo castanho-escuro brilhante se tornar quebradiço e opaco. Os fios quebravam quando eu os escovava e caíam no banho. Estresse, havia diagnosticado o Dr. Google. Precisando de uma solução rápida enquanto corria do leito de morte do meu pai para reuniões na Agency, partidas de lacrosse de Margot e encontros fracassados do Bumble, eu tinha feito um investimento desesperado em um megahair. Que havia piorado o estado do meu pobre cabelo (e da minha conta bancária). Agora, o megahair — ou o que restava dele — estava esfarrapado e caindo em certos pontos. Não era um visual muito impactante. Mas talvez eu pudesse mudar aquilo. E muitas outras coisas. Respirei fundo e olhei nos olhos de Sarah.

— Aqui vai a verdade. Pronta? Meu pai acabou de morrer de um jeito triste, minha carreira como corretora de imóveis precisa de uma repaginada urgente, sou mãe solo e acabei de terminar pela milionésima e última vez com o homem com quem eu queria casar. Meu coração está esmigalhado. E tem a minha dieta de tequila, vinho tinto e Xanax. *Só que...* minha astróloga me disse que eu deveria estar me *divertindo*. Então, e é sério, eu vou atrás de todos os homens nascidos no dia 2 de novembro de 1968 em Paris que eu conseguir encontrar, porque... *ele que se foda!* E eu quero fazer isso loira.

— *Quem* você quer que se foda? — perguntou Sarah, com uma risada, confusa.

Expliquei sobre Philippe e a data do aniversário dele, meu ponto do destino. Eu já estava ali mesmo.

O olhar de Sarah se iluminou. Ela havia se convencido. Enquanto aplicava o descolorante e prendia o papel-alumínio no meu cabelo, ela me contou sua história de amor e de destino improvável, que se estendia por quase duas décadas e passava por Los Angeles, pela Grécia e por Palm Springs.

— E, depois disso tudo — disse Sarah —, eu com certeza acredito em destino. Você precisa ir pra Paris. Você *e* o seu cabelo vão conseguir.

Quatro horas depois, eu encarava o espelho de Sarah em completo choque. Com mais frequência do que gostaria de admitir, quando eu tomava decisões impulsivas como aquela, os resultados me surpreendiam — de um jeito negativo. Naquele dia, porém, não havia do que me arrepender; eu me deparei com uma clareza (literal) que instantaneamente parecia certa. Foi libertador, do jeito como apenas uma mudança grande consegue ser. Saí do salão e fui direto para a farmácia, comprei o batom vermelho mais forte que encontrei e o passei. Batom vermelho-fogo! Eu!

Depois segui para um evento em uma casa à venda da Agency em Bel Air, que já estava na minha agenda. É uma das partes mais glamourosas do trabalho. Conhecer uma mansão belíssima que vale trinta milhões de dólares enquanto bebe champanhe (de graça!) e come caviar com pessoas que também são obcecadas por casas? Sim, por favor. Eu também estava ansiosa para ver algumas das minhas colegas de trabalho. Nós brincávamos que éramos as Poderosas da Agency e nos encontrávamos de vez em quando para falar de negócios. Naquela noite, tínhamos prometido que faríamos um brinde — a nós mesmas. O mercado imobiliário paga por comissão, e é uma indústria de tudo ou nada. Um emprego que eu surpreendentemente amava e no qual, pouco a pouco, conquistava sucesso. Antes de meu pai ficar doente e de as coisas com Philippe irem para o buraco, minha colega Keri e eu tínhamos entrado para uma lista prestigiosa de melhores profissionais do mercado imobiliário nos Estados Unidos. Quase um ano inteiro depois, finalmente iríamos comemorar. Era verdade que eu continuava vivendo com um salário instável, mas estava torcendo para a lista ser um indicador de tudo que eu podia conquistar com um pouco de sorte naquele mercado enquanto tentava me recuperar.

— Uau! Você está loira! Tipo, loira-*loira* — disse Keri quando me viu.

— Puta merda, mulher — exclamou Gloria. — Você ficou gata pra caralho!

— Isso aí, amiga! — Marci ergueu sua taça.

Seria bom se todo mundo sempre me tratasse assim. No geral (e compreensivelmente), minhas amigas me cumprimentavam nos últimos tempos com um "Sinto *muito* pelo seu pai" e "Como você *está*?". *Você está loira* era fantástico em comparação. Talvez eu *estivesse* pronta para os momentos maravilhosos que os astros supostamente reservavam para mim.

As crianças ainda estavam com Tara, então, depois do evento, em casa, tirei uma selfie rápida e a postei no Instagram antes que mudasse de ideia. Eu não usava muito o Instagram. Nem qualquer rede social. Fora das publicações que eu precisava fazer para o trabalho (redes sociais são uma ferramenta essencial para vender imóveis de luxo), não fazia sentido para mim. Quem, além do pequeno grupo de amigas que eu já encontrava na vida real, se importaria com os acontecimentos cotidianos de uma mãe atarefada de quarenta e poucos anos? Porém, naquela noite, pensei que o

Instagram poderia ser uma forma de manter certo controle. Se eu anunciasse publicamente que estava me divertindo, então teria que sair de casa e fazer isso. *Já estou me divertindo mais*, dizia minha legenda. Acrescentei um emoji virando estrela. Era meu primeiro post no Instagram depois da homenagem que eu havia escrito para meu pai.

Os comentários e emojis vieram com tudo: Corações! Foguinhos! Cem por centos! Nem um único comentário tinha tom de pena ou condolências. Tirando, talvez, a observação séria de Margot:

ah ela ficou loira

Tamborilei os dedos com impaciência sobre a bancada da cozinha. Eu queria me empolgar. Música! Era disso que eu precisava naquele momento. Música alta, feliz, era minha igreja, meu remédio, minha linguagem do amor desde a infância. Continuava sendo. Ela havia voltado à minha vida depois do divórcio. Quando Michael e eu éramos casados, ele passava muito tempo trabalhando à noite nos sets, o que significava que seus dias eram compreensivelmente reservados para o sono e a tranquilidade. "O papai é noturno", sussurrava Margot desde pequena. "Não faz barulho." Desejando ser uma boa esposa, eu respeitava sua necessidade de ter um lar silencioso e calmo. Então havia praticamente desistido da música naquela época. Nossa casa antiga era o mais quieta possível. Porém, para fazer isso, eu tive que deixar de lado uma parte essencial de mim.

Philippe adorava música tanto quanto eu. Mas eu não pensaria nisso naquela noite.

— Alexa. Crie uma nova playlist.

— Claro. Qual é o nome da nova playlist?

— Acorda.

— Criando sua nova playlist, Acorda.

— Alexa, acrescente a música "Good Day", do Nappy Roots, à playlist Acorda.

Sentei na bancada e comecei a berrar nomes de música. Alto. A música me salvaria. Com o batom vermelho e o cabelo loiro, a música me reergueria. "Survivor", do Destiny's Child. "Confident", da Demi Lovato. "Break Free", da Ariana Grande. "Let's Go Crazy", do Prince. "Flawless", da Beyoncé. "Dancing on the Ceiling", do Lionel Richie. Mandei mensagens para minhas amigas, minha irmã e Margot, perguntando quais eram suas músicas favoritas de empoderamento. As respostas chegaram na mesma hora.

"Superwoman", da Alicia Keys
Nicki Minaj!!! "Feeling Myself"!!
Gloria Gaynor!!! "I Will Survive"!!
Qualquer coisa da Cardi B!!!
Taylor Swift!
"Brave Honest Beautiful", Meghan Trainor!
Kelly Clarkson! "Stronger"!!!
Então Margot deu sua colaboração:
rsrsrs, que tal "One Less Lonely Girl," Justin Bieber 😊

Que divertido! Eu sou poderosa! Minha nova playlist tomou conta da casinha amarela com uma batida empolgante enquanto eu me servia de uma taça de vinho e procurava meu laptop. *Então vamos lá. Eu disse que encontraria a minha alma gêmea parisiense, e vou fazer isso! Hoje.* Abri uma nova aba no Safari. *Não vai ser tão difícil assim. Antes das dez, já estarei livre.* Digitei *nascido em Paris em 2 de novembro de 1968* na busca. Além de uma pequena lista de celebridades que nasceram nesse dia — nenhuma em Paris —, minha pesquisa foi pouco reveladora. *Humpf.* Então segui para o Facebook. Achei que poderia fazer uma busca reversa por data de nascimento. Errado. A mesma coisa aconteceu no Ancestry.com. *Sua pesquisa encontrou zero resultado,* informou o computador. O que eu estava fazendo errado? A mídia não vivia nos alertando de que a privacidade estava em extinção e todas as informações sobre todas as pessoas podiam ser encontradas por qualquer um? Mas eu não imaginava que montar uma lista de pessoas apenas com base na data de nascimento seria *tão* difícil.

Horas mais tarde, depois que meus filhos já estavam em casa e aconchegados em sua cama, eu me vi mergulhada na pesquisa e no site de registro civil da França. A essa altura, já era manhã em Paris. Descobri que as autoridades cartoriais francesas registravam nascimentos desde 1792. Os arquivos incluíam nome, sexo, data, local de nascimento e nomes dos pais da criança. Que beleza! Se eu coletasse o nome dos homens nascidos no dia 2 de novembro de 1968 em Paris, então podia pesquisá-los no Facebook, mandar uma mensagem para esses caras, ver quem eram os solteiros (e heterossexuais, e vivos) e ir atrás de todos eles, um por um! Certo, então eu *não* estaria livre até as dez daquela noite nem da noite seguinte, mas pelo menos eu tinha um plano.

Paris, como eu descobri, é dividida em vinte *arrondissements*, ou bairros, cada um com seu *mairie*, ou cartório, em que nascimentos, casamentos e mortes são registrados. Eu teria que entrar em contato com cada *mairie* separadamente. Tudo bem. Mandei algumas mensagens para eles usando o Google Tradutor. Maravilha! Acabei encontrando um mecanismo de busca de certidões de nascimento. Será que eu tinha arranjado uma solução? Digitei *2 novembro 1968* no campo *Si la date de naissance est connue* e apertei enviar. Um *Identité de la personne dont vous demandez l'acte* — NOM ET PRÉNOM enorme e vermelho piscou na tela. Voltei para o Google Tradutor para entender o que aquilo significava. "Documentação da pessoa cujos dados você procura — SOBRENOME E NOME."

MERDA! *Se eu soubesse o nome e o sobrenome dele, já estaria em um avião para Paris, com meus potenciais vestidos de casamento na mala!* Fechei o laptop com força, frustrada. Eu precisava fazer um intervalo. Ou, melhor ainda, ir dormir, já que teria que mostrar uma casa em poucas horas. Mas eu não queria encerrar a noite com uma derrota. Isso não parecia certo depois de um dia loiro tão excepcional. Pensei nas coisas que tinham me animado nas últimas horas. Tomar atitudes. Ser *intencional*. Peguei o celular. Se eu pretendia fazer aquilo mesmo, estava na hora de pedir ajuda.

PARIS OU NADA, digitei. Se você está neste grupo, é porque acredita no Amor Verdadeiro. Acrescentei um emoji de coração vermelho. E assim começa a aventura...

Minhas melhores amigas teriam várias ideias brilhantes, eu tinha certeza.

Katie respondeu imediatamente: NATASHA, VAI DORMIR!

— O que foi aquele grupo que você criou ontem à noite? — perguntou Tara no dia seguinte, depois de buscar Margot no treino. — Você está bem? E, nossa, seu cabelo!

— Eu vou mesmo. Vou atrás de todos os homens nascidos em Paris no dia 2 de novembro de 1968 que eu conseguir encontrar.

— Espera. Achei que fosse brincadeira.

— Estou falando sério. Nós prometemos pro papai. A minha alma gêmea está em algum lugar por aí.

— Essa é uma *péssima* ideia. Em algum lugar por aí também existe muita gente esquisita, Tasha.

— Eu gosto de gente esquisita — respondi. — Gente esquisita fala a minha língua.

— Só me promete que vai pensar direito nisso? Que não vai sair por aí sem ter um plano?

— Não tenho mais quinze anos, irmã. Tenho quarenta e quatro. Eu sei o que estou fazendo.

— É disso que eu tenho medo.

Depois me encontrei com Nicole. Nós fomos ao brunch de domingo no Crossroads, um restaurante vegano que ela e seu novo namorado, Justin (que não estava presente nesse dia), adoravam. Com o cabelo loiro ondulado e maçãs do rosto proeminentes, sempre era fácil encontrá-la no meio de um restaurante lotado. Conheci Nicole, uma atriz que virou roteirista/produtora, anos antes; fomos apresentadas pelos maridos, que trabalhavam juntos em um set. Quando nos divorciamos, mais ou menos na mesma época, nos aproximamos muito e descobrimos que tínhamos mais em comum do que imaginávamos: nossa necessidade de solidão *e* amizades profundas, nosso gosto por árvores e natureza, o fato de nossos filhos serem a alegria da nossa vida emocional. Nós nos sentíamos à vontade uma com a outra. Eu faria de tudo por ela, até comer um prato de frango e waffles veganos. (Que estava delicioso.)

— Então, como vão as coisas com o Justin? — perguntei, em tom brincalhão.

Eu adorava perguntar sobre ele para Nicole. Ele era lindo. E engraçado E gente boa. Além disso, tinha um corpo incrível — os dois se conheceram em um retiro de ioga. Mas ele também tinha vinte e seis anos.

Nicole sorriu e corou.

— A gente não ia ter nada sério, você sabe. Achei que fôssemos acabar amigos.

— Aham — respondi.

Eu não conhecia nenhuma mulher que fosse querer ser só amiga de um cara solteiro tão bonito como Justin e que gostasse dela também.

— Ainda não consigo acreditar, mas estamos basicamente namorando. Tipo, firme. Mas aonde nós queremos chegar com isso?

— Na cama? — Eu ri. Então, mais séria: — Aonde você quer que chegue?

Nicole tomou um gole do seu suco de aipo.

— Não sei, mas eu gosto dele. Muito. Enfim, chega de falar do meu novo romance. Quero saber de você.

— Tenho uma novidade. A busca pela minha alma gêmea vai acontecer! — anunciei, erguendo meu bloody mary sem álcool e feito com tomates orgânicos.

— *Siiiiiim!* — Nicole praticamente pulou da cadeira, gritando de empolgação. — Paris, aí vamos nós! *Adoro* esse plano!

— Mas vou precisar da sua ajuda, Nicole. Achar os candidatos a alma gêmea não é tão fácil quanto eu imaginava.

Contei a ela sobre a frustrante tentativa da madrugada de encontrar certidões de nascimento francesas.

— Como assim? Entra no Tinder! — Nicole abriu o aplicativo no seu celular. — O Tinder tem um negócio de passaporte, então você pode estar em Los Angeles, mas procurar por caras em Paris. Só arrasta pra direita sempre que você encontrar um parisiense de cinquenta anos, e pesquisa a partir disso. Tem uma chance em trezentos e sessenta e cinco de isso dar certo! Mas você vai precisar tirar fotos novas agora que está loira. Ahhhhh! Vamos fazer uma sessão de fotos na minha casa. Eu faço seu cabelo e sua maquiagem. A Rohina pode tirar as fotos; vou mandar uma mensagem pra ela agora. Que divertido! Pegue umas roupas e me encontre na minha casa.

Divertido. Lá estava aquela palavrinha de novo. A tristeza por perder meu pai e Philippe ainda doía, mas era inegável que eu estava me *divertindo*. E era uma sensação boa.

Quando cheguei em casa, vasculhei o armário de Margot e peguei a roupa mais sexy que encontrei, um vestidinho de renda preta com corset que eu tinha comprado para ela em uma liquidação no centro. Ainda estava com as etiquetas. Talvez o vestido não fosse digno do Instagram, na opinião de Margot (*Ainda bem que não*, pensei ao prestar mais atenção no tecido quase transparente), mas parecia uma isca promissora para o Tinder de Paris. Em outras palavras, era algo que a velha Natasha nunca, *jamais* usaria.

As fotos que nossa amiga Rohina tirou naquela tarde na casa de Nicole foram uma revelação. Eu meio que esperava parecer exatamente como me sentia nos últimos anos — envelhecida, castigada pela vida, esgotada. Como alguém que fingia ser algo que não era. *A quem você quer enganar, achando que um batom e uma tintura no cabelo podem esconder seus problemas?* Mas a mulher radiante com que me deparei era linda. Livre. Ela parecia feliz. Algo mudou no meu coração quando me vi pelo olhar das minhas amigas queridas. Eu nunca tinha cogitado a possibilidade de o meu exterior ser lindo, até aquele momento. *Estou solteira e com mais de quarenta anos! Eu me divorciei e depois disso levei um pé na bunda!* Era isso que eu costumava pensar. Mas a Natasha de Rohina e Nicole contava o começo de uma história completamente diferente.

Natasha, 44
Ponto do Destino
Nosso amor foi escrito nas estrelas... Só se você nasceu em Paris, no dia 2 de *novembro* de 1968. Se você faz aniversário em qualquer outro dia, nem precisa responder.
"Todos nós estamos na sarjeta, mas alguns olham para as estrelas."
— Oscar Wilde

Então comecei a busca. Cinquenta anos, tela arrastada para a direita. Não importava como fosse o perfil. Qualquer outra idade, esquerda. Bom, tirando quando eu encontrava um Philippe. Então meu coração dava um salto. Também os arrastei para a direita por um tempo. Eu simplesmente não conseguia abrir mão de *um* Philippe, mesmo que não fosse o *meu* Philippe. Mas, com o tempo, consegui. Era como terapia, aprender a jogar um Philippe para a esquerda.

Coucou, Natasha. Você fala francês?

Não, desculpa. Você nasceu no dia 2 de novembro de 1968? Será que podemos ser almas gêmeas?

Desculpe, meu aniversário é em 17 de maio. Que pena que não sou sua alma gêmea.

Concordo demais. Você é bem bonito!

Próximo.

Olá.

Bonjour, Jeff. Quando é o seu aniversário, *s'il vous plaît*?

Bonjour. É em novembro, mas não no dia 2. 😔

Que droga! 💔 Mas eu preciso obedecer às estrelas.

Boa sorte, milady! Espero que você encontre o seu príncipe.

Merci, querido francês com o aniversário errado! ✨📪

Tive centenas de matches.

Olá. Minha proposta é fazer amor intensa e criativamente com você agora ou hoje à noite, em Paris ou nas proximidades, vou com a minha BMW 530e híbrida maravilhosa e novinha até a sua casa com uma garrafa de champanhe ou de vinho excepcional. Tudo seu.

Quando é seu aniversário, *s'il vous plait*?

4 *Fevrier*

Como eu suspeitava, não somos almas gêmeas.

Tem certeza?

Seria um processo demorado.

> Oi, Natasha, prazer! Eu nasci em 1968, perto de Paris, quase em novembro. Isso é suficiente pra gente alcançar as estrelas? :)

> Oi, Franck. Uma astróloga me disse que a minha alma gêmea nasceu no dia 2 de novembro de 1968, em Paris. Você acha que eu sou louca?

> Sim, acho que é um pouco louca... mas um pouco de loucura é um charme :) Se você não encontrar o 2 de novembro de 1968, pergunte à astróloga sobre 26 de junho de 1968. Tenho certeza que vai dar certo :)

Mais um antes de dormir.

> *Bonjour! Enchante par ce match!*

> Oi, Didier. Espero que você fale inglês. Você nasceu em 2 de novembro de 1968?

> Olá! Não, nasci em julho... e você?

> Ah, que pena. Estou procurando pela minha alma gêmea. Ele nasceu em novembro. Eu sei que parece estranho. Muito amor, luz, paixão e felicidade pra você ✨♡🙏✨💕

Fé não se discute! Divirta-se na sua jornada!

Adorei. Você também.

Preciso da sua ajuda. Você está aqui por perto?, mandei para Tara na manhã seguinte.

O que foi? Você está bem?

Preciso pendurar um negócio. Tem umas coisas que acabei não aprendendo a fazer depois do divórcio. Tipo qualquer coisa que precise de um martelo. O Michael fazia essas coisas. O papai fazia essas coisas. O Philippe fazia essas coisas. E — olhei para o grande martelo prateado de amaciar carne e o prego que eu tentava prender na minha parede agora amaciada — eu nem tenho uma caixa de ferramentas.

Já vou.

— Nossa! O que você fez? — Minha irmã girou lentamente pela minha cozinha apertada, que estava de pernas para o ar. Mapas de Paris, cristais, palo santo e incensos de sálvia amarrada estavam espalhados pelas bancadas e pela mesa. — Essa mesa é nova?

Ela apontou para a mesa de nogueira elegante que eu tinha enfiado no canto que antes era ocupado por uma outra minúscula, ao lado da minha prateleira de tesouros.

— Um cliente me deu depois que vendi o chalé dele em Venice tão rápido que ele mal teve tempo de tirar as coisas de lá — contei para ela. — Dá pra acreditar? Uma mesa maior era *exatamente* do que eu precisava agora. A central de comandos na busca pela minha alma gêmea. O próximo passo é um mural com as coisas que eu quero manifestar, é claro. Bom, *murais*. Comprei três.

— Hum... certo. Sim. Bom, eu trouxe a minha Makita. — Tara acenou com a furadeira para mim. "Let's Go Crazy", de Prince, tocava. — Adoro essa música. Sabe, o papai também comprou uma caixa de ferramentas pra você.

— Não faço ideia de onde ela esteja. — Segurei um dos grandes quadros de cortiça sobre a parede. — Que tal? Está torto? — Tara deu um passo para trás e estreitou um olho. — Você falou com a mamãe hoje? — perguntei.

Nós nos alternávamos para ligar para Edna e a visitávamos nos fins de semana. Estávamos preocupadas. Mas Edna sempre fazia pouco-caso das nossas preocupações e então nos entregava um saquinho de farmácia — com rímel ou hidratante para as mãos. Só para o caso de estarmos sem.

— Falei, ela está toda empolgada. Começou a fazer zumba, e agora está frequentando as aulas todo dia. Até mesmo duas vezes por dia. — Tara fez uma marcação a lápis na parede. — Tem certeza de que você quer instalar tudo... *isso*... na sua cozinha, onde as pessoas vão ver? Por favor, não vire a mãe descompensada com uma parede psicótica. Você está me assustando, Clarice.

— Fura logo isso aí. — Peguei uma caixa de tachinhas e comecei a acrescentar coisas ao mural, como meu mapa astral, minhas fotos da infância, o mapa de Paris. — É sério, Tara.

— Estou vendo.

— Também fiz uma conta nova no Instagram. Só pra minha busca. Você devia me seguir. Quer dizer, você *vai* comigo pra Paris. Você prometeu pro papai que iria.

Prendi as fotos que minhas amigas tiraram no meu aniversário, as anotações que fiz quando a secretária de Stephanie me contou que minha alma gêmea havia nascido no dia 2 de novembro de 1968. Alguns papéis de biscoitos da sorte. Meu passaporte.

— Eu não *uso* o Instagram. Quer dizer, eu tenho, tipo, cinco seguidores em uma conta fechada — disse minha irmã. — E você é um deles!

— E a mamãe.

— É, não. A mamãe não me segue. Você vai mesmo postar isso tudo na *internet*?

— Vou. Também entrei no Tinder de Paris. É bem divertido. E estou cogitando algum tipo de publicidade pra Paris no Instagram ou no Facebook, mas preciso pensar em como fazer. E é óbvio que precisa ser discreto. Meus clientes não podem ver uma coisa dessas. Nem o Michael. Nem o Philippe! Dá pra imaginar?

Minha irmã parou de furar e olhou para mim, horrorizada.

— Eu só perdi tempo no Tinder. Você pensou direito nisso?

— Para de se preocupar — falei, acendendo o feixe de sálvia e o acenando delicadamente pela cozinha.

— Que diabos é isso? Você quer que eu tenha uma crise de asma! Preciso do meu inalador!

— É sálvia. Um especialista em limpeza de energias foi na Agency semana passada e nos ensinou a fazer isso nas casas que estamos vendendo. Estou limpando a sua energia negativa.

Tara abriu uma janela e riu, apesar da sua preocupação.

— Apaga isso!

— A mamãe fica me perguntando o que eu ando aprontando, e estou com medo de contar pra ela. Isso é ruim? — Acendi um pedaço de palo santo e o sacudi pelo cômodo. — Chamo todos os espíritos bons para ajudar no nosso propósito maior. Alexa! Toque "Boys", da Lizzo.

Minha irmã suspirou.

— Não sei se a mamãe está com cabeça pra isso tudo agora. Talvez seja melhor você esperar um pouco.

Logo depois de eu começar com força total a busca pela minha alma gêmea, fui ao almoço de lançamento da nova marca de roupas de uma amiga. *É só um almoço*, pensei, tentando me animar enquanto dirigia até lá. *Noventa minutos no máximo*. Desde a declaração de falência seis anos antes, eu detestava bater papo com desconhecidos em eventos como aquele. Até as conversas mais banais sobre planos de viagens ou o novo restaurante badalado aonde você *precisava* ir pareciam um campo minado emocional. Minhas respostas vagas quase nunca alcançavam as expectativas dos outros. Era inevitável que elas causassem perguntas, com expressões confusas, preocupadas. *Não vai viajar? Mas o que você vai ficar fazendo no verão?* (Hum... trabalhando?) Eu tinha me tornado mestra em ver um "amigo" do outro lado do salão e escapulir. Já volto!

Independentemente de qualquer coisa, eu não podia admitir para uma pessoa que havia acabado de conhecer que minha vida financeira não era das melhores depois que entrei com um pedido de falência. Claro, eu fazia vendas e estava em ascensão na Agency. A pensão que as crianças recebiam me ajudava enquanto eu buscava mais clientes. E eu parecia e me vestia como uma mulher que estava (quase!) no topo do mundo. Mas ainda faltava muito para chegar lá. A recuperação depois do meu colapso financeiro era como tentar fazer um bolo sem ingredientes. Eu me sentia um fracasso e não queria que ninguém soubesse do meu grande segredo horrível: eu tinha destruído as minhas finanças. Porém, agora que estamos trocando confidências, querido leitor, aqui vai o resumo da história.

Fazia oito anos que eu era mãe em tempo integral quando tive a chance inesperada de transformar uma série de bicos pequenos, de um passado distante na indústria da moda (que, inclusive, foi o motivo para eu ir àquele almoço), em uma carreira de verdade — criando roupas infantis. Agarrei a oportunidade com unhas e dentes, e todas as mães que eu conhecia entenderam a razão: era um jeito de ganhar meu próprio dinheiro. E finalmente solucionar o dilema enlouquecedor do como/o que/onde ao se tratar de voltar ao trabalho. Não parei para refletir sobre o fato de que a maioria das start-ups de sucesso *não* pode ser fundada, gerida e operada apenas nas sete horas de intervalo entre deixar e buscar as crianças na escola. A verdade é que eu provavelmente nem sabia disso. Eu não tinha a menor ideia de onde estava me metendo. Fazendo um retrospecto, eu devia ter procurado mentores, feito cursos na internet (talvez um de administração de empresas para iniciantes?) e ido mais devagar, no geral. É fácil enxergar isso agora. Na época eu estava empolgada com a ideia de fazer uma coisa que parecia mais grandiosa que ficar limpando farelos do meio do carro. E sonhava em poder contribuir financeiramente com a nossa família. Apesar de ser feliz por ter a opção de ficar em casa com as crianças, eu me sentia culpada por Michael ter que trabalhar tanto para nos sustentar.

Após poucos meses atordoantes no mercado, a marca de roupas infantis fofas que eu tinha criado, curio + kind, era vendida por grandes varejistas como Nordstrom, Fred Segal e Garnet Hill. Parece uma história de sucesso digna de capa de revista, certo? Errado. O que ninguém te conta, ou o que talvez eu não tenha parado para ouvir, é que você está tentando entregar esses pedidos emocionantes com quantias enormes de dinheiro emprestado, e isso não é brincadeira. Também não é um salário no fim do mês. Pelo contrário, é um poço sem fundo em que você vai jogando dinheiro, e eu tinha cartões de crédito estourados como prova disso. Os lucros de um pedido eram investidos na entrega do pedido seguinte, e assim por diante. Esse ciclo era como uma fera faminta, que nunca ficava satisfeita e nunca dormia. Esqueça o trabalho em meio expediente ou até em tempo integral. Aquilo era *constante*. Mas eu tinha dois filhos pequenos que ainda precisavam da mãe. E um casamento em ruínas. Direcionei meu foco para a família. Precisei fazer isso. A empresa, obviamente, faliu. Meu casamento foi logo atrás.

Depois disso tudo, eu me sentia como uma mulher que havia fracassado de quase todas as formas possíveis: como mãe, como esposa, como empreendedora. Pedir falência é um redemoinho de vergonha, estresse, tristeza e medo. Por algum motivo, declarar com todas as letras em uma folha de papel em branco que você não tem nada e então entregar essa documentação horrível para um juiz que preside um tribunal te faz se sentir um zero à esquerda. Minha autoestima levou um baque ainda maior que minha conta bancária e meu escore de crédito. Eu me olhava no espelho e via uma fracassada que tinha perdido tudo. Tirando meus filhos e minha saúde, e esses eram meus incentivos para seguir em frente. Eu levaria anos para entender até onde se estendiam os efeitos da minha vergonha e que o lado bom de não ter nada é que você pode recomeçar do zero.

Coragem, pensei enquanto atravessava nervosamente o salão com decoração de fazenda urbana chique para chegar à minha mesa. *Ninguém aqui sabe nada sobre a sua vida. Talvez você encontre um cliente novo maravilhoso. Além do mais, se você não conseguir participar de um almoço em Los Angeles, como vai sobreviver a um monte de encontros com dezenas de almas gêmeas em potencial que está destinada a conhecer em Paris?*

Eu me obriguei a me virar para a mulher elegante sentada ao meu lado e dizer oi. Quando ela perguntou sobre mim, em vez de tentar desconversar como sempre, impulsivamente contei sobre Philippe, Stephanie e

2 de novembro de 1968. O que, para falar a verdade, foi desconfortável no começo. Aquilo não era uma conversa de salão de beleza, afinal. Mas, enquanto eu falava, os olhos dela brilhavam, e seu sorriso foi aumentando.
— Eu me chamo Hope — disse ela, oferecendo uma mão.
Hope é "esperança" em inglês!
Acaba que minha nova amiga Hope era especialista em redes sociais — em conquistar a atenção das pessoas (de muitas pessoas). Ela deu risada dos meus raros posts absurdos no Instagram e generosamente ofereceu algumas dicas úteis. Não virei uma mestra destemida das redes sociais do dia para a noite, mas comecei a fazer publicações com uma regularidade maior. Talvez meu match astrológico fosse amigo de um amigo de um novo seguidor? Tudo era possível. Abri as portas para o universo.

> E se alguém te contasse a data e o local de nascimento da sua alma gêmea? Até onde você iria para encontrar essa pessoa?
> **2 de *novembre* de 1968 • Paris**

Amigos e desconhecidos começaram a encontrar a conta da busca pela minha alma gêmea. Sim, uma pessoa objetiva talvez dissesse que era um grupo minúsculo, apenas umas duzentas pessoas, mas, para mim, era um sinal impressionante de apoio. Pessoas que eu mal conhecia ofereciam ajuda e davam ideias. Boas ideias. Um ex-namorado de Nicole, que por acaso era francês e morava em Paris, François, até conversou com um detetive particular para conseguir conselhos para mim. Uma mulher que estava indo tirar férias na França se ofereceu para pendurar alguns cartazes de "Procura-se" perto do Arco do Triunfo. Adorei essa ideia. Coisas bobas como essas — Hope, dicas de detetives particulares, a mesa da central de comando que ganhei de presente e a desconhecida prestativa que viajaria para Paris — começaram a acontecer regularmente. As pessoas não riam de mim. Elas queriam que eu tivesse sucesso.

Mais ou menos na época em que conheci Hope, um amigo entrou em contato dizendo que queria me indicar para o tipo de casa que eu só tinha sonhado vender naquela altura da minha carreira.

Oi, Natasha. Quero te apresentar um empresário que conheço. A sua reputação de fazer o possível e o impossível é exatamente o que um dos artistas dele está precisando agora pra vender uma casa em Hollywood Hills. LMK.

Meu coração acelerou enquanto eu lia a mensagem. Porque aquele não era um empresário qualquer. Seus clientes eram gigantes — estrelas do pop que ficavam no topo das paradas e que apresentavam reality shows. A casa em questão devia ser espetacular.

Claro, respondi. Estou disponível quando ele quiser.

Bom, esse era o tipo de sinal que eu gostava de enviar. E de receber. Mas eu também era adepta da filosofia da Agency, que era deixar o ego de lado e trabalhar em equipe sempre que possível. Como eu sabia que aquela indicação provavelmente envolveria alguém muito famoso e nunca tinha lidado com esse tipo de venda sozinha, liguei na mesma hora para o meu chefe, o cofundador da Agency, Billy Rose, e expliquei o que tinha acontecido, perguntando se ele queria fazer a venda em conjunto se conseguíssemos um contrato. Mas Billy não fazia vendas com qualquer um. Apesar de as portas da sua sala e da de Mauricio sempre estarem abertas para qualquer corretor que precisasse de um conselho, a postura dominadora e assertiva de Billy, com seu intelecto rápido e seus altos padrões de exigência, o tornavam um pouco intimidante. Ele também se matava de trabalhar, tinha uma lista de clientes invejável e vendas impressionantes por causa disso. De algum jeito, ele até conseguia fazer tudo parecer simples. Billy Rose é um astro no nosso mundo, ponto. E, se havia uma coisa que aquele astro, que também era meu chefe, não perdia, era tempo. Mesmo assim, eu precisava perguntar.

— Qualquer coisa de que você precisar, Natasha — disse Billy imediatamente. — Seria ótimo trabalhar com você. Vai ser divertido. Me mantenha informado.

Será que minha energia cósmica estava mudando para melhor? Encontrar minha alma gêmea. Reconstruir minha carreira no mercado imobiliário. A vibe era *boa*. Eu não queria colocar o carro na frente dos bois nem nada, mas, pela primeira vez em muito tempo, eu me sentia esperançosa. Mais leve. Centrada. Eu queria mais sensações boas. Então, finalmente fiz o que Nicole passara anos sugerindo enquanto enfrentávamos o divórcio, a doença do meu pai, os desastres amorosos dela e o meu problema com Philippe: abracei a espiritualidade e as práticas de cura que antes me fariam correr na direção oposta. Afinal de contas, tinha sido uma leitura astrológica que me colocara naquele caminho.

Nicole era mestra em muitas das práticas alternativas que eu costumava esnobar. Tentando lidar com uma infância marcada pelo abandono e por abusos, ela havia feito uma peregrinação até o monte Kailash, na Índia, com seu guru, feito o Processo Hoffman e recentemente completado um curso universitário de dez meses sobre psicologia espiritual, chamado Vida Centrada na Alma. Apesar de Nicole encontrar alívio e força nos seus estudos e em vários retiros, era inevitável para mim pensar que talvez aquilo tudo também fizesse parte da moda mística que todo mundo em Los Angeles parecia adotar cada vez mais. Porém, agora, eu me perguntava se tinha sido injusta. Ficado muito na defensiva. No fundo eu sabia que sim. A verdade era que eu não gostava de me analisar demais. E tinha medo de um desses terapeutas realmente ter poderes especiais e "ver" coisas em mim, coisas que eu teria vergonha de encarar. Meu comportamento desdenhoso era mais um reflexo de mim que de qualquer outra coisa.

Na vez seguinte em que Nicole me ofereceu uma sessão de reiki (é claro que ela era uma terapeuta licenciada), aceitei. Baixei os aplicativos de meditação guiada que ela recomendou e os usei. Quando ela me mandou o nome da sua vidente favorita "só por diversão", não respondi com um emoji revirando os olhos. Também me consultei com um numerólogo e um tarólogo. Eu me inscrevi nos treinos de ioga da The Class by Taryn Toomey e fiz workshops no Den, um centro de desenvolvimento pessoal que oferecia cursos como Materialização Cósmica e Como Trabalhar com o Universo. Cheguei a ir a um evento chamado New Moon Sound Bath, nas colinas de Malibu, onde um grupo de mulheres com vestidos brancos longos e esvoaçantes usaram echarpes de seda estampada para dar uma garibada em tapetes de ioga poeirentos antes de deitarmos neles e nos desapegarmos de tudo que não nos servia mais. Tenho que dizer que foi maravilhoso. Por que eu nunca tinha dedicado uma tarde à prática de uma cura mística com gongos planetariamente harmonizados?

— O que é isso? — perguntou Margot, balançando seu celular para mim enquanto saía do quarto. — O que é 2 de *novembre* de 1968? Você escreveu *novembro* errado.

Aos quinze anos, Margot já dominava a arte das redes sociais. Ela tinha mais de dez mil seguidores no Instagram e tinha sido até convidada pelo Snapchat para participar de uma mesa-redonda. Na maior parte do tempo, Margot e as amigas exalavam um ar fofo de garotas descoladas, um misto de autocontrole e inocência. Até mesmo comigo, sua mãe. Menos quando eu fazia algo que era considerado vergonhoso.

— Você achou o meu Instagram! Está em francês. É *novembre* — falei, usando todo o meu francês, satisfeita.

Margot arrastou a tela.

— Ai, meu Deus. Ai, meu Deus. Esse é aquele seu negócio esquisito de alma gêmea da astrologia? Você criou um perfil no Instagram? Ai, meu Deus.

— Como você encontrou? Alguém te mandou?

— Mãe. Está de brincadeira? O Instagram sugeriu que eu te seguisse. Você não sabe fazer um fake?

— O que é um fake?

— Você não usou o mesmo e-mail da sua conta da Agency, né? — Ela arrastou mais a tela. — Ai, meu Deus. Como você é estranha. *Esse é o meu vestido?* Estou com tanta vergonha. *Não* conta pros meus amigos sobre isso. *Não* me marca em nada. Por que você não fica em casa assando cookies, como a mãe da Josie?

— Ah, fala sério! Você não acredita no destino e na sorte?

— Eu acredito que você está tendo um colapso nervoso.

O trecho de trinta e três quilômetros da Pacific Coast Highway que atravessa Malibu é uma das estradas mais belas dos Estados Unidos, talvez do mundo. O caminho serpenteante, o oceano profundamente azul, as mansões multimilionárias, o céu amplo, as montanhas e os penhascos. Passar por ali era minha meditação. Enquanto eu corria pela estrada, observei os surfistas esperando pacientemente por ondas na praia Surfrider, pescadores sentados no icônico píer de Malibu, salva-vidas analisando o mar em sua torre azul ao longo da areia da praia Zuma, as motos alinhadas diante do Neptune's Net. Às vezes havia até golfinhos. E o pôr do sol mais espetacular. Com o passar dos anos, eu tinha feito o trajeto de noventa minutos entre Los Angeles e a casa dos meus pais em Summerland inúmeras vezes, e com frequência duas vezes por dia nas semanas que antecederam a morte de Bob. A Pacific Coast Highway era a parte da viagem que me chamava como uma velha amiga, a vista das montanhas se encontrando com o mar sempre me animando. A estrada era meu divisor particular de trinta e três quilômetros entre a vida de mãe e a vida de filha. No meio do caminho, eu perdia o sinal do celular e, por um breve instante, apenas existia. Nunca durava tempo suficiente. E passou num piscar de olhos na manhã em que fui encontrar minha irmã em Summerland depois de recebermos um telefonema da nossa mãe. Edna estava frenética, esvaziando os armários de Bob sem critério algum, entregando sacos de coisas misteriosas para qualquer pessoa que aparecesse na casa. Ela disse que, se quiséssemos ficar com alguma coisa, era melhor irmos buscar — rápido.

Depois que cheguei, Tara e eu imediatamente colocamos a mão na massa e, com cuidado, vasculhamos as roupas e pertences amados do nosso pai, nos certificando de não deixar para trás nenhuma lembrança, recibos de cartão de crédito importantes nem bilhetes de loteria vencedores (Bob sempre comprava bilhetes de loteria) antes de guardarmos em caixas tudo que poderia ser doado. É quase impossível explicar a sensação de enfiar a mão no bolso do terno que seu querido pai havia usado pela última vez no seu casamento e encontrar um lenço amassado. Aquele dia o levara a lágrimas de emoção? Ele estava carregando lenços para uma de nós? Eu nunca saberia.

— Olha — disse Tara, me entregando um papelzinho pautado amarelo que tinha encontrado no bolso de uma das camisas dele.

Na caligrafia do meu pai: *Vou te amar até o fim dos tempos! Até o ∞! Com amor, Bob*

— Encontrei mais alguns desses na mesa de cabeceira dele antes de ele morrer — disse ela. — Todos pra mamãe. Dizendo que ele a amaria e tomaria conta dela para sempre.

— O Bob era maravilhoso. Anda. Vamos levar a mamãe pra jantar.

O Honor Bar estava tomado pelo murmúrio de conversas e risadas, uma noite agitada. Minha irmã e eu estávamos sentadas de um lado da mesa, minha mãe do outro. A iluminação estava baixa. Edna não sentia muita fome, mas Tara e eu insistimos que ela comesse. Ela parecia magra, e estávamos preocupadas. Sem Bob, Edna tinha um ar perdido. Ela continuava se mantendo ocupada com sua agenda lotada de mais compromissos do que seria de esperar que uma pessoa conseguisse cumprir — além da zumba, é claro —, mas seu olhar havia perdido o brilho. Pedimos saladas, batata frita e um filé suculento, torcendo para agradá-la. Ah, e margaritas. Muitas margaritas.

Meu celular, que eu tinha deixado sobre a mesa para o caso de as crianças precisarem de mim, vibrou com força. Dei uma olhada. Tinder! Puxei-o para baixo da mesa e abri o aplicativo.

Oi, eu me chamo Louis! Quer ver meu pau?

Mostrei a mensagem para minha irmã embaixo da mesa. Eu adorava ver suas reações escandalizadas.

Não quero, não, respondi. Você nasceu no dia 2 de novembro de 1968?

Não... 1967.

Acho que é melhor assim. Boa sorte!

Abri o próximo.

Tantos matches! Arregalei os olhos para Tara, que parecia assustada agora.

Bonjour.

Olá. Você fala inglês? Nasceu em 2 de novembro de 1968?

Quase... Primeiro de maio de 1968.

Obrigada. Mas infelizmente não deu match.

Estou com raiva da minha mãe... ela podia ter esperado um pouquinho!

— Ele é engraçado — sussurrou Tara.
Abri a próxima.
— Você não me acha louca? — perguntei.
— Talvez não. Isso é meio divertido! Nós precisamos disso.
— O que foi que você disse? Que precisamos acreditar na sorte e no destino e no amor verdadeiro? — Pisquei para Tara.
— Ah, com certeza.
— Ahhhh. Bom, os franceses acreditam no amor! — sussurrei.
E outro.

Olá. Você fala inglês? Nasceu em 2 de novembro de 1968?

Oi. Eu falo inglês. 2.11.68. Por quê? Você tem pés bonitos?

Isso significa 2 de novembro de 1968? Em Paris? Se você nasceu nesse dia mesmo, meus pés são maravilhosos.

É isso mesmo.

Hora de ir à manicure!

— Não acredito, encontrei um!
— Você é doida — riu Tara.
— O que vocês estão fazendo aí? — questionou Edna, irritada.
Nós estávamos nos comportando como duas adolescentes obcecadas pelo celular.
Ergui o olhar, paralisada. A expressão no rosto da minha mãe era séria. Eu me virei para minha irmã.
— Argh. Conta logo — disse Tara. — A Tasha quer ir a Paris pra encontrar o amor da vida dela. E é, assim, um negócio de astrologia. Pronto. Agora já falei.

Contei a história toda para Edna, começando com Nicole e seu presente de aniversário.

— É pra ser, mãe. Estou seguindo meu ponto do destino.

— Como quando você veio para os Estados Unidos pra achar o papai — acrescentou Tara, sentindo a confusão da nossa mãe.

— O papai sabia sobre Paris. E sobre a leitura astrológica. Contei antes de ele morrer. Ele me deu muito apoio. Disse que eu devia ir. E me pediu pra conferir os documentos dos caras.

Nossa mãe estava imóvel.

— Vocês querem saber de uma coisa, meninas? — finalmente disse ela. — Querem saber qual é o seu destino? O seu destino é a *morte*.

Se qualquer outra pessoa além de Edna tivesse dito uma coisa dessas, eu ficaria chocada. Talvez fosse porque ela havia crescido durante a guerra. E sua perspectiva escocesa era meio sombria. As histórias de família que ela nos contava quando éramos pequenas sempre começavam bem, mas costumavam terminar com alguém perdendo um braço ou um irmão gêmeo. *Já contei sobre quando fui passar um tempo na fazenda do meu tio durante a guerra, quando eu era pequena? Eles tinham as galinhas mais lindas, e um terreno enorme. Mas minha tia precisava me empurrar em um carrinho de mão por todo canto, porque eu tinha perdido muito peso, e o médico disse que eu estava desnutrida e não devia andar. E Seu avô foi buscar o último salário antes da aposentadoria. Ele era um homem bem-apessoado e passou a vida toda pegando no pesado, varrendo a rua depois de voltar da guerra. No caminho para buscar o dinheiro, ele teve um ataque cardíaco e caiu no meio da rua. Ele ficou lá por horas enquanto as pessoas passavam, até que finalmente alguém o levou para o hospital, porque acharam que ele só estava bêbado e tinha parado para descansar.*

Mesmo assim, as palavras de Edna naquela noite doeram.

— Não acho que isso seja verdade — falei, minhas bochechas esquentando. — O meu destino não é a morte. O do papai também não era. Nem o seu. Eu acredito em muito mais que isso. E acho que você também. Você acredita no destino. Que estava destinada a conhecer o papai. Pense um pouco. Você tinha dois empregos, conseguiu sair da pobreza, juntou todo o seu dinheiro, deixou sua família inteira na Escócia, e entrou num teco-teco sem um bilhete de volta para casa porque *acreditava*. Porque tinha *fé* no desconhecido. E se você nunca tivesse entrado naquele avião, mãe? E qual é o problema de Paris? Você acha que eu vou conhecer minha alma gêmea aqui no bar? Assim você ficaria feliz? Como isso é diferente da sua história?

Afastei meu prato e olhei para o grupo de mulheres solteiras da minha idade amontoadas no bar.

Minha mãe ficou em silêncio. Ela não ia ceder. E Bob não estava mais ali para jogar panos quentes na situação.

A voz de Tara era tranquila:

— E se a Tasha tiver razão, mãe? Por que *não* tentar? E se der certo? E se ele estiver esperando por ela? Mesmo que ele tenha um fetiche por pés — acrescentou ela baixinho para mim. Ela ergueu uma sobrancelha e sorriu. — Além do mais — continuou ela —, o papai disse que encontraria com a gente lá. O Sr. Lógica e Razão do MIT. E acho que não podemos dar um bolo nele.

Então Tara ia *mesmo* comigo para Paris.

Ai, MEU DEUS. Acho que a mamãe perdeu o juízo, mandei para Tara mais tarde naquela noite. Obrigada, irmã.

Antes de dormir, acrescentei mais pedidos ao pote azul.

Alguém que acredite em MAGIA.
Alguém que aguente a MAMÃE.

Casa Cinco

A culpa é da minha astróloga

A Casa Cinco fala de confiança, felicidade, diversão, criatividade, amor, sexo romântico, viagens, filhos e sobre honrar a sabedoria superior do coração. Depois que a Casa Quatro assimila o conhecimento recebido na Casa Três, a Casa Cinco quer aplicar esse conhecimento a experiências, porque é a experiência que desperta o coração de maneira indescritível.

Tanto a Lua quanto Saturno estão na minha Casa Cinco. A Lua rege o âmago das pessoas que se identificam como mulheres. O signo de Câncer preenche minha Casa Cinco, então a Lua significa amor por mim. Minha Lua em Câncer está em completa harmonia com meu Mercúrio em Escorpião, o que significa que tanto a Lua como Mercúrio acham ótimo que eu viaje pelo mundo em busca do amor verdadeiro.

O problema é que Saturno pode ser desconfiado. Ele rege o pai. Mas eu tinha recebido o apoio de Saturno quando Bob prometera me encontrar em Paris, então vamos lá!

À MEDIDA QUE LOS ANGELES SAÍA DE UM INVERNO ESTRANHAMENTE chuvoso para uma primavera florida, meu sonho de Paris e da pessoa que eu poderia encontrar lá foi se tornando, pouco a pouco, mais real. Após o fatídico jantar com minha mãe, eu queria pular num avião para a França no dia seguinte com Tara. Mas eu não estava pronta. Por enquanto, só uma alma gêmea em potencial havia aparecido — o Cara do Fetiche por Pés —, e eu não falava nada de francês. Bom, tirando os palavrões que Philippe tinha me ensinado e uma despedida carinhosa que eu havia aprendido anos antes, com a avó francesa de um dos amigos de pré-escola de Dashiell: *Au revoir, poupée.* Colette cantarolava essas palavras, seu sotaque melódico ecoando pelos corredores cheios de criancinhas.

— *Poupée* significa "boneca". É como eu chamo *mon petit-fille*, minha neta — tinha explicado Colette.

Quando Poupée e Dash foram para escolas diferentes alguns anos depois, perdi o contato com Colette. Mas, por algum motivo, nunca esqueci o que ela havia dito em uma manhã, enquanto fazíamos hora perto dos carros depois de deixar as crianças na escola.

— Dou aulas particulares nos intervalos do meu trabalho como babá — Colette tinha me contado com um sorriso, tirando um cartão de visita de uma caixinha prateada e me entregando —, caso você queira aprender francês um dia.

Eu ainda tinha o cartão. E não apenas queria aprender francês como precisava fazer isso. Apesar de tantos anos terem se passado, Colette ficou animada e aceitou me encontrar para *un petit-déjeuner* em um Starbucks de Malibu. Encontrar uma velha amiga é uma das maiores alegrias da vida, ela respondeu.

De Lady Gaga a Caitlyn Jenner, Malibu estava abarrotada de celebridades famosérrimas, e, no geral, assim como todo mundo, eu gostava de vê-las enquanto passeava pelo verdadeiro centro da cidade: o shopping Malibu Country Mart. Porém, naquele dia, as boutiques da moda, o playground impecável e a loja de sucos absurdamente cara só me deixaram desconfortável. Enquanto eu seguia para o Starbucks, me dei conta de que Colette tinha a mesma idade que minha mãe e, por causa disso, poderia ter a mesma reação ao meu plano de encontrar minha alma gêmea. Além disso, Colette seria a primeira pessoa francesa com quem eu conversaria cara a cara sobre o assunto. Nosso encontro podia ser uma amostra do que aconteceria em Paris. E se desse tudo errado? Meu peito estava apertado.

— Embarquei na missão de encontrar todos os homens possíveis que tenham nascido em Paris no dia 2 de novembro de 1968 — expliquei, sem jeito, enquanto seguíamos para uma mesa de madeira no pátio ensolarado.

Colette se acomodou com seu café, arregalando os olhos, e rapidamente apresentei um resumo do motivo pelo qual eu queria encontrá-la.

— É ótimo te ver de novo, Natasha — respondeu Colette, com calma, enquanto passava geleia em seu croissant. — E loira. *Oh là là.* — Mas era eu quem devia falar *oh là là* para ela. Agora com oitenta e dois anos, Colette ainda chamava a atenção pela beleza. O cabelo ruivo-claro na altura do queixo emoldurava com perfeição seu rosto lindo, natural, e ela usava um cardigã de cashmere cinza por cima de uma blusa de seda bege. Não havia qualquer sinal de fragilidade nela. Seus olhos brilhavam com expectativa e sagacidade, do jeito que eu lembrava. — Por que exatamente um francês? Os franceses são um pé no saco. Mesmo quando eu morava em Paris, nunca namorava franceses. Por que você acha que eu mudei pra cá? — Colette sorriu.

Eu ri. Então entrei em mais detalhes sobre Stephanie, meu pai e Philippe. E como era difícil encontrar caras do dia 2 de novembro de 1968, mesmo com a ajuda de um aplicativo de namoro.

Colette me fitou com um olhar perplexo. Então:

— Que coração aberto, *c'est magnifique*. E quanta coragem isso exige. *Bravo*, Natasha! Eu só fico com o pé atrás com a parte do aniversário. A maioria dos franceses não acredita em astrologia. Mas, como diz o velho ditado, *Qui vivra verra*. Quem viver verá.

— Adorei! Você pode me ensinar mais? — pedi, animada. — Como se diz: Você nasceu em Paris no dia 2 de novembro de 1968?

— Caramba, vou acabar recebendo um alerta no celular com a sua foto na França. "Americana louca à solta nas ruas de Paris! Entre em contato caso a veja!" — Nós duas soltamos uma gargalhada. Era como nos velhos tempos. — *Bon*. Repete comigo: *Êtes-vous né à Paris le deux novembre, mille neuf cent soixante-huit.* — As palavras saíram com facilidade da boca de Colette.

— *Êtes-vous... né à...* — Pisquei, incapaz de repetir tanta coisa. — Hum... é muito. Quem sabe alguma coisa menor?

— Eu sei a frase certa! — respondeu Colette com um sorriso. — *As-tu déjà été arrêté?* Significa: "Você já foi preso?"

Eu tive que rir.

— *Ça alors!* Por que tanta regra, Natasha? O amor não é um jogo a ser vencido. Não na minha experiência, pelo menos. E a ideia de uma alma gêmea é linda, mas... às vezes *l'amour* dura pra sempre, e às vezes é como um beija-flor com uma flor, um romance perfeito até o néctar acabar. Veja o meu namorado atual. Ele tem quarenta e oito anos, é forte e bonito. E é italiano, não francês! Então o sexo é um primor. Adoro ele. E ele me adora. Mas nós dois sabemos que não vai durar. Então nós estamos aproveitando o momento. Quer saber de uma coisa, Natasha? Você devia fazer como eu. Se *divertir*.

Divertir. Aquela palavra não parava de aparecer.

Quando chegou a hora de nos despedirmos, dei um beijo nas duas bochechas de Colette e enfiei a mão na bolsa para pegar minhas chaves. Minha mão roçou em um cartão aveludado: o poema de Philippe. Eu o puxei com relutância.

— Posso pedir pra você traduzir um negocinho pra mim?

— Eu adoraria — disse Colette, pegando o cartão.

— Posso gravar? Pra eu conseguir lembrar o que diz?

— É claro — respondeu Colette.

Apertei o botão gravar no celular. Colette pigarreou e começou.

Milhares e milhares de anos
Não bastariam
Para explicar
O pequeno segundo de eternidade
Quando você me beijou
Quando eu beijei você

Ela fez uma pausa rápida e continuou:

A vida será longa ao seu lado,
Espero
— Philippe

Colette baixou o cartão, me olhou nos olhos e abriu um sorriso brincalhão.

— *Muito* romântico.

— Hum — consegui dizer, apenas.

— O começo vem de um poema francês famoso. "Le Jardin", de Jacques Prévert. Eu gosto de usá-lo às vezes para ajudar meus alunos com a pronúncia. O original termina com *Un matin dans la lumière de l'hiver/ Au parc Montsouris à Paris/ À Paris/ Sur la terre/ La terre qui est un astre*. Que significa "Em uma manhã sob a luz do inverno/ No parque Montsouris em Paris/ Em Paris/ Na Terra/ A Terra que é estrela".

Estrela. Seria o poema um sinal?

— Mas Philippe termina de outro jeito. Ele diz "A vida será longa ao seu lado, espero". Isso não faz parte do poema. Foi ele que escreveu.

— Obrigada, Colette — respondi, enfiando o cartão de volta na bolsa. Eu tinha muito em que pensar.

— Já recebi um poema parecido de um namorado — disse Colette, com um brilho no olhar. — Ele mandou da prisão.

Normalmente eu seguiria imediatamente para o meu próximo compromisso, retornando ligações enquanto dirigia. Em vez disso, fiquei sentada no estacionamento por um instante, as palavras de Colette reverberando na minha cabeça. "Quem viver verá." Beija-flores. Flores. O poema de Philippe. *A vida será longa ao seu lado, espero*, ele havia escrito. Aquilo era sério? Devia ser, pelo menos na época. Olhei para o celular e notei que havia uma chamada perdida da minha mãe, e então ela se juntou ao meu turbilhão de pensamentos bizarros. Colette, Edna, Philippe. Um pequeno ponto sombrio. Uma ruptura. Havia alguma coisa ali. Nicole diria que essas eram as conexões que meu subconsciente queria que eu fizesse, que esse era o caminho.

Eu ainda não sabia muito bem como associar experiências passadas e a história da minha família com tudo que eu estava aprendendo para encontrar uma luz, especialmente quando algumas dessas peças eram dolorosas. Ainda havia muito chão a ser percorrido — literalmente — na minha jornada. Mas tive um vislumbre de parte do quadro geral naquele dia, no estacionamento. Colette tinha dito que eu era corajosa (Deus, como eu queria ser corajosa e não apenas impulsiva), mas eu não chegava nem perto de Edna no quesito coragem.

A mudança de Edna da Escócia para os Estados Unidos na juventude, quase sem dinheiro, havia sido tão esperançosa e empolgante quanto complicada e difícil. Sua melhor amiga, Margaret, também viera, facilitando o processo. E, como era o requisito legal na época, as duas moças encontraram um responsável disposto a assegurar que elas se tornariam boas futuras americanas e ajudá-las a se ambientar. Fred Schroeder e sua esposa, Helen, moravam perto de Dallas, no Texas, e receberam Edna e Margaret de braços abertos. Mas aquela não era a primeira tentativa de Edna de escapar da sua infância pobre. Alguns anos antes, ainda adolescente, ela havia tentado a sorte em Londres. Seu sotaque escocês muito forte tornara impossível fazer avanços significativos, graças ao impenetrável sistema de classes inglês, e ela havia voltado para casa ainda mais alerta às distinções dentro da sociedade escocesa, que eram igualmente sufocantes. Ela precisava sair dali.

Antes de emigrarem, Margaret e Edna trabalhavam como secretárias no Departamento do Estado Escocês durante o dia e em uma lanchonete que vendia peixe com batata frita no cais no fim da Leith Street à noite, economizando cada centavo para a viagem para os Estados Unidos. Em noites raras, elas iam a salões de dança. Edna conheceu um homem em uma dessas noites, um jovem soldado americano simpático que servia na base local. Os dois eram apenas amigos até duas noites antes de Edna e Margaret irem para o Texas. Despedidas fazem as pessoas se comportarem de um jeito engraçado de vez em quando. Ir embora desperta muitas emoções.

Pouco depois de as duas chegarem a Dallas, no verão de 1958, Edna descobriu que estava grávida. Ela escreveu para o soldado, nervosa. Mas ele se recusou a casar com ela, partindo seu coração. Fred Schroeder então fez a gentileza de sugerir a única solução que ele conhecia — uma instituição para mães solteiras na região rural do Texas. A equipe cuidaria de Edna e providenciaria a adoção da criança após o nascimento. Aquela era a última coisa que Edna queria, um caminho que lamentaria pelo resto da vida. Porém, com pouco mais de quarenta dólares no bolso e a oito mil quilômetros de distância da família, era difícil pensar em outra opção que fosse vantajosa para o bebê. Em 1958, mães solteiras ouviam com todas as letras que tinham cometido um pecado, que eram uma afronta para a sociedade civilizada.

Ninguém além dos Schroeder e de Margaret sabia sobre a gravidez de Edna. Os Schroeder a aconselharam a manter segredo. Eles não queriam que a vida dela se tornasse ainda mais difícil. Quando ela foi para a instituição, todos os seus novos amigos e colegas de trabalho texanos acharam que ela havia voltado para a Escócia, para visitar a família. Vários meses solitários se passaram, então Edna deu à luz uma filha saudável, que batizara de Catherine, apesar de saber que os pais adotivos mudariam o nome imediatamente. Depois, ela teve que voltar para Dallas, retornar à rotina e se comportar como se nada diferente tivesse acontecido. Os Schroeder e Margaret cuidaram dela da melhor forma possível, e Edna ficou grata a eles. Simplesmente era assim que as coisas funcionavam.

Eu me peguei pensando na minha mãe e na bebê Catherine, dezesseis anos mais velha que eu, e em como as duas tiveram que ser corajosas. Trinta anos depois, Bob ajudou Edna a encontrar Catherine, e Edna dirigiu centenas de quilômetros apenas para estacionar na frente da casa da filha adulta para estar próxima dela e ver se tudo tinha dado certo; ela não se apresentou. Só fui descobrir sobre a existência de Catherine e o amor perene que minha mãe sentia por ela quando eu tinha dezesseis anos. Pensar sobre tudo a que minha mãe havia renunciado tantos anos antes ainda era doloroso. Nos seus últimos dias, Bob deve ter ficado com medo de a tristeza por sua morte acabar despertando em Edna a lembrança de outras perdas. O luto faz isso. Como eu sabia muito bem.

Philippe e a gravidez que nenhum de nós planejou também ocupavam meus pensamentos nos meses antes da morte do meu pai. Aconteceu no último ano da nossa relação. As coisas já estavam estremecidas entre nós. Eu tinha acabado de passar na prova para ser corretora imobiliária e entrado para a Agency. Meu plano de saúde era uma merda. Licença--maternidade? Eu teria que bancar por conta própria. Eu, Dash e Margot ainda vivíamos esmagados naquele apartamento minúsculo enquanto eu juntava todos os centavos para uma casa maior. A sensação que eu tinha era de estar atravessando um rio agitado, pulando de uma pedra escorregadia para outra, tentando permanecer seca, tentando alcançar um lugar seguro para mim e para minha família. Dinheiro, tempo e espaço eram limitados demais para mim e para Philippe, que também estava em transição de carreira. Juntos, nós tínhamos cinco filhos. Não poderíamos acrescentar um bebê à nossa vida. Eu sonhei com todas as maneiras de como as coisas poderiam ser diferentes em uma realidade alternativa fantástica, mas nós não vivíamos nela. Odeio sentir que preciso me justificar com uma lista de argumentos. Não sei se algum dia vou achar que *não* tenho que fazer isso, mesmo que seja só para mim mesma.

Sem dúvida, o aborto era a decisão certa para nós dois; então, sem contar para ninguém, passei pelo procedimento com tristeza e um alívio intenso. E, depois, quase nenhum pio. Minha mãe fora explicitamente orientada a manter o silêncio sobre sua perda; eu sentia que não tinha outra escolha. Não conseguia imaginar como contar para os outros. Será que eu podia puxar o assunto como quem não quer nada enquanto fazia trilha com o pessoal do grupo que plantava mudas de árvore em Los Angeles? Ou confessar para minhas amigas em um evento voluntário organizado pelo nosso grupo de mães? Hoje eu acho que queria ter tentado. Mas tive medo. Ninguém que eu conhecia falava sobre aborto da maneira como eu precisava falar (eu queria desabafar, não discutir a questão em termos políticos ou sobre a necessidade de apoiar clínicas). Era porque já tínhamos quarenta e poucos anos e deveríamos ter passado dessa fase? Eu não era uma universitária morrendo de medo no meu quarto no dormitório. Ou tinha sido porque, pelo que me constava, mulheres não deveriam lamentar abortos em voz alta, especialmente os abortos que desejávamos, de que precisávamos, e de que tínhamos (e continuamos tendo) certeza. Nicole sabia, porque estava no banheiro comigo quando eu fiz o teste de gravidez. Ainda bem que ela estava lá. E Philippe, que foi incrível em cada etapa do processo. Ele ficou segurando amorosamente minha mão no consultório antes e depois do procedimento. Pagou por tudo, porque eu não tinha condições. Mas não conversamos muito sobre o assunto depois. Será que Philippe pensava sobre a gravidez, sobre todas as maneiras como isso indicava que não seguiríamos para o altar, que não formaríamos uma grande nova família como eu sonhava, que estávamos seguindo para o fim? Eu não fazia ideia. E por que eu estava pensando naquilo? *Em um estacionamento?*

Eu não gostava daqueles pensamentos. Eu devia estar me divertindo. Então fiz o que costumava fazer: guardei os sentimentos incômodos e tristes lá no fundo e disse a mim mesma pela milionésima vez para deixar aquilo para lá. *Para sempre.* De que adiantava pensar naquelas coisas?

De repente, me dei conta da hora. Dash e Margot logo voltariam para casa, e eu precisava me encontrar com Billy na casa do nosso novo cliente. Liguei o carro e retornei a chamada de Edna.

— Oi, mãe. Como foi a zumba hoje?

Meu palpite de que o novo cliente seria alguém bem famoso estava cem por cento certo. Na primeira conversa que Billy e eu tivemos por telefone com o empresário do cliente, ele imediatamente mencionou que precisaríamos assinar um contrato de confidencialidade.

— Sem problemas — disse Billy. — Pode mandar pra cá.

Então o empresário nos contou de quem era a casa. Nenhum corretor da Agency jamais revelaria informações pessoais sobre um cliente, mas dava para entender por que o empresário provavelmente fazia até o carteiro desse artista assinar um contrato. Porque o artista em questão era um astro pop famoso por duas coisas: sucessos que grudavam na sua cabeça e decisões incrivelmente imaturas que atraíam matérias em tabloides como moscas eram atraídas por... bem, você sabe. Mesmo assim, ele tinha conseguido seu primeiro papel no cinema, um papel importante, e agora queria fazer um upgrade para uma propriedade ainda mais luxuosa em Beverly Park.

Quando cheguei ao pátio enorme diante da mansão no estilo arquitetura moderna da década de 50, tive dificuldade para encontrar uma vaga para estacionar. Havia carros por todo canto: vários Teslas. Um Mercedes G-Wagon amarelo-fluorescente. O Porsche de Billy. Um Range Rover brilhante. Se eu pudesse ter escondido meu pequeno Audi empoeirado atrás de uma moita, faria isso.

Eu não precisava me perguntar a quem os carros pertenciam; dava para adivinhar: assistentes, o empresário, pelo menos um relações-públicas, a pessoa que levava o cachorro para passear, e com certeza um personal trainer. Só para começo de conversa. Mas eu estava curiosa sobre o interior da casa, até empolgada. Porque, por mais que o comportamento do artista costumasse ser questionável em público, suas roupas eram uma loucura. De um jeito bom. O homem tinha estilo para dar e vender. Como seria sua casa? Eu não via a hora de descobrir.

Um assistente usando um moletom grande e Crocs abriu a porta da frente para mim.

— Então, só pra avisar, nós estamos tentando fazer o mínimo de barulho possível, porque o nosso garoto precisa dormir. Tipo, mínimo mesmo. *Shhh*.

O fedor que me deu as boas-vindas no hall de entrada me explicou o motivo: maconha, cerveja velha, vômito, um milhão de cigarros fumados com todas as janelas fechadas. Hum. Alguém tinha dado uma festa.

Encontrei Billy na sala de estar, conversando com o empresário como se os dois não estivessem cercados por guaxinins empalhados nas paredes e caixas de pizza em variados estágios de decomposição sobre todas as superfícies possíveis. Como se um filme pornô não estivesse passando na TV de tela grande, sem som. Como se o jovem artista que era dono da casa não estivesse roncando baixinho de cueca sobre o sofá modular de couro rasgado, com um cinzeiro lotado de guimbas e pontas apoiado em seu peito nu. Como se todo o interior da casa — ou o que eu conseguia ver dele — não estivesse completa e absolutamente destruído.

Abrindo um sorriso radiante, dei oi. E:

— Que casa ótima!

Como se eu realmente achasse. E achava mesmo. Ou acharia, assim que contratasse uma equipe de pintura e aquele especialista em limpar energias que tinha ido à Agency alguns meses antes. Aquilo ali exigiria mais que uma aula rápida e um incenso de sálvia da loja de produtos místicos seriam capazes. Limpa, porém, a casa poderia ser vendida por um valor milionário.

— Então — disse o empresário —, vocês acham que ele vai ter que *mudar* enquanto a casa é arrumada pra vender? Quero me planejar.

Dizer que eu vivi no meu próprio mundinho fantástico na primavera e no verão de 2019 seria subestimar demais as coisas. Sim, eu tinha voltado com tudo para o trabalho, porém, cada vez mais, minha obsessão por 2 de *novembro* de 1968 tomava conta dos meus pensamentos e decisões. Como poderia ser diferente quando boa parte do feedback que recebi naqueles primeiros meses era inebriantemente positiva?

Comecei a acreditar que estava no meio de algo lindo e raro, nem um pouco doido. Passei a documentar cada mensagem que recebia no celular e nas redes sociais e, depois de remover o nome e as fotos dos homens, compartilhava algumas de suas palavras bonitas no Instagram da minha busca pela alma gêmea. A quantidade de apoio que eu recebia pela internet era maravilhosa; até me deixava otimista. Finalmente entendi por que algumas pessoas — inclusive minha filha — adoravam as redes sociais. As pessoas eram tão legais, na maioria dos casos. Tão *reais*. Mesmo quando não me conheciam. Eu não sabia o que estava perdendo.

Todas as noites, eu acrescentava mais desejos ao pote azul antes de dormir. Quando meus papéis de pedidos acabaram, comecei a usar qualquer coisa que encontrasse — post-its, recibos de compras antigas, pedaços de papel de caderno.

Alguém que me inspire.
Inteligente pra caralho.
Sem herpes.

À medida que o tempo passava, meus murais de manifestações se encheram com itens relacionados à busca. Cartas de oráculos representando a verdade e a força foram afixadas ao lado de vários mapas de Paris salpicados com tachinhas vermelhas que marcavam locais românticos que pareciam ótimos para um primeiro encontro. Até pendurei pisca-piscas para conjurar o verdadeiro espírito da Cidade Luz. Os quadros ficavam bem na linha de visão da porta do quarto de Dash, e, além de invocar uma magia poderosa para encontrar minha alma gêmea, eu queria criar algo inspirador, porque ser uma boa mãe exige esse tipo de coisa. *Sigam seus sonhos mais loucos, crianças! Tudo é possível!* Mas Dash e Margot se limitavam a revirar os olhos.

— Você é *tão* estranha, mãe.

Estranha ou não, acabei dando match com vários homens que alegavam ter nascido no lugar certo e na hora certa. Dei uma chance de verdade para cada um deles. Até marquei um encontro por WhatsApp com o Cara do Fetiche por Pés. Porque, e se o Sr. Pés fosse perfeito? Eu o cortaria da lista só por causa de um fetiche por pés? *Vamos abrir mão de algumas das suas regras, Natasha.* Sim, fiz as unhas dos pés antes do nosso encontro. Sim, ele confessou que tinha mentido sobre sua data de aniversário só para ver meus pés. E, sim, Tara ficou bem horrorizada. (Depois de pesquisar *masturbação com pés* no Google, entendi por quê.) Mas, na minha opinião, eliminar os caras errados só me aproximava do certo.

Um por um, fui encontrando homens com potencial. E com o mapa astral certo. Um poeta chamado Fabrice, que parecia normal e sensato, e não apenas isso, pois eu também gostei dele. Muito. Talvez porque ele também acreditasse em almas gêmeas e destino. Então veio Maaz, um pai solo bonitão que era arquiteto. E Gael, um chef de cozinha gato. Esperançosa, imprimi o perfil deles no Tinder e anexei nos murais. Eu não sabia quantos candidatos precisaria juntar antes de me sentir confortável para comprar uma passagem de avião, mas Fabrice, Gael e Maaz pareciam bons argumentos para *vive la France*.

Minha busca também teve momentos de frustração e exaustão — parecia que eu tinha vasculhado Paris inteira em busca de almas gêmeas em potencial, e algumas pessoas implicantes às vezes me chamavam de burra, louca ou coisa pior nas redes sociais —, mas nada me desanimava. Eu estava tomada por uma euforia que nunca havia sentido. A tristeza e a ansiedade pareciam ter ficado para trás, e meu hábito de tomar comprimidos de Xanax e tequila ficou no passado. Quem era aquela mulher que conseguia virar quatro doses numa noite? Eu mal me lembrava dela. Estava fazendo aulas de boxe. Trilha. Refeições saudáveis. Trabalhava em um ritmo estável. Ouvia música. Encontrava amigos. Estava me *divertindo*. E escrevendo.

O perfil @02Novembre1968 no Instagram se tornou um lugar em que eu podia escrever abertamente. Comecei descrevendo minha tristeza por Philippe (sem jamais usar seu nome — ele nem desconfiava de nada daquilo), meu pai, e a promessa improvável que eu havia feito no seu leito de morte. No começo eu escrevia só um pouquinho, mas, conforme os meses foram passando, a narrativa aumentou. Foi assim que o Instagram, que eu tinha começado a usar mais frequentemente na esperança de que ele me ajudasse a encontrar minha alma gêmea, se tornou um diário, uma terapia, durante a busca pelo meu destino.

Não era raro acordar e descobrir que eu tinha recebido mensagens de desconhecidos por todo o país, ou até pelo mundo, muitas vindas de mulheres que diziam que tinham se inspirado em mim de alguma forma, ou me chamando de destemida, uma qualidade que admiravam. As mais novas às vezes pediam conselhos sobre a própria vida amorosa. Era bizarro. Eu? Dando conselhos? Que parte de *divorciada e solteira* elas não tinham entendido? E eu não era nem um pouco destemida quando se tratava daquela busca. Na verdade, eu vivia apavorada. E se não desse certo? E se *desse*?

Em uma tarde quente no fim de agosto, Margot e eu estávamos comprando tacos no food truck Gracias Señor em Palisades quando recebi a mensagem.

Oi. Acabei de ver um post seu sobre 2 de novembro de 1968. Você sabe que essa é a data do meu aniversário. O que é aquilo? Achei esquisito.

Ai. Meu. *Deus.*
Ai.
Meu.
Deus.
Ai, meu Deus.

Eu sabia que Philippe podia acabar descobrindo sobre a busca pela minha alma gêmea. Mas não por enquanto, não agora! Eu imaginava que ele ficaria sabendo por acaso, depois. Bem depois. Tipo, assim que meu avião pousasse em Paris. Minha fantasia era que ele ficasse tão emocionado com minha busca passional pelo amor verdadeiro que pegaria o primeiro voo para a França. Eu o imaginava (na primeira classe, é claro) contando para a cabine inteira sobre seus planos para acabar com meus encontros, fazendo amizade com o comissário simpático e algum estilista sofisticado de Paris. Ele apareceria no saguão do meu hotel (estaria chovendo, e ele usaria aquela camisa branca sexy), declararia seu amor eterno e me contaria com uma riqueza empolgante de detalhes que havia mudado. Que nós fomos feitos um para o outro. Para sempre. Ah, ele ajoelharia e tiraria uma aliança fabulosa do bolso. Por acaso eu estaria usando uma roupa absurdamente sensual. É claro que meu cabelo estaria em um dia excelente (apesar da chuva). E um cara francês maravilhoso (com a mesma data de aniversário) acabaria levando um soco. (Sinto muito, Pierre!) Então, alguém tiraria uma foto do nosso reencontro apaixonado (uma multidão já teria se juntado para assistir, a essa altura), e a imagem viralizaria, deixando *O beijo*, de Robert Doisneau, no chinelo. Philippe olharia nos meus olhos e, firme, diria em seu sotaque delicioso:

— Natasha, eu sou o seu destino.

(Ou algo levemente menos brega, mas super-romântico; eu ainda estava bolando o diálogo.) Então nós teríamos um casamento fabulosérrimo, com o estilista do avião se encarregando do meu vestido, e o comissário sendo padrinho de Philippe.

No começo daquilo tudo, eu repassava demais essa fantasia na minha cabeça. Mas, para falar a verdade, quando recebi a mensagem de Philippe naquele dia, eu já tinha praticamente me esquecido dele. A busca havia se tornado maior que todos os meus fracassos românticos do passado. Ela era um sinal de esperança, algo que eu não sentia havia muito tempo.

— Você achou que o Philippe não fosse encontrar o seu Instagram? Que *vergonha* de você — disse Margot enquanto eu sentava, tremendo, no para-choque do food truck.

Oi, Philippe, escrevi, nervosa. É muita coisa pra explicar por mensagem. Podemos nos encontrar?

Você criou um Instagram pra achar um homem nascido no dia do meu aniversário, na minha cidade. Por quê?

É difícil explicar por mensagem, digitei de novo. *Merda, merda, merda*. Ligo pra você daqui a uma hora.

Depois do almoço, deixei Margot na casa do pai e liguei para Philippe assim que pisei em casa. Comecei a falar rápido no instante em que ele atendeu.

— Isso não tem nada a ver com você. Sabe, eu prometi pro Bob que encontraria ele, e...

— Não tem nada *a ver* comigo? Sério, Natasha? — berrou ele. — É a data do *meu* aniversário! Paris é a *minha* cidade! Minha *mãe* encontrou o seu Instagram maluco, e agora preciso explicar isso a *ela*! Você perdeu o juízo. Fica longe dos meus filhos, da minha família inteira. Porra, você está doida! *Doida*!

Ele não parava de gritar. Eu não conhecia esse lado dele. Claro, tivemos nossas brigas ao longo dos anos. Todos os casais brigam. Mas ele nunca tinha usado aquele tom — como se estivesse arrependido de me conhecer. A voz aveludada que sussurrava no meu ouvido agora me descascava, afiada de fúria. Tentei explicar, mas Philippe não me deixava falar. Finalmente afastei o celular da orelha e desliguei.

Ele tem razão, decidi na mesma hora. *O que estou fazendo?* As palavras raivosas de Philippe reverberavam com força. *Doida. Doida. Doida.* Então uma vozinha dentro de mim ordenou: *Desista*. A mesma voz baixa que eu ouvia na minha cabeça desde a morte do meu pai, mas que sempre encontrava forças para ignorar. A voz que eu abafava com um *Levante*. Até agora. *Você é uma vergonha. Você é completamente doida. Desista.*

Que ideia tinha sido aquela, procurar pelo mundo em busca de alguém que havia nascido no mesmo dia do meu ex-namorado? E fazer isso publicamente? Puta merda. Aquela tinha sido a coisa mais absurda e burra que eu já tinha feito! Eu havia mesmo prometido para o meu pai que encontraria o *fantasma* dele em Paris? Que eu "sempre acreditaria em magia e nunca desistiria do amor"? O que isso significava? E depois eu tinha contado meu plano para o mundo inteiro? No Instagram? No Facebook? Ai, meu Deus. Meu pai tinha morrido! Meu pai havia sido reduzido a um tubo de cinzas sobre uma prateleira na minha cozinha. Não havia ninguém para eu encontrar em Paris, muito menos Philippe. Ah, merda. O que eu tinha feito? Margot estava certa. Os idiotas do Facebook estavam certos. Edna estava certa. Philippe estava certo. Talvez eu tivesse *mesmo* perdido o juízo. Talvez o ponto do destino não existisse. Talvez a morte realmente fosse tudo que restava. Graças a Deus eu nunca tinha contado aos meus chefes sobre aquela odisseia estúpida. Ainda dava tempo de apagar os posts e fingir que nada havia acontecido. Abri o computador, mas meus dedos ficaram paralisados sobre as teclas.

O problema era que eu sentiria falta de todas as pessoas que tinha conhecido. Eu simplesmente pararia de falar com Fabrice? E com Gael? E as mulheres incríveis que vinham conversar comigo? Algumas estavam se tornando minhas *amigas*. Eu as abandonaria do nada?

E, se eu resolvesse que Stephanie estava errada, que astrologia era uma bobagem, então todas as coisas muito reconfortantes que ela havia dito sobre a morte de Bob também seriam mentira. Talvez meu pai *não* tivesse se sentido melhor depois de morrer. Talvez ele *não* estivesse ao meu lado. *Não*. Não, eu não queria voltar a esse ponto.

Estava na hora de falar com alguém que *não* me odiasse. Mandei uma mensagem para Tara. Ela estava viajando com a família, algo que precisava muito fazer, e tentava ficar o máximo possível longe do telefone, mas, desde a doença do nosso pai, tínhamos ganhado o hábito de responder às mensagens uma da outra no instante em que as recebíamos.

Eu: Briga FEIA com P hoje. Ele descobriu a outra conta.

Tara: Merda. Eu estava me perguntando quando ele iria descobrir. O que ele disse?

Eu: Ele ficou uma fera. Me chamou de doida. Eu estou doida? Acho que posso estar. Fiquei com medo.

Fiquei encarando a tela com ansiedade, esperando a resposta. Eu nem imaginava quanto aquilo tudo era importante para mim até uma pessoa querida dizer que eu devia desistir.

Tara: Nããããão. Você não está doida. Por que você iria pensar desse jeito? Não deixa ele roubar sua magia. Estou cem por cento convencida sobre Paris. E também não estou louca. Já podemos comprar as passagens.

Eu: Sei lá. Eu estava mesmo planejando ir pra Paris? Agora, parece uma idiotice.

Tara: Não deixa o P te desanimar. Quem liga pro que ele pensa. Você é maravilhosa!! Paris ou nada, certo? Foi você que deu esse nome pro grupo.

Eu: Acho que a gente pode tentar. Tem gente que viaja com motivos mais loucos, né? E se a minha alma gêmea estiver esperando por mim, e eu não aparecer?

Tara: Eu disse que é PARIS ou NADA!!

Eu: Tá, tá. Pelo papai.

Tara: Por NÓS!

Eu: Melhor ainda!!

Tara: Eu preciso acreditar em alguma coisa. Mesmo que seja só que nós somos maravilhosas. Vamos comprar as passagens e reservar o hotel no dia que eu voltar. Nós duas! Ah, e VAI SE FODER, P!

Eu: 🖤

Baixei o celular e olhei ao redor da sala.

— Eu sei que isso parece esquisito, mas, para todos os espíritos que não gostaram do plano, que não acreditam em magia e no amor, que estão me dizendo que eu sou louca e que é melhor desistir, ordeno que saiam daqui. — Stephanie havia falado sobre as pessoas mortas na minha sala e as vozes na minha cabeça, e aquilo finalmente fazia algum sentido. Eu poderia escolher ouvir as dúvidas ou gentilmente pedir que elas fossem à merda. — E, para todos os espíritos bons, os que acreditam, que sonham, que amam, eu oficialmente preciso da sua ajuda. Façam as malas, fantasminhas. Nós vamos a Paris!

(Graças a Deus as crianças estavam passando o fim de semana com Michael e Anna, ou achariam que eu tinha enlouquecido de vez.)

Eu me sentia menos arrasada depois de conversar com Tara e brigar com os fantasmas na minha sala. Mas ainda não estava completamente recuperada nem convencida sobre ir a Paris. Eu precisava da minha melhor amiga. Nicole sempre conseguia enxergar um panorama lindo. Então embalei dois pedaços do bolo de amêndoas que eu tinha feito na noite anterior (tudo fica melhor com bolo) e fui direto para a casa dela, um chalé de madeira reformado construído em 1935 na Mulholland Drive, em Beverly Hills. Nem me dei ao trabalho de mandar mensagem primeiro.

— *Bonjour!* Quem quer ir pra Paris? — chamei enquanto entrava no quintal.

Nicole estava sentada ao lado da sua piscina resplandecente, usando um biquíni minúsculo enquanto meditava. Uma estátua serena do Buda supervisionava a jacuzzi. Um grupo de suas galinhas premiadas (que tinham nomes como Mazey, Dazey, Coco e Lady Dorothy) passeava pelo quintal, que tinha uma vista milionária para o vale lá embaixo. Nicole, apesar de também ter crescido em uma família de classe média, agora tinha uma realidade financeira bem diferente da minha.

— Eu! Claaaro que eu quero! Nunca fui a Paris! Vamos comprar as passagens *agora*! — Nicole se empertigou como se alguém tivesse lhe dado uma injeção de adrenalina direto no coração.

Eu ri, e os últimos vestígios do estresse que dominava meu corpo inteiro como reação à raiva de Philippe desapareceram. Que Philippe?

— É exatamente a isso que você precisa dedicar sua energia, Tash. Estou sentindo. *Empurre* o universo na direção de Paris quando assumir o compromisso. Vai com tudo.

Era impossível de resistir à sua certeza contagiante, alegre.

Corri para o andar de cima e tirei um biquíni do estoque imenso de Nicole (se nós iríamos mesmo fazer aquilo, precisávamos de um bronzeado, é claro) enquanto ela pegava o laptop e uma garrafa gelada de champanhe para tomarmos com o bolo. De volta à piscina, analisamos nossas opções.

Eu tinha, ingenuamente, pensado que gastaria uns quinhentos dólares nos voos, achando que conseguiria encontrar algo nesse valor em um dos sites de descontos de viagem. Mas Paris fica bem longe de Los Angeles. Nicole, no entanto, não deixaria o clima da nossa tarde azedar.

— Tash, eu tenho milhas. E, olhando para os preços, é bem provável que elas consigam bancar passagens pra nós duas. O que significa que o destino obviamente reservou essas milhas para nossa viagem a Paris.

Insisti que ela usasse meus quinhentos dólares para pagar as taxas, e ela aceitou, sabendo que eu fazia questão de ser financeiramente independente. Escolhemos assentos um do lado do outro na econômica em um voo noturno com uma conexão apertada em San Francisco. Seria uma viagem longa, mas valeria a pena.

Então precisávamos encontrar onde nos hospedar. Clicamos em vários refúgios parisienses lindos, bebericando champanhe sob o sol da Califórnia, e finalmente escolhemos um hotel butique em um bairro de clima artístico chamado Le Marais. A decoração excêntrica do Hôtel du Petit Moulin havia sido criada pelo famoso estilista Christian Lacroix. Nosso plano era dividir um quarto com camas de casal, mas, quando Nicole viu que o hotel tinha uma suíte maior no último andar com um sofá-cama, se ofereceu para bancar o upgrade. Todas nós, incluindo Tara, poderíamos ficar no mesmo quarto. Como uma festa do pijama. E Nicole queria perguntar à nossa querida amiga Penelope, que agora morava em Ibiza, se ela conseguiria tirar uma folga dos seus bebês gêmeos e passar alguns dias com a gente. O orçamento de Penelope era apertado como o meu, mas ficamos torcendo para ela não conseguir resistir à oferta de um sofá grátis em Paris. Nicole clicou no botão réserve. Quatro dias e quatro noites em Paris, entre os dias 17 e 21 de outubro de 2019, seriam todos nossos. Eu mal conseguia acreditar que, em pouco menos de seis semanas, estaríamos em Paris. Parecia um sonho. Falei para mim mesma que Tara não ficaria chateada por já termos reservado a viagem, que ela voltaria em alguns dias e poderia comprar uma passagem no mesmo voo.

A busca pela minha alma gêmea estava *acontecendo*!

— Nós vamos pra Paris! — Nicole e eu gritamos ao mesmo tempo enquanto brindávamos e fazíamos o anúncio nos stories do nosso respectivo Instagram para o mundo inteiro ver.

E o mundo, é claro, incluía Tara.

Acordei na manhã seguinte, um sábado, com a casa silenciosa e uma mensagem de um homem chamado Dev, que instantaneamente fez meu coração acelerar. Fazia alguns meses que nos falávamos, apesar de ele não ter nascido na cidade nem no dia certos.

Assim que eu começara a busca pela minha alma gêmea nascida no dia 2 de novembro de 1968, candidatos discrepantes surgiram no Instagram e no Tinder: homens cujo aniversário era muito errado, mas que mesmo assim eram tão gatos/intrigantes/inteligentes que ficava quase impossível *não* arrastar a tela para a direita ou puxar papo com eles (onde esses caras estavam em todos os anos que passei solteira em Los Angeles sem orientação astrológica?). Franz do sul da França, com um Ray-Ban e uma echarpe; Joseph, que havia nascido em 2 de novembro de 1966, passava metade do ano em Roma e carinhosamente me chamava de "a princesa de Hollywood"; Jean-Christian, um leonino com o corpo perfeito que tinha se oferecido para ser meu guia turístico no instante em que eu pisasse em Paris, independentemente do dia ou da hora.

Então havia Dev.

Não sei bem como dei match com Dev, já que ele vivia em Miami, apesar de já ter morado em Paris. Talvez ele estivesse procurando alguém em Los Angeles, aonde costumava vir a trabalho, durante uma das fases em que cancelei minha assinatura do passaporte do Tinder por estar me sentindo culpada. Com frequência, um turbilhão de preocupações sobre a vida real, como o aluguel da minha casa, do meu apartamento, minhas taxas da Agency, gerava uma crise de *O que eu estou fazendo, não posso desperdiçar dinheiro procurando minha alma gêmea pelo mundo* e me levava a cancelar o passaporte. Deve ter sido assim que conheci Dev. E nos demos bem de cara. Nossa primeira conversa:

Eu: Oi, Dev.

Dev: Oi, Natasha. Tudo bem? Me ajuda a procrastinar. Eu devia estar revisando um livro, mas fiquei com preguiça.

Eu: Por acaso você nasceu em Paris no dia 2 de *novembre* de 1968?

Dev: Não passa nem perto. Vinte de janeiro de 1970.

Eu: Hora e local, por favor.

Dev: Se você começar a pedir os números dos meus documentos, estou fora. Mas morei em Paris por alguns anos. Só não escrevo novembro desse jeito.

E foi assim que começou. Dev, um artista, agora estava escrevendo um livro de memórias. Eu tinha encontrado um escritor. E um escritor bem sexy. O que começou como um jeito de Dev fazer hora no trabalho se transformou em dois meses de mensagens constantes, ligações por FaceTime, conversas picantes e, finalmente, a mensagem que encontrei ao acordar na manhã de sábado: Dev tinha comprado uma passagem para *aquele dia* para Los Angeles. Para me conhecer ao vivo. Esse era o único motivo da viagem. Ele não precisava vir a trabalho nem para encontrar amigos. Era só... para me ver. No dia anterior, Philippe havia gritado comigo, me chamado de doida, me mandado ficar longe dele. E Nicole e eu tínhamos acabado de comprar nossa passagem. Porém, apesar disso tudo, ou talvez por causa disso tudo, não inventei uma desculpa para fugir de Dev (era tarde demais para dizer para ele não vir, mesmo que eu quisesse fazer isso — ele já estava no avião). Eu gostava do fato de Dev não sentir medo, de ter nos dado um voto de confiança, apesar de saber da minha viagem a Paris e quem eu esperava conhecer lá.

Algumas horas depois, parada no saguão do Avalon Hotel em Beverly Hills, onde Dev tinha acabado de fazer check-in, pensei que poderia desmaiar de tanto nervosismo. Eu não conseguia me lembrar da última vez que tinha feito sexo casual, se é que era isso que aconteceria. Era tão esquisito conhecer alguém pela internet. E assustador às vezes. Mas o encontro com Dev parecia um teste importante para Paris. Eu teria coragem de chegar aos finalmentes com um desconhecido? Eu conseguiria seguir o conselho de Colette — me divertir, esquecer minhas regras?

Talvez eu também estivesse testando Stephanie e a astrologia. Dev não tinha nascido na data certa. Mas algo nele me atraía.

Antes de eu conseguir mudar de ideia, enviei uma mensagem para ele.
Eu: Cheguei.
Dev: Ha. Xii. Agora é pra valer. Estou descendo.

Dev, com seus olhos castanho-escuros hipnotizantes e seu sorriso caloroso e desejoso, imediatamente me deixou tranquila, e ainda mais agitada no instante em que nos abraçamos. Levamos dois minutos sentados no bar para nos beijarmos, um toque tímido, porém eletrizante, dos nossos lábios. Torci para não estar sorrindo de um jeito muito maníaco logo depois. Então mais vinte minutos — e uma tacinha rápida de rosé — para subirmos. Ele segurou minha mão no elevador, seu dedão gentilmente acariciando meu pulso. Parei de me perguntar que diabos eu estava fazendo e fui com tudo.

Era fim de verão, e o ar-condicionado do quarto de Dev não funcionava. Estávamos suados e pelados, e o sexo foi selvagem e impulsivo de um jeito que eu tinha completamente esquecido que sexo podia ser. Se aquilo era o que Stephanie queria dizer com me expor e me divertir, então eu queria mais. Bem mais.

— Você é louca mesmo — disse Dev. — Gostei.

Aquele era o oposto maravilhoso do que Philippe havia dito vinte e quatro horas antes, e exatamente o que eu precisava escutar.

Pedimos pizza, comemos na cama, então nos jogamos de novo um no outro como se tivéssemos vinte anos e fôssemos incansáveis. Mas eu não tinha vinte anos. E isso tornava tudo delicioso também, porque eu sabia que aquilo — e, portanto, Paris — poderia seguir vários rumos diferentes. Fechei os olhos e imaginei versões diferentes de Dev.

Primeiro, fingi que ele era um completo desconhecido com quem eu transava em um hotel aleatório. Talvez eu não soubesse seu nome; talvez eu tivesse deixado minhas emoções na recepção. Queda livre no prazer.

Quando Dev estava por cima de mim, imaginei amor. Envolvi a cintura dele com as pernas, segurei seus bíceps, encontrei seu olhar e o amei. Simples assim. Apenas por um instante, imaginei uma vida juntos, como seria me apaixonar de novo, deixar alguém entrar na minha vida de novo, me abrir para Dev. Vi nós dois trocando histórias de trabalho, eu pegando sua escova de dente emprestada, ele diminuindo minha música no carro.

Quando Dev me abraçou, nós dois alternando entre o sono e conversas, imaginei amizade. Isso trazia uma sensação boa. Consistente. E era a versão mais real de nós. Como um lugar a que eu poderia voltar quando quisesse.

Fui embora do hotel bem depois da meia-noite. Dev me pediu para ficar, mas eu queria dormir na minha cama.

— Obrigada por me mostrar que é possível — sussurrei antes de sair.
— O que é possível?
— Tudo.

Na manhã seguinte, Dev me mandou uma mensagem perguntando se podia visitar minha casinha amarela. Margot e Dash ficariam com Michael até o jantar, e meu plano de mostrar uma casa para clientes naquele dia havia sido cancelado, então deveria ter sido fácil dizer que sim. Uma manhã de sexo maravilhoso e café quente. Mas eu nunca recebia ninguém na minha casa além da família e, às vezes, Nicole. Eu tinha vergonha de morar em um lugar minúsculo, alugado, sem nenhum enfeite nas paredes e as roupas sujas das crianças empilhadas na mesa de jantar. Aquela não era a versão que eu me esforçava tanto para mostrar a clientes e colegas, à minha futura alma gêmea.

E a verdade era que esconder a realidade de onde eu morava era um velho hábito de família. Meus pais tinham feito isso durante toda a minha infância, alugando apartamentos modestos mas dirigindo carros caros (usados) e usando roupas de grife (compradas com descontos astronômicos) enquanto tentavam vencer na vida. E, na Escócia, minha mãe jamais tinha deixado alguém ver a rua em que ela morava.

Apenas dois homens tinham entrado na minha casinha amarela: Michael e Philippe. Mas e se eu deixasse Dev entrar? Podia ser outro teste. Dev veria onde eu morava, onde preparava meu café da manhã, veria o equipamento de lacrosse de Margot em um canto e o livro que Dash deveria ler nas férias de verão esquecido sobre o sofá. Ele me veria. E veria meus murais. Sinceramente, os quadros provavelmente seriam a coisa que ele veria primeiro. Eles eram bem chamativos.

Antes de eu conseguir mudar de ideia, respondi que sim e passei meu endereço para Dev.

Pouco depois, Dev estava na minha cozinha, analisando os perfis do Tinder, meu mapa astral, os mapas de Paris e as fotos de Bob.

— Nossa — disse ele, em um tom agradável. — Você é bem comprometida mesmo.

— Sou — respondi, sem um pingo de vergonha, antes de puxá-lo para o quarto.

Nós nos despedimos algumas horas depois, na praia, sob um sol de matar, enquanto dezenas de golfinhos pulavam na água turquesa diante de nós. Era o tipo de cena fantasiosa que só se via em Los Angeles. Mas era isso que o fim de semana com Dev havia sido — uma fantasia. Uma fantasia bem sexy.

— Sabe, Dev, não foi amor de verdade entre nós, mas meio que foi — falei, beijando sua bochecha.

A única pessoa para quem contei sobre Dev foi Nicole. Não era que eu tivesse traído a busca pela minha alma gêmea; não exatamente. Era mais como se aquela versão de mim fosse diferente demais da pessoa que sempre achei que eu precisava ser. A mãe perfeita, a companheira em potencial perfeita, a mulher bem resolvida tomava decisões aleatórias, sensuais e casuais como eu tinha feito naquele fim de semana? Sim! Sim, às vezes ela fazia isso mesmo. Às vezes, ser impulsiva é bom. Mas eu ainda estava tentando aceitar isso tudo.

— Você comprou as passagens e reservou o hotel sem mim? — perguntou Tara alguns dias depois, quando voltou da viagem. Dava para ouvir a incerteza em sua voz. — Dei uma olhada no Hôtel du Petit Moulin. É lindo, mas o carpete e as cortinas pesadas são do tipo que me fazem ter crises de asma. E o Marais é um bairro bem fofo, mas achei que seria legal ficarmos no sétimo *arrondissement*, perto da Torre Eiffel. Passei tanto tempo pesquisando Paris. Achei que fosse ser a *nossa* aventura. Tem certeza de que você quer que eu vá?

Eu me sentia péssima. Eu devia ter esperado, pedido a opinião de Tara sobre o hotel, me certificado de que seria uma boa semana para ela ir, por causa do marido e das crianças. É claro que eu queria que ela fosse. Pelo nosso pai. Por *nós*. E Tara estava acostumada a tomar nossas grandes decisões. Ela sempre seguia na minha frente: na ida para o mesmo colégio interno, para a mesma faculdade, para a vida de casada e então como mãe. E não era só por ser a irmã mais velha. Eu *queria*, de forma consciente, fazer o que ela fazia. Só que, agora, eu estava mudando de um jeito que não compreendia. Aquilo era diferente da minha impulsividade normal, diferente de ir no meio da madrugada para a Don Q's. Pedi desculpas de novo. Eu não queria magoar minha irmã, mas tinha feito isso.

Depois de alguns dias de conversa, Tara acabou comprando uma passagem em um voo diferente — direto — e reservando o próprio quarto no Hôtel du Petit Moulin. Ela dizia que precisava dormir direito, mas eu sabia que ela sempre se sentia um pouco excluída quando eu estava com Nicole. Eu não sabia como resolver isso; parecia que eu só piorava a situação. Torci para o charme e a empolgação com Paris resolverem tudo em um passe de mágica. Além do mais, minha irmã proativa já estava resolvendo sua viagem. Ela acrescentou um dia na cidade e reservou um quarto num hotel lindo — o Hôtel Regina Louvre — para sua última noite em Paris.

— Se você puder mudar sua data de volta para o dia 22, pode ficar comigo no quarto. Só nós duas, irmãs. Fica por minha conta! — ofereceu Tara, generosa.

Por que não topar, né? Mas não consegui aceitar o convite naquela hora. Ir a Paris sem meus filhos e me afastar do trabalho quando eu obviamente precisava de dinheiro já era bem assustador. Eu não sabia para onde correr, e nenhuma das minhas opções parecia certa.

Com a viagem oficialmente marcada, eu tinha apenas seis semanas para encontrar o máximo possível de almas gêmeas potenciais antes de Tara, Nicole, Penelope e eu aterrissarmos na Cidade Luz. Por enquanto, havia nove. Se a minha dedicação ao plano já era séria antes, agora eu tinha me jogado de cabeça naquilo.

Encomendei cartões de visita para entregar a qualquer um que parecesse disposto a me ajudar. Um lado do cartão mostrava uma foto minha segurando uma placa que dizia 2 de *novembro* de 1968. O outro lado oferecia meu contato:

Ponto do Destino
natasha sizlo
@02novembre1968
Sempre vou acreditar em Magia. E nunca vou desistir do Amor.

Então veio a camiseta que mandei fazer no Etsy, com 2 DE NOVEMBRE DE 1968 estampado em letras vermelhas na frente. E eu a usava o tempo todo por Los Angeles enquanto me encontrava com decoradores para escolher uma palheta de cores neutra para os móveis caros para a casa do astro pop, com o especialista em remoção de odores para lidar com o cheiro insistente de fumaça e com meu pintor divino que transformaria as paredes sujas em um paraíso tranquilo e calmo. Até usei a camisa quando fui me encontrar com o encanador. (Todos os vasos sanitários do nosso novo cliente precisavam ser trocados, até o japonês caro que falava.) Talvez alguém conhecesse alguém que conhecesse minha alma gêmea.

Finalmente, após deixar Dash na escola uma manhã, decidi enfiar o pé na jaca.

— Ouvintes! Qual foi a coisa mais doida que você já fez depois de um rompimento? — gritou o DJ matinal da rádio Amp pelas caixas de som do meu carro. — Nós queremos saber!

Dash tinha salvado o número da 97.1 nos meus contatos na semana anterior, quando tentava ganhar ingressos para um show, e eu encarei isso como um sinal. *Talvez o universo esteja tentando me ajudar*, pensei enquanto minha ligação era atendida instantaneamente. Fiz um resumo sobre minha busca por todos os homens nascidos no dia 2 de novembro em Paris para a pessoa que selecionava as ligações.

— Eles vão querer conversar com você — disse ela, simplesmente, me transferindo para os DJs no mesmo instante.

E foi assim que a busca pela minha alma gêmea foi anunciada para Los Angeles inteira em uma manhã ensolarada.

Naquela altura, eu não tinha vergonha em pedir ajuda ou aceitar ofertas. Mandei mensagens para amigos, contei para todos os meus colegas de trabalho; até mandei mensagens para sites como PopSugar e Refinery29. E escrevi para um monte de celebridades aleatórias que poderiam achar graça da ideia. Eu tinha perdido a vergonha. Por que não? Se alguém repostasse minha mensagem ou falasse de mim para seu público imenso, aquilo poderia me levar ao amor da minha vida! Eu não tinha mais nada a perder. É claro, nenhum dos jornalistas ou celebridades respondeu. (Tirando a majestosa atriz Kate Walsh, que repostou minha convocação a todos os homens nascidos em Paris no dia 2 de novembro de 1968. Kate Walsh *é* muito legal mesmo.)

Na semana seguinte, encontrei com a Poderosa Keri no escritório, e ela imediatamente se ofereceu para gravarmos um vídeo promocional sobre a minha busca, estrelando... *eu*. (Vídeos promocionais são ótimos para o mercado imobiliário de luxo, mas eu nunca tinha gravado um porque minha cabeça acabaria voltando para o momento na pré-escola em que precisei usar um collant roxo e uma cartola, sem sombra de dúvida.) Ignorando o frio na barriga, aceitei e postei o vídeo no Instagram e no Facebook antes de conseguir pensar muito no assunto. Em seguida, o diretor criativo da Agency fez pôsteres profissionais anunciando minha busca. Uma nova amiga virtual fofa que morava perto de Paris — Mercedes — se ofereceu para pendurá-los nas ruas e no metrô antes da minha chegada. Até forrei as paredes de vidro da minha sala com os pôsteres e comecei a pendurá-los aleatoriamente por Los Angeles.

Então, como se aquilo fosse um sonho, Ellen Kinney, a presidente de uma das minhas marcas de roupa favoritas, a ALC, encontrou meu

Instagram e se ofereceu para *montar meu guarda-roupa para a viagem*. Precisei ler sua mensagem várias vezes antes de entender o que estava escrito. Aquilo era real? Quem não iria querer um guarda-roupa cheio de peças românticas novas para uma semana de encontros amorosos em Paris? Uma estagiária com sacolas cheias de blusas bonitas e vestidos sensuais apareceu na minha casinha amarela. Que contraste com os vinte vestidos pretos do começo do ano, que foram todos devolvidos. Uma joalheria local, a La Vie Parisienne, enviou uma seleção de peças brilhantes. A marca Baacal me deu um casaco de cashmere para me esquentar. O estilista francês Tony Hamdan Djendeli, que mora em Los Angeles, me enviou um vestido de alta-costura de veludo para ser usado quando eu encontrasse "o homem da minha vida". Uma colega de trabalho me deu um colar com um pingente de chave para destrancar o amor. Alguém me deu um perfume francês chique. Cada presente carinhoso era inesperado, lindo e útil. Eu os encarava como sinais de que estava embarcando na jornada certa.

— Você está fazendo a melhor coisa para a sua vida — repetiu Nicole em uma sessão de reiki. — É assim que nos sentimos quando estamos no mesmo ritmo do universo. Você está a caminho do seu ponto do destino.

Nicole devia ter razão, porque eu estava encontrando mais e mais almas gêmeas em potencial.

Além disso, Fabrice e eu conversávamos o tempo todo pelo WhatsApp. Na noite em que confirmei que iria a Paris, ele respondeu na mesma hora: Você realizou meu sonho, Natasha.

Você não se importa de eu conhecer outros homens com a mesma data de nascimento em Paris? Ele devia ter notado essa parte no Instagram.

Não. Eles são só engraçados, disse ele. Me conta, como foi o seu dia?

As cinzas de Bob obviamente iriam comigo para Paris. Sem querer que o tubinho dourado fosse tomado pela segurança do aeroporto ou acabasse perdido em um bistrô francês pouco iluminado (algo que com certeza aconteceria comigo), fui até o Remembered Forever Cremation comprar um pingente para ele. Dessa vez contei a Tara sobre meus planos. Surpreendentemente, ela aceitou e brincou que Bob seria como Flat Stanley, o personagem de revistinhas infantis que era um desenho em papelão que viajava o mundo. Eu tinha ligado para minha mãe e avisado que faria uma visita depois disso, mas, quando cheguei à funerária, Edna esperava por mim na frente da loja em uma calça branca bem passada, uma jaqueta jeans elegante e óculos escuros grandes.

— Oi, mãe — falei, lhe dando um abraço rápido. — Que surpresa. Está tudo bem?

— Por que não estaria? — respondeu Edna enquanto entrávamos na funerária.

Edna me seguiu de perto enquanto eu analisava a ampla oferta de pingentes criados para guardar um pouquinho das cinzas de um ente querido: cruzes aladas ornamentadas, lágrimas de prata minimalistas, esferas incrustadas com diamantes. Ken nos atendeu com uma paciência infinita, como sempre. Finalmente, me decidi por um coração de ouro simples: meu pai e amor. Edna se enfiou na minha frente para chegar ao balcão e disse com firmeza para Ken:

— Vou pagar pelo pingente. É um presente para a minha filha. — Antes de eu conseguir reclamar, ela me olhou nos olhos e disse: — Natasha, não sei se acredito em nada disso, mas acredito em você. — Ela enfiou a mão na bolsa e tirou outro colar igualmente lindo, uma corrente de prata esterlina com um cristal pontiagudo rosa-claro. — Acho que você devia usar com o coração do Bob. É um quartzo rosa, e me disseram que ele atrai o amor. E você, minha filha, merece todo o amor do mundo.

— Obrigada, mãe — respondi. Senti meu pai com a gente naquele momento, e não só porque suas cinzas estavam penduradas no meu pescoço. — Que tal a gente ir almoçar? Vou te contar sobre todos os franceses bonitos que já achei.

— Como vão as coisas? — perguntou Billy alguns minutos antes da reunião semanal do escritório.

Naquele dia, pretendíamos anunciar a casa do astro pop como uma exclusividade da Agency, que ainda não estava disponível para o restante do mercado.

— Tudo ótimo. Os pintores vão acabar amanhã. A casa está ficando linda, do jeito como deveria ser. Depois de limpa, ela merecia estar numa capa de revista.

— Que ótima notícia. E, se o cliente puder continuar na pool house do amigo dele até a gente terminar, vai dar tudo certo. Vou ligar pro empresário dele hoje. Acho que vamos vender essa casa em tempo recorde. Foi impressionante como você fez a casa mostrar todo o seu potencial.

Falando em potencial...

— Obrigada, Billy. Mudando de assunto, imagino que você tenha visto os pôsteres na minha sala.

Billy sorriu.

— Seria impossível não ver. Qual é a história por trás deles?

Fazia meses que eu adiava aquela conversa, e, agora que ela estava acontecendo, não era nada de mais. Apesar de ainda não saber como seria a reação de Billy depois que ele descobrisse até onde ia meu plano maluco.

— Parece coisa de filme! — disse Billy, abrindo um sorriso de orelha a orelha. — Mas eu faço questão de ser interpretado por Pitt ou Clooney. Quando é o bota-fora? Quero ir!

Um bota-fora. *Adorei* a ideia.

As Poderosas e minhas melhores amigas me ajudaram a organizar uma festa de despedida cheia de empolgação no terraço do One Hotel. Dessa vez não foi difícil fazer os convites. E não mandei um para Philippe. Meus amigos, parentes e colegas de trabalho apareceram em peso na festinha na Sunset Strip. Até Michael e Anna foram.

Na festa, Michael me cumprimentou perguntando, confuso:

— Espera, *você* tem uma astróloga?

Mas Anna, com o entusiasmo alegre de uma adolescente, correu para me dar um abraço.

— Isso é *maravilhoso*, Natasha! A gente vai encontrar um *homem* pra você!

Era bom abraçar Anna. Meu amor e respeito pela "Madrasta Malvada" (um apelido orgulhosamente criado por Anna) só tinham se fortalecido enquanto eu assistia à sua relação com Margot e Dash florescer. Ela era completamente dedicada à felicidade da minha família. Inclusive à minha, como dava para perceber pela sua presença naquela festa. Eu estava feliz por Michael. Anna era uma pessoa legal, e ele também. Sete anos após o divórcio, tínhamos fechado um ciclo. *Nós temos sorte*, pensei. *Não foi fácil, mas conseguimos.*

Os dois se misturaram à festa; Michael passou um braço ao redor de Anna, e ela o abraçou de volta. Foi então que notei a aliança de noivado com um diamante brilhante na mão esquerda de Anna, que estava apoiada na lombar de Michael. É claro que eu sabia que os dois estavam noivos. Nós tínhamos feito um brinde por FaceTime com as crianças. Porém, até aquela noite, Anna não tinha usado o anel em público. De repente eu tive a sensação de não saber mais que porra eu estava sentindo. Ver seu ex seguindo em frente de forma tão definitiva, mesmo anos depois do término, provoca sentimentos lindos, mas melancólicos. O encerramento oficial de um capítulo dava espaço para a folha em branco do próximo. Um lembrete físico de que pessoas e situações mudam com o tempo, às vezes radicalmente. E percebi que não havia problema nenhum naquilo. Fui preenchida por uma felicidade profunda pelos dois. Fiquei torcendo para ter a mesma sorte um dia.

O restante da noite passou em um turbilhão. Fiz um brinde com meus amigos e minha família, apesar do meu nervosismo de falar na frente de todo mundo. Para ser sincera, eu tinha ficado muito ansiosa a caminho da festa, me perguntando se alguém apareceria. Mas as pessoas foram. Talvez fosse difícil resistir a uma festa em homenagem a uma ocasião completamente bizarra. Ou talvez, só talvez, seja isso que você faz pelas pessoas que ama. Você se faz presente. Por acaso, o bota-fora aconteceu alguns dias depois do meu aniversário de quarenta e cinco anos, e, pela primeira vez em muito tempo, eu aceitei completamente e fiquei grata por mais uma primavera. No terraço do One Hotel naquela noite, olhando para meus amigos, tantas de nós mulheres gloriosamente no auge da vida, me senti abençoada pela minha idade. Como era merecido, dancei a noite toda.

Lutando contra uma ressaca imensa na manhã seguinte, comecei a arrumar as malas e a coordenar as inspeções necessárias na casa do astro pop. Billy tinha razão sobre a velocidade de venda da casa. Por milagre, um comprador sério havia surgido quase imediatamente e, depois de apenas duas visitas, tinha feito uma oferta maior que o preço anunciado, que o astro pop havia aceitado sem criar qualquer problema. Isso quase nunca acontecia. Mas eu não conseguia me concentrar nas minhas roupas nem no trabalho. Algo me incomodava: Philippe.

Sentei à mesa do comando central, tirei o poema de Philippe da bolsa e o prendi no mural à minha frente. Estava na hora de colocar os pingos nos is.

Querido Philippe,

Como imagino que você já tenha entendido, estou em uma jornada para conhecer todos os homens nascidos em Paris, no dia 2 de novembro de 1968, que eu conseguir. Você deve achar isso estranho. Quero explicar.

O que eu gostaria que você entendesse é que tudo que estou fazendo agora é por AMOR. *Prometi ao meu pai que nunca desistiria do amor e que sempre acreditaria em magia, e é isso que eu quero honrar.*

Quando comecei essa jornada, no fundo eu torcia para encontrar você em Paris. Eu me imaginava sentada em um bar de hotel, esperando para conhecer um dos meus candidatos a alma gêmea, e você entraria, me dizendo para parar com aquela merda, e nós nos apaixonaríamos de novo e viveríamos felizes para sempre.

Agora eu entendo que já vi comédias românticas demaaaais para o meu gosto. E que, apesar de eu nunca ter amado ninguém como amo você, não necessariamente esse é o único amor que eu vou sentir na vida, e está na hora de aceitar que a nossa história acabou. E está tudo bem. Nós tivemos uma boa história. Uma história muito, muito boa. E sou grata por cada momento dela.

E é por isso que eu acho importante não encerrá-la com problemas de comunicação ou mágoas.

Vou para Paris no dia 16 de outubro. Sempre achei que iríamos juntos, que você me mostraria o seu lar, caminhando pelas ruas comigo, me contando histórias da sua infância. Mas, como nós dois sabemos, a vida nem sempre acontece conforme o planejado. Não sei; provavelmente ainda vou procurar por você pelas ruas, porque, de um jeito ou de outro, vou passar o resto da vida procurando por você.

Com amor,
Natasha

Estava chovendo. Eu me lembro disso porque raramente chove em Los Angeles. Imprimi a carta, guardei-a dentro de um envelope e grudei dois selos com a bandeira dos Estados Unidos no canto superior direito, para garantir que ela seria entregue. Eu não queria mandar a carta por e-mail. Não queria que Philippe se sentisse na obrigação de responder. Se ele preferisse fingir que nunca a recebera, tudo bem.

Dois dias depois, recebi uma mensagem.

Oi, Natasha. Acabei de receber sua carta. Obrigado por explicar. É tudo muito confuso. Achei que Los Angeles seria mais fácil que Paris... Mas eu não sei de nada. Acho que você está seguindo seu caminho. Espero que isso te ajude a encontrar o que você deseja.

Na noite antes de Nicole, Tara e eu irmos para o aeroporto, coloquei mais pedidos no pote azul:

Alguém que seja romântico.
Emocionalmente aberto.
Espontâneo.
Que me faça rir.
SEXO INCRÍVEL
Dupla de Jenga pra sempre!!
Que dance comigo mesmo sem música.

Casa Seis

Coucou

Mercúrio rege a Casa Seis. Essa casa lança um olhar vigilante sobre aquilo que é necessário e mostra a forma mais eficiente de saciar essas necessidades.

Também fala sobre animais pequenos, presentes da terra, e sobre dedicar energia e inteligência para manifestar coisas desejadas e necessárias. E, como Mercúrio rege aparelhos portáteis, aprendizado, inteligência e magia sagrada, é comum encontrarmos praticantes da Nova Era que sejam estranhamente práticos.

A Casa Seis também inclui as pessoas a quem pagamos por serviços.

Minha Casa Seis está no signo de Leão. Stephanie diz que é importante eu ter em mente que meu Sol está em Libra, na Casa Oito das pesquisas e buscas pelo desconhecido. Os aspectos mais mundanos da vida representados pela Casa Seis serão como a casa da família Monstro para pessoas como eu, com Leão na Casa Seis e o Sol na Casa Oito. Essa é uma família de monstros inofensivos, um grupo de esquisitões amáveis. Para falar a verdade, esse é o tipo de gente de que eu gosto. Mas isso também significa que as coisas supostamente mais simples da vida são um pouco estranhas?

Eu praticamente sentei no colo de Nicole em um turbilhão de ansiedade conforme o avião começava a descer em Paris. Nós ficamos grudadas na janela, observando o que conseguíamos. O sol era refletido na água verde-dourada do Sena. Prédios bege com telhados cinza ladeavam as ruas que pareciam levar diretamente para a eletrizante e pontuda Torre Eiffel. *A Torre Eiffel!*

Minha alma gêmea. Ele está aqui. Eu sinto.

Eu tinha insistido para Nicole sentar na janela, em parte porque eu sabia que não conseguiria dormir, mas também porque parecia justo, já que as milhas dela haviam nos colocado naquele avião. E Nicole precisava descansar — pelo menos uma de nós devia estar alerta quando chegássemos. Tara, Nicole e eu tínhamos saído para o aeroporto de Los Angeles às seis e meia daquela manhã, e não apenas fazia dias que eu não dormia bem como eu tinha passado a noite inteira mexendo no celular, fazendo as malas e escrevendo posts.

Bêbada de cansaço, eu havia dado um abraço apertado em Tara antes de ela seguir para seu portão. O voo direto a faria chegar horas antes de mim e Nicole no hotel.

— Comporte-se, irmã! — havia dito Tara. — A gente se vê em Paris.

Nicole e eu tínhamos acenado para ela, felizes. Então havíamos despachado nossas malas, encontrado nosso portão e tomado um café da manhã rápido.

— Me avise se não quiser tocar no assunto, mas você e o Justin ainda estão dando um tempo? — perguntei quando sentamos à mesa com nossa bandeja.

Nicole havia pedido um tempo na semana anterior, quando os "desequilíbrios" (como ela descrevia) da relação tinham se tornado grandes demais.

— Não tem problema, e, sim, estamos. É melhor assim. Não quero que nenhum de nós acabe magoado. Falei para ele que não devíamos nem trocar mensagens esta semana, para cada um achar o seu centro.

— Entendi, mas tem certeza de que você está bem?

— Oi, a gente não está indo pra *Paris*?

Eu havia rido.

— Tenho uma ideia — disse Nicole então, completamente séria, mas com aquele brilho nos olhos que me dizia que vinha *alguma coisa* por aí. — Acho que devíamos roubar um dos lençóis do hotel e escrever VOCÊ É MINHA ALMA GÊMEA? nele, com a data de nascimento, é claro, e pendurar na lateral da Torre Eiffel, meio como quando alguém escreveu *maconha* no letreiro de Hollywood!

— Brilhante! *Adorei!*

Nós com certeza o encontraríamos.

Eu também tinha ideias. Eu havia imprimido centenas de pôsteres da busca de 2 de *novembre* de 1968 no escritório e guardado o estoque inteiro na minha mala de mão, com cinco rolos de fita adesiva transparente e um dos cristais da mesa de cabeceira do meu pai para dar boas energias. A mala pesava tanto que parecia que eu tinha colocado tijolos lá dentro. Mas isso logo acabaria. Minutos depois do embarque começar, cobri as paredes do banheiro do aeroporto com meus pôsteres. As cabines e o trocador de fraldas agora eram um grande anúncio para a busca pela minha alma gêmea. Porque e se a irmã da minha alma gêmea estivesse prestes a embarcar no mesmo avião, ou em um voo diferente no mesmo dia? Tudo parecia tão cosmicamente *certo*. Apesar de que, sim, eu *era* uma mãe de dois filhos de quarenta e cinco anos, que já tinha sido muito sensata na vida e nunca havia vandalizado (temporariamente) um banheiro público. Eu sabia que meu comportamento podia parecer bizarro, mas estava pouco me lixando para o que os outros pensavam. Nenhuma ideia que Nicole e eu tivéssemos pareceria absurda demais.

Enquanto eu sobrevoava o Atlântico, a promessa que meu pai fizera para mim e Tara parecia mais próxima que nunca: *Eu te encontro lá*. A voz de Bob pairava no ar ao meu lado, uma ilusão auditiva sobrenatural. A cabine inteira estava escura, com exceção de alguns filmes passando nas telinhas. Nicole dormia. E eu finalmente estava a caminho de encontrar meu pai. Eu sentia tanta saudade. Sei que parece birutice, mas eu sentia o espírito de Bob pairando do lado de fora da janela, nas nuvens.

Na escuridão. Era lindo e arrebatador, intenso porém não o suficiente. Eu queria que meu pai pudesse me dar um abraço naquele instante. Desejando ter o poder de arrancar o véu que separa vivos e mortos, abri o laptop e comecei a escrever. Parte dos meus pensamentos sobre amor, luto, medo e esperança era para o meu diário no Instagram. E outra parte era só para mim e meu pai. Eu havia perdido uma vida imensa. Embarcado em uma busca nada convencional. Eu acreditava que conseguiria encontrar minha alma gêmea, mas também estava com medo. E se eu sentisse apenas as faíscas?

Aterrissamos em Paris às dez da manhã de quinta-feira, nove horas na frente de Los Angeles. O sol forte entrava pelas janelas do aeroporto Charles de Gaulle, e o idioma francês falado ao nosso redor parecia uma sutil canção sedutora aos meus ouvidos. Chegamos!!!, mandei para Tara na mesma hora. Eu me controlei para não jogar o clima na cara dela, porque havia mudado miraculosamente do dia para noite, passando de uma chuva desanimadora para uma semana de céu azul limpo. Era óbvio que São Pedro estava do meu lado. Antes de sairmos de casa, Tara tinha me mandado um milhão de mensagens falando para não esquecer de levar uma capa de chuva. "Está na mala" era sempre a minha resposta. Mas não, eu não tinha levado uma capa de chuva feia e prática. Quem quer conhecer sua alma gêmea usando um casaco preto feio? Em *Paris*? Eu não.

Colocamos nossas malas em um táxi e seguimos em disparada para o hotel, a vista lentamente mudando dos arredores industriais da cidade para o charme do velho mundo no centro. Eu mal podia esperar para conhecer o bairro Marais, do qual tanto ouvira falar. Meu velho amigo e ex-vizinho Andy Fleming tinha recomendado a região para nós. Como o diretor de uma nova série recentemente aprovada que se passava em Paris e que estrearia em algum momento no ano seguinte, ele já tinha vasculhado a cidade em busca dos cenários mais fantásticos. Na verdade, por sorte, Andy também estava em Paris naquele mês de outubro, filmando a série. Eu estava torcendo para conseguir nos encontrar. Eu o via sempre que podia em Los Angeles, mas nunca era suficiente, nunca era igual a morar do seu lado, como tinha acontecido por um breve período no fim do meu casamento.

Conheci a assistente de Andy primeiro. Michael havia acabado de sair da nossa casa. Em uma tentativa de lidar com essa nova realidade no fim da noite, eu estava parada na frente da minha garagem, bebendo vinho direto do gargalo e fumando sem parar, como qualquer um faria. Todas as janelas da minha casa estavam escancaradas, e "Back to Black", de Amy Winehouse, vinha lá de dentro, o som descendo pelo cânion. Eu tinha colocado a música no último volume. Uma moça bonita (que era a assistente de Andy) passou a caminho do seu carro e perguntado se eu estava bem. Soltei uma risada amargurada.

— Ah, sabe como é. Meu casamento acabou, estou vendendo a minha casa por menos do que ela vale, minha empresa faliu, provavelmente vou ter que declarar falência, e o meu weimaraner fofo teve uma torção gástrica e morreu do nada na semana passada. Pura diversão! — Eu me aboletei na rua, acenei para meu outro cachorro, uma mistura minúscula de chihuahua-papillon, e o peguei no colo antes de continuar: — *Mas deixei as crianças adotarem um cachorrinho, esta fofura. Aliás, o nome dele é Sexta-Feira, por causa do dia em que o adotamos, que na verdade era um sábado, sou péssima com datas. E eu conheci um francês muito gato. Então, pois é, estou quase vivendo um sonho.*

No dia seguinte, a assistente ligou para Andy, que acabara de se mudar para a casa ao lado.

— Conheci a sua vizinha! Você vai gostar dela.

O taxista, que tinha passado quase todo o trajeto em silêncio, finalmente nos perguntou em um inglês entediado, hesitante, o que nos trazia a Paris. Férias? Trabalho. Eu já tinha contado para os comissários de bordo e para o atendente da casa de câmbio do aeroporto tudo sobre a busca pela minha alma gêmea. Por que não fazer a mesma coisa com o taxista? Ele não parecia ter nem perto de cinquenta anos, mas poderia conhecer alguém que tivesse. O simples fato de falar sobre a minha missão com um homem parisiense de verdade *em Paris* era libertador. Fazendo um retrospecto, é fácil entender por quê. As últimas semanas antes de eu sair de Los Angeles foram um redemoinho vertiginoso de presentes atenciosos e positividade se alinhando para aquela viagem, mas eu também estava trabalhando sem parar e me preocupando com minha conta bancária, minha mãe, meus filhos. Incêndios tomavam conta das colinas, a ameaça de evacuação sendo uma constante na vida de amigos e clientes. No fundo, e por baixo de tudo isso, estava a morte. E o luto. Esses sentimentos ainda eram uma parte inabalável de Los Angeles para mim. Em Paris, eu só precisava me concentrar em uma coisa: deixar o destino, a sorte e os astros me guiarem para o amor da minha vida. O motorista concordava com a cabeça enquanto eu falava, seu ar levemente irritado desaparecendo.

— *D'ac*, as senhoras vieram para a cidade certa — disse ele, com orgulho. — Em Paris, nós amamos o amor.

— Que coincidência. Como boas librianas, nós também amamos o amor — respondeu Nicole, toda feliz.

O táxi foi desacelerando, se aproximou do meio-fio e parou. Comecei a entender por que Andy ficava no Marais sempre que visitava Paris. O bairro parecia saído de um conto de fadas, só que era *real*. Ruas estreitas de pedrinhas serpenteavam por jardins frondosos, catedrais góticas e casas medievais de madeira. Museus e galerias de arte eram ladeados por lojas e restaurantes da moda. Eu não via a hora de explorar aquilo tudo com um 2 de *novembro* de 1968 ao meu lado. Eu sentia que estava me apaixonando pela cidade, e ainda não tinha feito nem o check-in no hotel.

Falando no hotel, onde exatamente ele ficava? O taxista havia colocado nossas malas na calçada e nos desejado *bonne chance*. O endereço estava certo. Mas não víamos nada parecido com um hotel. Nenhuma placa. Nenhum porteiro. Ninguém com malas. Apenas a vitrine da pequena *boulangerie* extremamente fofa, decorada em preto e dourado, que havia sido a padaria mais antiga de Paris, inaugurada no século XVII, antes de reformarem a fachada e de a construção se tornar um hotel. De acordo com as lendas locais, o famoso escritor Victor Hugo comprava suas baguetes naquele lugar. Eu ainda não conseguia acreditar que estávamos ali. Em Paris.

Ali! Nicole apontou para uma plaquinha branca acima de nós, bem à direita da *boulangerie*. Estreitei os olhos. Um arabesco elegante anunciava o HÔTEL DU PETIT MOULIN. Isso! Então notei todas as estrelinhas douradas resplandecentes no suporte de metal de aço fundido que segurava a placa. *Estrelas!* Nós estávamos exatamente no lugar certo. Entramos pela porta preta e dourada que não levava a uma padaria.

Uma caixa de joias pequenina com séculos de idade, cheia de cor e extravagância — essa era a única forma de descrever a recepção do hotel. Nós com certeza *não* estávamos mais em Los Angeles. Cenas pastorais de uma Paris muito antiga decoravam o teto. As paredes e cornijas eram pintadas de verde-pistache, e painéis espelhados refletiam o espaço e a luz. Orquídeas brancas e uma luminária de cristal decoravam o balcão da recepção. Então notamos o bar elegante em um canto, com uma mistura eclética de móveis antigos e impossivelmente modernos em tons de azul-celeste, laranja e verde-floresta. Dava para ver que o toque mágico de Christian Lacroix não se resumia a roupas e se estendia para a decoração de interiores.

Apenas uma pessoa, um rapaz usando um discreto terno perfeito, nos recepcionou. Ele tomou um susto ao ver nossas malas. Nicole e eu tínhamos pelo menos seis no total: Duas enormes e pesadas, pelas quais tivemos que pagar excesso de bagagem. Uma mala estufada de roupas. Minha mochila. A mala de mão lotada dela. Duas bolsas. E uma mala separada só para sapatos.

— Seu quarto fica no último andar do hotel, que é o terceiro. *Voilà*, é a suíte júnior! Ah... as senhoras precisam de ajuda com as malas? Acho que elas não vão caber no elevador.

Nicole e eu olhamos para o elevador. Ele era levemente maior que uma cabine telefônica.

— Sem problemas — falei. — Nós subimos pela escada. Mas eu tenho uma pergunta.

— *Oui?*

E lá veio um panfleto. E se alguém com o aniversário certo tivesse feito check-in? Mesmo que o recepcionista não pudesse me informar por questões de privacidade, talvez ele passasse minha mensagem adiante.

Um olhar confuso surgiu no rosto do rapaz enquanto ele me escutava com atenção.

— *Je ne suis pas sûr* — respondeu ele, educadamente, depois de analisar o panfleto. — Sinto muito. Não sei. Mas vou deixar o panfleto aqui.

Nós subimos por uma escada espiral com estampa de bolinhas até a suíte no sótão e abrimos a porta para o lugar que se tornaria o quartel-general da operação 2 de *novembre* de 1968. As paredes inclinadas e as vigas expostas da suíte aconchegante tinham sido pintadas de creme, com toques de papéis de parede audaciosamente glamorosos em algumas partes. A cama king-size com lençóis brancos e uma manta de pelúcia luxuosa seria ótima para Nicole e Penelope (que chegaria naquela tarde). Eu havia resolvido ficar com o pequeno sofá-cama vermelho. Penelope, que tinha se tornado mãe havia relativamente pouco tempo, precisava de uma cama de verdade mais do que eu. Além disso, pelo jeito como meus pensamentos só ficavam mais agitados, eu sabia que teria dificuldade para dormir. Seria um desperdício ficar com a cama. Eu tinha muito a fazer.

O primeiro item da lista era arrumar nossas coisas. Precisávamos trocar as roupas do avião por algo chique e digno de Paris, imediatamente. Girei pelo quarto, olhando para tudo. Havia um gaveteiro pequenininho, como um armário antigo de boticário, que talvez estivesse ali para guardarmos nossas roupas. Onde estava o armário? Uma porta! Devia ser ali. Mas não. A porta levava a um resplandecente banheiro moderno, com uma banheira imensa.

Enfiei a cabeça para fora do banheiro.

— Nicole? Você achou o armário?

— Achei isto.

Nicole apontou para um cabideiro de metal com pouquíssimos cabides solitários.

Ligamos para a recepção.

— Será que alguém poderia trazer mais cabides, *s'il vous plaît*?

— Mas é claro. Quantos? *Deux? Trois?*

Olhei para todas as roupas caindo de nossas muitas malas — e Penelope nem havia chegado.

— Com certeza mais que *deux*. Vamos precisar de... todos os cabides extras que você tiver.

Eu ainda não sabia, mas acabara de aprender minha primeira lição sobre a França. Quanto mais antigo fosse o prédio, menos armários teria. E, levando em consideração o longo e histórico passado de Paris, muitos quartos não eram providos de armários. Como a nossa suíte. Mas ela tinha lucarnas encantadoras, com bancos acolchoados e painéis de vidro que se abriam como portas duplas em miniatura para uma vista fantástica da vizinhança. Escancarei uma janela e olhei para fora enquanto esperava pelos cabides. *Uau*. Eu só tinha vindo a Paris uma vez, aos nove anos, e me lembrava de poucas coisas além de tomar duas bolas de um sorbet de morango delicioso e de meu pai nos obrigando a correr loucamente pelas seis pistas do trânsito apavorante ao redor do Arco do Triunfo para tirarmos a foto perfeita em família.

Analisei as fachadas de pedra calcária clara das construções do quarteirão, os caixilhos pintados de azul, as jardineiras cheias de flores alegres. Carros compactos completamente diferentes dos monstros motorizados de Los Angeles corriam pela rua, e pedestres bem-vestidos entravam e saíam das lojas. No entanto, quando finalmente olhei por cima dos prédios, meu coração apertou. Lá estava o famoso horizonte com o mar cinza de tetos de zinco que vimos do avião, bem mais perto agora. Uma vista parisiense digna de um cartão-postal. Naquele outubro, Paris estava fria e revigorante, o tipo de clima que faz você acordar e andar um pouco mais rápido. Sentada à janela, eu tinha a sensação de que o clima mudaria. Como se o mundo estivesse prestes a abandonar uma coisa e entrar em outra totalmente diferente.

Depois que o recepcionista gentil trouxe todos os cabides disponíveis no hotel (e talvez alguns de nossos vizinhos), com um ferro de passar e um porta-bagagem, Nicole e eu cuidamos das malas. Quando terminamos, a suíte não parecia mais um quarto de hotel. Era como se estivéssemos em uma boutique recheada de roupas, que por acaso também tinha uma cama gigante e uma miniexplosão de roupas descartadas. Fileiras de saltos elegantes e botas sensuais estavam alinhadas no chão. As mesas de cabeceira e o topo do frigobar agora abrigavam uma variedade de acessórios brilhantes. Vestidos, blusas e saias lotavam o cabideiro. Ninguém poderia dizer que tínhamos ido para lá despreparadas. Vesti um jeans de cintura alta e botas de cano longo verde-sálvia com um suéter off-white e um casaco de lã da mesma cor. Óculos brancos grandes da Celine e uma bolsa transversal com estampa de pele de cobra completavam o look. Nicole usava um trench coat clássico por cima de uma blusa de seda preta, jeans skinny e salto. Nós estávamos prontas para dominar Paris.

Foi então que Tara ligou para avisar que tinha voltado do seu passeio pelo bairro, e corremos para o seu quarto no andar embaixo do nosso.

— *Oiiii!*

Corremos para os braços uma da outra.

O quarto de Tara era menor que nossa suíte, mas uma fantasia igualmente brincalhona e bonita de Lacroix. E também estava muito arrumado. Onde tinham ido parar as malas dela? As fileiras de sapatos e bolsas? Como ela conseguia manter as coisas tão bizarramente organizadas?

— Você chegou — falei. — Gostou do quarto? É bem fofo.

— Gostei. Eu liguei antes de chegar, e me garantiram que este quarto tem cortinas menos pesadas que as outras do hotel. E elas acabaram de passar por uma limpeza a vapor. Acho que não vai atacar minha asma. Mas, só pra garantir, reservei um quarto com piso de madeira em outro hotel, para o caso de o carpete me incomodar. Não dá pra tirarem ele daí, eu perguntei, hahaha. Está tudo ótimo!

Minha irmã e eu com certeza tínhamos visões diferentes sobre como ter uma conversa do tipo *Hora de começar a festa!*

— Precisamos fazer um vídeo juntas pro Instagram — falei. Os ombros de Tara tensionaram. Sua conta continuava fechada para seus cinco seguidores, e ela não tinha qualquer intenção de mudar isso. Filmei nós três paradas ali: — Olha só esse quarto fofo! Não é fofo?

— Muito fofo! — repetiram Tara e Nicole juntas, seguindo a deixa.

— Digam *bonjour*!

— *Bonjour!*

— Dei uma olhada na região hoje cedo — disse Tara. — O museu Picasso fica a cinco minutos daqui. Não é maravilhoso?

— Tradução: fica a uma *hora* daqui, porque nós vamos parar e perguntar para qualquer cara que pareça ter cinquenta anos quando e onde ele nasceu. Além disso, preciso colar meus pôsteres por aí — respondi, falando quase sério.

— Sei. Vocês duas leram meu e-mail com os locais históricos que devíamos visitar no Marais? Não vamos passar muito tempo aqui, então pensei em irmos a alguns museus hoje à tarde, antes de fecharem, já que a Tash vai ter um monte de encontros nesta semana, e talvez hoje seja o nosso único dia livre. Que tal a gente comer alguma coisa e bolar um roteiro? Talvez seja interessante comprar um FastPass. Ele nos dá acesso prioritário a mais de cinquenta monumentos e museus. Assim nós conseguimos conhecer alguns pontos turísticos.

Olhei para Nicole. Nós estávamos ali para procurar o amor ou para ver quadros velhos chatos?

Tara pegou um mapa e tentou nos mostrar onde ficava um café charmoso sobre o qual tinha lido. Mas eu queria sair logo.

— Vamos andar pelo bairro e encontrar um lugar pra comer desse jeito — falei. — O destino vai nos guiar para onde devemos ir pelas gloriosas ruas de Paris. Porque eu estou oficialmente deixando tudo a cargo do universo!

Era bom relaxar, dizer isso em voz alta. Eu mal podia esperar para ver o que aconteceria.

Minhas botas oscilavam e ficavam presas enquanto caminhávamos pelas ruas de pedrinhas. Como as pessoas conseguiam usar salto naquela cidade? Cogitei voltar para calçar tênis, mas resolvi não fazer isso. Eu estava determinada a permanecer chique, porque o amor da minha vida poderia aparecer em qualquer lugar, a qualquer hora. No jornaleiro pelo qual tínhamos acabado de passar! Saindo daquela pequena *pharmacie* fofa ali! Mas, se eu tivesse analisado as parisienses de verdade, notaria que nenhuma delas usava salto para caminhar de verdade. Naquele primeiro dia, enxerguei apenas a história que eu queria enxergar. Vitrines com pilhas de baguetes frescas. Pessoas lindas caminhando, empunhando cigarros. Grandes portas laqueadas. Uma fileira de tílias amareladas ao longo do Sena.

Caminhamos pelas ruas do Marais, filmando cada detalhe. Certo, Nicole e eu filmamos enquanto Tara permanecia focada no local aonde iríamos. Treinamos nosso sotaque francês. Nossos sorrisos. Tivemos uma paciência infinita para refilmagens. Eu queria documentar tudo. Alguma coisa aconteceria. Alguma coisa boa. Eu sentia. Eu *acreditava*.

Não demorou muito para depararmos com um tradicional café parisiense, com um pequeno pátio, mesas redondas e cadeiras de palha. Nós nos acomodamos, famintas.

Após dar uma olhada rápida no cardápio, Tara suspirou e sorriu.

— Eu consigo comer aqui. A salada com salmão defumado parece deliciosa *e* não tem glúten. É só eu pedir sem o pão.

— Uma garrafa deste Sancerre, *s'il vous plait* — pedi para o garçom, que tinha nos cumprimentado com um educado *Bonjour, mesdames*.

Fiquei me perguntando se eu deveria entregar um dos meus cartões da busca pela alma gêmea. Ou talvez eu pudesse perguntar se o café tinha um quadro de avisos comunitário. Mas primeiro o vinho, e depois a estratégia de marketing para minha vida amorosa.

Meu celular vibrava com notificações, perguntas e incentivos de amigos e desconhecidos. Não fazia nem quatro horas que estávamos ali. Era incrível receber tanto apoio, como se anjos estivessem do meu lado.

Como está Paris?
Sua alma gêmea sentou do seu lado no avião?
Ele está no hotel?!
Não vejo a hora de saber o que vai acontecer!
Continue postando! A GALERA QUER VER TUDO!

Eu podia fazer aquilo.

— Qual é a sua definição de alma gêmea? — perguntei para Nicole, me aconchegando com meu vinho e apontando o celular para ela.

— *Adorei* a pergunta! — Nicole abriu um sorriso radiante, toda à vontade. Ela adorava uma câmera e falar sobre qualquer coisa minimamente mística. Ela se empertigou e pigarreou. — Então, minha definição de alma gêmea é alguém que é compatível com todos os quatro níveis do meu ser: o físico, o emocional, o intelectual e o espiritual. E, se todos os quatro vão bem, é, tipo, *incrível*. Mas a questão não se resume a essas quatro conexões. Uma alma gêmea também é alguém que me incentiva a ser a melhor versão de mim mesma e, tipo, crescer e evoluir. E isso precisa ser recíproco. Eu poderia dizer outras coisas. Mas essa é a minha definição por enquanto.

— Maravilhoso — falei. — Qual é a sua definição de alma gêmea? — Virei o telefone para Tara, colocando-a no centro das atenções.

Ela deu uma risada sem graça e respondeu:

— Peça de quebra-cabeça. Clique.

Ela fez um gesto fofo de duas peças se encaixando.

— Vocês são as melhores companheiras que eu poderia querer — falei, postando o vídeo nos stories.

— Tudo bem, com quem é o primeiro encontro? — perguntou Nicole.

Tara parecia desconfiada.

— Bom, ainda não marquei nada *certo*. Eu estava cheia de trabalho nas últimas semanas, resolvendo coisas da casa que Billy e eu estamos vendendo. E eu não sabia muita coisa sobre o bairro em que a gente ia ficar nem como seria nosso cronograma. Falei pra todos os dezesseis que mandaria uma mensagem quando o avião aterrissasse.

Minha irmã merecia uma estrelinha dourada por manter o silêncio. Ela havia me enviado uma tonelada de informações sobre nosso hotel, sua localização exata e várias propostas de cronogramas antes de partirmos.

— O que você está esperando? Começa a mandar as mensagens — ordenou Nicole.

— Calma aí — disse Tara. — Quem são esses caras? Você sabe o nome de verdade deles?

— Não se preocupe. Está tudo anotado.

Tirei um livro surrado da bolsa. Na minha última noite em Los Angeles, eu havia transferido todos os componentes essenciais dos meus murais para um livrinho de poesia: *All the Boys I Never Kissed*,* de Nicolette Daskalakis. Eu o comprara anos antes, depois que Philippe e eu tínhamos terminado pela primeira vez. O título me deixava esperançosa. Talvez *houvesse* muitos garotos por aí que ainda merecessem ser beijados. Achei que o livro poderia me dar sorte em Paris. Com um tubo de cola, um pouco de fita adesiva e clipes, eu tinha reunido não apenas os perfis do Tinder e anotações sobre cada match como também outras coisas. Por exemplo, fotos. Bob, é claro, na primeira página. Minhas melhores amigas. Katie. Nicole. Minha irmã. Minha mãe. Um papel de biscoito da sorte que dizia em tinta verde: *Grandes mudanças estão a caminho, mas você será feliz.* Um mapa de Paris. Basicamente qualquer coisa de que uma pessoa precisaria para encontrar sua alma gêmea em Paris. Mas alguns poemas permaneciam expostos. Como este:

ESCRITO NAS ESTRELAS
Você me pediu para olhar as estrelas.
Refleti sobre a beleza delas e sobre como nós dois estávamos
    lado a lado no escuro, e
        de certa forma
ainda
        anos
        luz
separados

Satisfeita, passei o livro para Tara, para ela se maravilhar com minha inventividade e minha destreza organizacional. Então abri mais fotos dos quinze homens (e de uma mulher, apesar de minha alma gêmea em potencial ser o pai dela) no iPhone, e analisamos todos os matches possíveis que eu tinha encontrado por enquanto:

---

* "Todos os garotos que nunca beijei", em tradução livre. (N. da T.)

1. O Poeta — Fabrice
Pai solteiro gato, com dois filhos na mesma faixa etária dos meus, e um gato fofo chamado Sexta-Feira. (O que, fala sério, interpretei como um sinal óbvio.) Professor. Seus hobbies incluem escrever poesia, viajar, natureza, arquitetura, motos, culinária e museus. Pai francês e mãe escocesa (!). Pais são casados há sessenta e oito anos maravilhosos. Romântico. Cabelo grisalho, rugas de risadas lindas e a personalidade mais fofa do mundo.

E, é claro, fazia meses que trocávamos mensagens. Alguém poderia me culpar por colocar o Poeta em primeiro lugar na lista?
— Um segundo — falei para Tara e Nicole.
Baixei o livro e mandei uma mensagem rápida para Fabrice.
Estou em Paris! Hospedada no Marais. Onde vamos nos encontrar? Fico até segunda-feira de manhã.
Fosse lá o que Fabrice quisesse fazer, eu toparia.

2. O Espanhol — Mateo
Família espanhola, mas nascido em Paris. Agora morava a trinta minutos da cidade. Atencioso, curioso sobre mim de um jeito legal. Fala pouco inglês. Bem cabeludo. Mas talvez passe uma vibe de irmão? Só um encontro de verdade vai mostrar.

3. O Bombeiro Gostoso — Georges
Nunca saí com um bombeiro, mas já conheci uns bonitinhos no trabalho (você se surpreenderia com a quantidade de vezes que precisamos chamar os bombeiros, e não só por causa dos incêndios na Califórnia). Talvez agora seja a hora. Sem filhos. Pele envelhecida. Algumas fotos com óculos aviador e capacete, mais que bonito nas que tirou sem eles.

4. O Pai Dedicado — Maaz
Não se incomodava com um relacionamento a distância (alguns dos outros caras ficaram incomodados), morava em Paris. Tinha uma em-

presa que desenvolvia aplicativos, se dividia entre Paris e Hong Kong, e as viagens complicariam um namoro. Dois filhos grandes, participava da vida deles. Fora casado por dezenove anos, estava sozinho havia dez.

5. O Piloto — Antoine
Muito bonito, cabelo loiro-platinado surpreendente. Seria ótimo ter uma alma gêmea que acumulava muitas milhas. Ele não tinha falado muito e talvez só quisesse algo casual. Eu não me incomodaria *nem um pouco* se o sexo com minha alma gêmea fosse ótimo, mas uma conexão profunda também era necessária.

6. O Cara da Cicatriz — Jean-Luc
Ele tinha a data de nascimento certa. Mas, em suas fotos de perfil, Jean-Luc parecia irritado. Tinha muitas cicatrizes e tatuagens, o que não era ruim, mas Jean-Luc gostava de se vangloriar de ter como hobbies o boxe sem luvas e "fins de semana de sobrevivência na selva", que envolviam facões e fogueiras.

— Calma aí — disse Tara. — Tash, não fiquei com uma boa impressão. Acho melhor você não mandar mensagem pra esse cara. Ele parece perigoso.

Eu esperava que Nicole argumentasse o contrário — Jean-Luc tinha um ar meio sensual. Mas ela analisou o perfil dele e disse:

— A Tara tem razão. Ele não está alinhado com a sua energia. Dá para sentir.

Menos um tão rápido? Decidi aceitar. O universo estava me guiando. Risquei o nome de Jean-Luc e continuei com a lista.

7. A Escritora Chique — Chloe
Esse era o match que mais parecia orquestrado pelo destino. Escritora e designer de joias lindíssima, com vinte e tantos anos, Chloe havia me encontrado depois que sua prima viu um dos meus anúncios. O pai de Chloe, cujo nome eu ainda não sabia, tinha nascido em 2 de *novembre*

de 1968, mas ela precisava conversar comigo primeiro antes de me apresentar a ele.

8. O Sapiossexual — Benoit
Ele era completamente diferente de todos os caras que eu já tinha cogitado no passado. Para começo de conversa, eu tinha vários centímetros a mais que ele. Eu não me importava, mas, ao longo dos anos, havia notado que alguns homens se incomodavam com esse detalhe. Então havia as várias selfies tiradas sem camisa no espelho do banheiro que ele me enviava. Tantas. Ele não tomava café, não ouvia Beyoncé e não acreditava em casamento. Eu não sabia se teríamos algo em comum. A parte mais preocupante era que Benoit se identificava como sapiossexual, algo que tive que pesquisar no Google, o que, portanto, deve ter me desqualificado na mesma hora.

9. O Sofisticado — Christophe
Fã de antiguidades, jardinagem e tênis, Christophe parecia um pouco mais elegante que os outros. Tirando o fato de que ficava me mandando fotos de mulheres jogando tênis. Sem qualquer explicação. Eram suas filhas? Ele fazia parte de um clube de swing para tenistas? Eu iria descobrir.

10. O Empresário — Laurent
Laurent me lembrava um pouco Mickey Rourke na década de 90. Patologicamente rabugento até, mas não deixava isso muito na cara. Ele tinha um filho que morava na Nova Zelândia, mas os dois não se falavam, por algum motivo (*será* que eu queria saber por quê?). Laurent trabalhava na indústria farmacêutica e viajava com frequência. Muitos desses caras viajavam.

11. Sr. Marraquexe — Thierry
Não se comunicava muito bem, mas tinha o rosto de Colin Firth e o corpo de Beckham, então resolvi mantê-lo na lista. [Eu manteria qual-

quer cara com a data de nascimento certa na lista, independentemente de qualquer coisa, até aquele primeiro almoço em Paris, quando Tara e Nicole disseram que eu devia cortar Jean-Luc. Teria sido um problema se eu tivesse começado a procurar motivos para esquecer alguns dos caras antes disso. Porque a maioria deles não era, por um ou outro motivo fútil, alguém com quem eu estaria disposta a sair normalmente, eu admito. Mas preencher apenas um requisito, a data de nascimento, me tornava mais aberta. E simplificava as coisas. Ou eles tinham nascido no dia certo ou não. Se tivessem, eu estava interessada.] Thierry voltaria de Marraquexe na véspera do meu voo de retorno para Los Angeles, e talvez não conseguíssemos nos encontrar, mas veríamos no que dava.

12. Monsieur Sério — Jacques
Bonito de um jeito insosso, advogado. Nunca sorria nas fotos, nunca falava palavrão nas mensagens (xiii). Não fazia piadas. Seria a barreira idiomática? Eu não costumava sair com homens sem senso de humor e não estava muito empolgada com ele, mas era por isso que um encontro ao vivo faria diferença.

13. O Documentarista — Max
Amante inveterado de viagens, restaurantes excelentes e bons vinhos. Como não gostar dele? Tirando que eu tinha minhas dúvidas sobre me apaixonar por outro cinegrafista. Eu havia jurado que nunca mais faria isso. Porém Max, que produzia documentários sérios, parecia o oposto de Hollywood. O conceito de alimentação limpa era um mistério para ele; eu nunca tinha sido questionada se já havia assistido ao "seu trabalho"; e seus dentes não pareciam ter sido branqueados com cloro. Ele até dissera que gostava do meu cabelo castanho.

14. O Agente de Talentos — Alcide
Os hobbies de Alcide eram cinema e trabalho. Como é que *trabalho* contava como um hobby? Sua agenda era extremamente cheia e imprevisível, mas ele tinha dito que tentaria me encontrar.

15. O Chef de Cozinha Fofo — Gael
Alegre. Sempre usava camisas e roupas de lã, parecendo um bebê feliz. Era chef de algum lugar. Adorava cozinhar, alimentar pessoas, e festas. Se fosse amor verdadeiro, eu não me incomodaria de sempre lavar a louça.

16. O Cara da Bicicleta — Amir
Trabalhava com tecnologia, mas dedicava boa parte do seu tempo a uma bicicleta chique. Extremamente em forma, com fotos para provar. Engraçado. Sem filhos, mas tinha sido casado por pouco tempo. Obcecado por ciclismo e política francesa. Eu podia aprender a amar essas coisas também, certo? Amir tinha uma vibe meio Lenny Kravitz, então eu estava determinada a tentar. Além disso, verdade seja dita, seria bom ter ajuda com questões tecnológicas.

A comida chegou e, enquanto comíamos e bebíamos mais vinho, mandei mensagens para os homens e Chloe no WhatsApp. Mateo respondeu imediatamente. Bem-vinda a Paris! Que tal hoje, às oito da noite?

Ai, meu Deus! Aquilo estava acontecendo? Seria tão fácil assim?

— É rápido demais? — perguntei a Tara e Nicole. — Não é melhor marcar amanhã? Eu não dormi, e a Penelope vai chegar às cinco e meia, e...

— *Hoje!* — praticamente berrou Nicole. — Você tem catorze homens e uma mulher para conhecer, e só quatro dias. E segundos encontros? Ou terceiros? Ou *pernoites*? É muita coisa. E, olha só, acabei de pensar no jeito perfeito de usar o quarto reserva da Tara.

Nicole sorriu com uma alegria maliciosa, e Tara arfou.

Oui! Ótimo!, escrevi de volta para Mateo, lendo em voz alta enquanto digitava. Vou pensar num lugar e já te aviso.

— Qual é o melhor bar para esse encontro? Algum em que a gente possa sentar perto de vocês, mas não tão perto a ponto de ficar um clima estranho. Você tem um sinal ou uma palavra para indicar que quer ir embora? — Minha irmã tinha tantas perguntas para as quais eu não sabia a resposta. De repente, meu estômago embrulhou. Tara entendeu na mesma hora. — Não se preocupe. Pesquisei bastante sobre a cidade. Vou dar uma olhada na minha planilha de lugares para encontros quando voltarmos ao hotel. Mandei o arquivo pra você. Mas, de cabeça, acho que o bar Little Red Door vai ser perfeito. Fica a dez minutos a pé do hotel.

Ping! Fabrice tinha respondido.

Meu coração está nas alturas. Domingo, sou seu à tarde e quero levar você a um lugar romântico. Já foi a Versailles? Lá tem um jardim que eu gostaria de te dar.

Mostrei o celular para Nicole.

— Está funcionando! — disse ela.

Oui! Versailles seria perfeito!, respondi para Fabrice. (*Onde diabos fica Versailles?*) Aquilo era tão divertido. Por que eu nunca tinha tentado ser solteira em Paris?

Continuei seguindo minha lista, mandando mensagens para o restante dos convidados o mais rápido possível. Nem todos falavam inglês. E meu francês era muito dependente do Google Tradutor, então havia muita alternância entre aplicativos. Eu tinha acabado de falar com Jacques quando um pássaro passou voando por cima da minha cabeça e bateu na vitrine do café com uma pancada alta bem atrás de Tara e Nicole. O vidro balançou. Nós três demos um pulo, e as pessoas sentadas lá dentro também. O coitado do pássaro, um pombo cinza gordo, ficou caído na calçada por alguns segundos antes de levantar cambaleando e sair voando com dificuldade.

— Puta merda! Que bizarro! Isso foi um sinal? *Pai? É você?* — falei.

— Pode ser uma mensagem dos seus guias espirituais — comentou Nicole em um tom calmo, buscando o significado daquilo no celular. — Um pássaro que bate em um vidro significa que você pode ter que superar alguns obstáculos difíceis no futuro próximo. Isso marca o fim de uma fase na sua vida, é um sinal de que as coisas vão melhorar depois de uma fase difícil ou do término de uma relação importante, abrindo espaço para uma pessoa nova entrar na sua vida.

Aaaahhhhhhh.

— Bom, ou isso ou aquele passarinho francês só era um idiota — disse Tara, e eu ri.

Tudo daria certo. Nós estávamos em *Paris*.

Ping! Outra mensagem. Mas essa era de Billy.

Como vai Paris? As inspeções estão indo muito bem. O comprador está empolgado.

Fantástico, respondi, acrescentando um emoji de dedos cruzados. A venda ainda não estava certa, mas aquilo parecia bem promissor.

— Escutem, eu sei que nós todas queremos ir ao museu Picasso antes de ele fechar — anunciou Nicole enquanto terminávamos o almoço —, mas eu estou com uma pequena emergência. Preciso encontrar um modelador de cachos. O meu quebrou no hotel. E é óbvio que eu não posso andar por Paris com um cabelo horrível.

Tara pareceu desanimada por um breve segundo antes de recuperar o sorriso e topar sair em busca do modelador de cachos. Não era que minha irmã não entendesse. Ela também cacheava o cabelo todo dia, com bobes térmicos dignos de Rita Hayworth (que era o objetivo). Mas, se ela precisasse escolher entre trocar seus bobes ou passar uma hora extra no museu Picasso, não haveria dúvida. *Vive le cubisme!*

Foi bem mais difícil encontrar um modelador de cachos em Paris que o esperado. Quando finalmente chegamos ao Musée Picasso Paris, restavam apenas cinquenta minutos antes da hora de fechar. Localizado no grandioso Hôtel Salé do século XVII, os quatro pisos de galerias do museu estavam cheios de pinturas, cartas, rascunhos, esculturas e poesias que me tiraram o fôlego. Parecia errado ver tudo correndo. Agora eu entendia a impaciência de Tara. Mas ainda tinha dificuldade em me concentrar na arte.

Eu me separei das duas e fui sentar no pátio externo do museu. Mergulhando dentro de mim, pensei no encontro que teria naquela noite. Será que conseguiríamos conversar, com o inglês dele sendo tão inexistente quanto o meu francês? Com sorte, a diferença de idiomas não seria um problema. Se isso acontecesse, seria um sonho, obviamente. Eu me deixaria levar pelas boas sensações. Mas cancelaria meus encontros com os outros caras? Então convidaria Mateo para o meu quarto de hotel cheio de outras mulheres? Iria com ele para outro lugar? Eu teria que me lembrar de usar o fio dental de renda sexy naquela noite. E de raspar as pernas.

Minha cabeça girava. Talvez beber vinho no almoço não tivesse sido a melhor ideia do mundo.

Eu não conseguia evitar pensar em Philippe também. Paris *era* a cidade dele. Ouvir as pessoas falando francês ao meu redor, ver os homens na rua se comportando de um jeito que parecia tão familiar, sentindo os aromas de fumaça de cigarro e pão fresco, era como se eu estivesse cercada por lembranças dele.

Inclinei o rosto na direção do sol, querendo fechar os olhos e recarregar as baterias por um instante, mas o céu de Paris capturou todo o meu foco. Ele havia saído de um azul-claro para um azul-tiffany hipnotizante. A luz dourada brilhava nas bordas das nuvens ralas, e tive certeza de que deveria haver algum pintor famoso que tinha se especializado exatamente naquela versão do céu parisiense. Um dos museus da lista de Tara devia exibir seus quadros. Mas, para mim, aquele céu da vida real, em tempo real, era mais especial que qualquer coisa em um museu. Meu cérebro se acalmou, meu coração relaxou. Os limites entre mim e o ar se atenuaram. O espírito do meu pai veio sussurrar no meu ouvido então, uma névoa fina de tranquilidade e amor que dizia para eu não me preocupar.

— O avião da Penelope acabou de pousar — disse Nicole, se aproximando por trás de mim e me fazendo voltar à realidade. — Tash? Você está bem? Precisamos voltar pro hotel, pra você se arrumar pro primeiro encontro. Mas também temos tempo pra uma soneca. Você parece exausta.

De volta ao hotel, quase derrubei o porteiro ao ver Penelope. Dei um abraço apertado nela, percebendo naquele momento quanto sentia falta da sua presença constante na minha vida. Nicole havia nos apresentado anos antes, quando eu ainda era casada, e nos tornamos amigas no mesmo instante. Então meu mundo tinha virado de pernas para o ar. Penelope, apenas um pouco mais velha que eu, mas com décadas de experiência no mercado imobiliário, tinha me ajudado a recomeçar no meio do meu desespero. Para um corretor novato entrar para a Agency, ele precisa que um mentor supervisione todos os aspectos das suas três primeiras vendas. Não é fácil encontrar um mentor. Penelope, que então era uma corretora bem-sucedida em Los Angeles, tinha feito isso por mim. Nós nos tornamos ainda mais próximas, e eu a considerava uma das minhas melhores amigas. Apesar de a sua mudança para Ibiza por amor ter me deixado felicíssima, meu coração também tinha ficado apertado.

Penelope ficou boquiaberta ao entrar na suíte.

— Que loucura. Não estou acreditando nessas roupas que vocês trouxeram! — Ela deixou sua mala de tecido cair no chão e imediatamente começou a analisar o cabideiro cheio de vestidos coloridos e saias justas. — Faz quase três anos que não faço compras! Esses vestidos! Minha mala está toda errada. Tipo, *muito* errada. A maioria das minhas roupas hoje em dia é preta, de tecido que estica bastante e que pode ser lavado na máquina.

Penelope tinha passado quase a gravidez inteira de cama e depois se ocupado com os gêmeos, que tinham acabado de completar dois anos. Era compreensível que a moda não fosse uma prioridade.

— Olha só pra quantidade de coisas neste quarto, Penelope. Você pode pegar emprestado o que quiser! — falei.

Os olhos dela se iluminaram.

— Vou aceitar a oferta, Tash. Obrigada. É tão legal estarmos todas aqui. Eu sonhava em voltar a Paris.

O pai de Penelope era francês, e, graças à família dele, ela havia passado a vida inteira vindo a Paris. Ela conhecia a cidade, seu idioma e seus homens de um jeito que parecia impossível para mim.

— É o mínimo que eu posso fazer. Porque vou precisar da sua ajuda, P — respondi com uma risada. — Pra começo de conversa, algumas das mensagens dos meus caras me deixaram confusa. O Google Tradutor tem seus limites. *Acho* que o Georges quer me encontrar pra tomar um café amanhã.

— Vamos resolver isso tudo, não precisa se preocupar.

Nicole conectou seu iPhone às caixas de som do quarto por bluetooth.

— O que nós queremos escutar?

— Minha playlist Acorda? — sugeri.

— *Acorda?* — Nicole revirou os olhos. — Mulher, você está oficialmente *acordada*. Que tal *Vai fundo*? — Ela mexeu no celular por alguns minutos antes de "Girls Need Love", de Summer Walker e Drake, tomar conta do quarto com sua batida suave de R&B. — Agora, champanhe. — Ela pegou duas garrafas em miniatura de Veuve Clicquot no frigobar. — Vamos precisar de mais destas.

Provando um vestido atrás do outro, bebendo champanhe e conversando com minhas amigas, eu sentia como se tivesse entrado em uma máquina do tempo e voltado para as partes mais divertidas de Los Angeles no início dos anos 2000. Devo ter trocado de roupa umas doze vezes. Eu não conseguia me lembrar da última vez que tinha me sentido tão nervosa com um encontro. Em determinado momento, parei diante de Nicole e Penelope usando uma saia, uma bota, uma sandália de salto e nenhuma blusa.

— Qual sapato? — perguntei.

— Ai, meu Deus, seus peitos são perfeitos — foi tudo que disse Nicole. — Como isso é possível depois de dois filhos? Tipo, eles são perfeitos-*-perfeitos.*

Bom, eu sabia que tinha seios bonitos — mesmo que minúsculos —, mas isso tinha sido antes de amamentar dois bebês, havia mais de uma década; agora, eu não tinha tanta certeza assim. Eu morava em Los Angeles, a terra dos seios falsos gigantescos que desafiavam a gravidade. E não era como se outras mulheres comentassem sobre seus peitos todos os dias.

— Eles são tããão fofos! — continuou falando Nicole. — Posso tocar? Espera, isso é esquisito?

Penelope ergueu sua taça como se parabenizasse a mim e aos meus seios bonitos. Ela e Nicole tinham se conhecido anos antes, quando eram jovens modelos em Miami. A nudez não era um problema para elas. Nem para mim. Dei uma gargalhada.

— Claro! Fica à vontade. Os meninos precisam aquecer antes de toda a agitação que vão encontrar nesta semana.

Depois de um tempo, me decidi por um suéter de angorá absurdamente fofo que pedia para receber carinho, combinando com uma saia justa. Salto, é claro. Nicole escolheu uma blusa de alça com detalhes rendados e calça de couro preta. Mas Penelope nos deixou sem fôlego. Usando um vestido mídi preto e verde-esmeralda com fendas sexy nas laterais, ela havia ressuscitado com toda a força sua versão sedutora.

— Você ficou gatérrima nesse vestido, P — falei, erguendo minha taça de volta para ela.

Aquilo era divertido. E ridículo, mas do melhor jeito possível. Por que eu tinha esperado tanto para ficar rindo de bobagens com minhas amigas?

— O vestido é mágico! — Ela sorriu. — Tash, adorei.

Nós estávamos *tão* prontas para o Little Red Door. Mas primeiro era melhor eu postar alguma coisa no Instagram. Eu tinha dado uma olhada no WhatsApp mais cedo para ver se mais algum candidato havia respondido à minha mensagem de *Cheguei!*. Apenas o Pai Dedicado e o Sr. Marraquexe tinham falado comigo, e suas respostas eram vagas. Mas eu não estava preocupada. Penelope me ajudaria com as mensagens mais tarde. Por enquanto eu jogaria mais energia positiva no universo parisiense. Os semelhantes se atraem — essa não era a lei da atração?

— Não tenho a menor ideia de como fazer isso, mas vamos começar uma live no Instagram — anunciei.

Não devia ser tão difícil assim. Nicole e Penelope toparam na hora. Respirei fundo e apertei o botão no celular. Falei para meus amigos e seguidores que estava prestes a sair para o primeiro encontro, que eu estava animada. Esperançosa. Fizemos poses e um brinde. Então Tara enfiou a cabeça na porta.

— Ah, nossa! É minha irmã! Tara, diz oi! Você está ao vivo!

Apontei o telefone para Tara, que agora exibia um olhar horrorizado. Ela balançou a cabeça de leve, ergueu uma mão e bateu rapidamente em retirada enquanto articulava com a boca: *Encontro vocês lá embaixo*.

Minha irmã. Ela era engraçada. Por um instante, me perguntei por que ela não tinha vindo se arrumar com a gente. Mas talvez tivesse sido melhor assim. Eu tinha quase certeza de que ela *não* veria graça no jeito como Nicole havia admirado meus seios.

Tara estava sentada em silêncio na recepção, analisando um mapa e fazendo destaques com um marca-texto, quando nós três descemos fazendo barulho. *Click-clack, click-clack.* Nicole, Penelope e eu não conseguiríamos passar despercebidas por ali. Apesar de termos nos esforçado para transmitir um ar francês, era inegável que vínhamos de Los Angeles, com nosso salto altíssimo, bolsa com estampa de pele de cobra, sobrancelhas esculpidas e cabelo loiro-platinado.

Tara sorriu e levantou. Ela também parecia estilosa, mas estranhamente atlética. Pronta para o tipo de acontecimento que não tinha nada a ver com franceses gatos e bares parisienses agitados. Ela usava uma bolsa transversal apertada contra o corpo para protegê-la de furtos e tênis de corrida, que eu sabia que havia encomendado com palmilhas feitas sob medida.

— Muito bem, meninas. — Tirei um bolinho de cartões de visita do bolso do casaco. — Tenho mais um monte de cartões no quarto, então podem me avisar quando precisarem reabastecer o estoque.

Penelope e Nicole pegaram pilhas grossas.

— O que *é* isso? — perguntou Tara.

— Os cartões de visita da busca pela minha alma gêmea. Pra gente distribuir. Preciso do máximo de pessoas locais possíveis me ajudando em Paris.

— Você só pode estar de brincadeira. De jeito nenhum vou entregar cartões de visita nem falar com desconhecidos. — Ela espiou o cartão que eu segurava. — Você colocou sua foto, seu Instagram e seu *telefone*? Isso é perigoso! Você vai acabar sendo sequestrada!

— Ah, fala sério. Não tem problema. Qual é a pior coisa que pode acontecer?

— O quê? Você não quer que eu responda. Tenho uma planilha inteira cheia de coisas que podem dar errado.

— Você está me deixando nervosa, irmã. Não tem spray de pimenta nessa bolsa, certo?

— Não! Mas estou começando a desejar que tivesse.

— Posso te emprestar meu spray vaginal de abacaxi. Vamos lutar contra eles com um aroma tropical — falei, piscando. — Relaxa, Tara. Vai dar tudo certo.

— Seu spray de abacaxi passou pela segurança do aeroporto? — A voz de Tara se suavizou com uma risadinha. — Ahh, os franceses. — Ela havia percebido que não venceria aquela guerra. Não esta noite. Resignada, Tara aceitou os cartões, e saímos pela porta. — Você lembra que esse spray não é aprovado por ginecologistas, né?

— Foi uma *piada*!

Tara e eu caminhamos de braço dado pela rua, um pouco na frente de Penelope e Nicole, as lojas e restaurantes iluminados ao nosso redor. Eu me sentia trêmula. E empolgada. Atordoada. O que eu sabia sobre Mateo, um espanhol cuja mãe estava em Paris por acaso no outono de 1968? Quase nada, mas os astros estavam do nosso lado, não estavam? Peguei o celular e comecei a gravar.

— Ai, meu Deus. Estou *surtando*! Nós estamos a caminho, vou encontrar esse cara pela primeira vez. Minha irmã e minhas amigas vão ficar escondidas em algum lugar do bar. — Eu me virei para Tara. — O que vou falar pra ele? Só: "Oi, você faz mesmo aniversário no dia 2 de novembro? Os escorpianos realmente são os vilões da astrologia?"

— Não sei se isso daria muito certo. Que tal: "O que você faz da vida? Quem é você? Você é esquisito?" — Tara deu uma risada nervosa.

Destino, aqui vou eu.

Casa Sete

Bonjour, você é minha alma gêmea?

A Casa Sete fala sobre relacionamentos e outras pessoas; casamento e parcerias. Ela exige um afastamento de nós mesmos, voltando nossa atenção para nossos parceiros com o propósito de criar ou conquistar algo maior do que seríamos capazes sozinhos. Como não tenho planetas na Casa Sete, o segredo é compreender seu regente. O planeta que rege o signo na cúspide de uma casa é o seu regente. Minha Casa Sete está em Virgem. Mercúrio é seu regente.

Mercúrio está na minha Casa Nove de aventuras, mestres, guias espirituais, propósito, terras estrangeiras e a busca pela verdade. Ele explica como devo seguir minha história, e como compartilhar minha história. Mercúrio está em Escorpião, e essa energia flui para a minha Casa Sete de parcerias. Mercúrio e Escorpião me incentivam a escolher um caminho espiritual para a verdade maior da minha história e para meu eventual parceiro em um casamento ou outras empreitadas. Para mim, esse caminho precisa incluir uma aventura em um país estrangeiro, e essa aventura pode ser incentivada por um guia espiritual, segundo Stephanie. E: Nicole tinha se comprometido com aquela viagem havia (muito) tempo. Nossos mapas são quase idênticos.

— O Mateo sabe que você está indo com um grupo de mulheres que podem filmar o encontro? — perguntou Tara. Ela estava preocupada com permissões de uso de imagem.

Mateo *não* sabia sobre minha irmã, Penelope ou Nicole. Mas eu não queria pensar naquilo. Tinha preocupações mais urgentes. Como e se esse "bar romântico" que Tara havia recomendado acabasse sendo um café bem iluminado convenientemente localizado ao lado da Préfecture de Police de Paris? Seria o tipo de coisa que ela faria.

Mas o Little Red Door, um barzinho escondido em uma ruela tranquila no Marais, me conquistou de cara. Uma fila de pessoas chiquérrimas porém discretas esperava para entrar. Elas não pareciam em nada com o pessoal emperiquitado que frequentava boates em Los Angeles. Um segurança bonito e musculoso estava sentado ao lado da porta. Com tantas pessoas tentando entrar no que parecia um lugarzinho minúsculo da época da lei seca americana, como conseguiríamos arrumar as duas mesas estrategicamente posicionadas de que eu precisava para o encontro? Mordi o lábio, ansiosa. Tara começou a brincar com sua bolsa transversal. Pelo menos Mateo não estava com a gente ainda. Ele tinha mandado uma mensagem avisando que estava atrasado, o que nos daria tempo para bolar um plano. Aos poucos, fomos seguindo para o começo da fila, meu coração acelerando a cada passo. Finalmente, chegou nossa vez. O segurança nos olhou de cima a baixo. Tara e eu começamos a falar juntas.

— Precisamos de duas mesas, por favor.

— Uma fofa e romântica, com iluminação perfeita pra mim. E onde não faça muito barulho, para eu conseguir ouvir o homem que vem se encontrar comigo.

— E outra perto dessa, para eu poder ficar de olho na minha irmã caçula para o caso de esse cara ser um serial killer, mas não tão perto a ponto de assustá-lo.

— Porque ele pode ser minha alma gêmea. Pelo menos de acordo com a minha astróloga.

— Mas não quero que ela morra tentando descobrir. Nem a Penelope e a Nicole. Elas já estão chegando.

O segurança revirou os olhos, completamente confuso.

— Hum, *répéter*?

Dava para ver que precisávamos ir devagar se quiséssemos que aquele cara nos ajudasse. Respirei fundo e expliquei tudo sobre 2 de *novembre* de 1968. Algumas pessoas atrás de nós na fila se aproximaram, prestando atenção. O segurança puxou um cigarro, passou o dedo pela pedra de um velho isqueiro Zippo e me olhou nos olhos, desconfiado.

— A senhora veio lá dos Estados Unidos para conhecer um estranho com uma data de nascimento? E astrologia? Por que não vir a Paris só pra encontrar o amor, seja lá quando for o aniversário do cara? Abra os olhos. *Cueille le jour.*

Ele bateu no peito, talvez se oferecendo como candidato. Com sua vibe misteriosa e taciturna de Marlon Brando, ele parecia ter mais ou menos a idade certa, então perguntei qual era sua data de aniversário.

— Isso é real — falei, entregando um cartão de visita da busca pela minha alma gêmea —, e eu preciso encontrá-lo.

O segurança, cuja data de nascimento infelizmente não era a certa (apesar de ele ser de 1968; eu estava ficando boa em achar homens com a idade correta), encarou o cartão, virando-o para olhar o verso e depois voltando para a frente. Então ele ergueu o olhar até nós e exibiu um sorriso largo.

— Nunca ouvi uma história assim antes. E, todas as noites, vejo pessoas procurando pelo amor. Ou por algo parecido. Esperem aqui.

Ele jogou o cigarro no chão e entrou.

Distribuí mais cartões para nossos parceiros de fila, que faziam perguntas, me desejavam boa sorte e começavam a me seguir no Instagram na hora. Em cinco minutos, parecia que todo mundo na fila estava interessado no resultado daquela noite.

O segurança voltou para a porta e disse que tinha mudado alguns clientes de lugar para eu ficar com a mesa romântica no canto, e Tara, Nicole e Penelope sentarem em outra no meu campo de visão, mas sem ficarem grudadas em mim.

— E, quando o seu candidato chegar, vou ver se ele é *legal*. Já fui guarda-costas, então não precisa se preocupar.

Ele já tinha sido guarda-costas? Agora Tara era oficialmente a maior fã daquele cara. Nós o seguimos pelo interior aconchegante e por um labirinto de mesinhas. Os bares de Los Angeles eram cavernosos em comparação com aquele. Desacostumada a usar tantas camadas de roupa e um casaco pesado, eu me sentia como um rinoceronte em uma casa de bonecas feita de vidro; tinha certeza de que acabaria derrubando alguma coisa, e é claro que fiz isso: a taça de champanhe de alguém. Minhas bochechas queimavam. Eu era tão desajeitadamente americana, e não consegui nem pedir desculpas direito em francês, apesar de tentar. O homem cuja bebida derramei educadamente recusou minha oferta de comprar outra dose e pareceu ver uma graça estranha na situação. Foi então que notei os olhares curiosos, as cabeças balançando de um jeito incentivador e os sorrisos astuciosos da maioria dos funcionários e clientes — o grupo mais chique de pessoas de vinte e trinta anos que eu já tinha visto. Alguns ergueram a taça para mim em um brinde silencioso.

Percebi que nosso novo amigo segurança deve ter contado para o bar inteiro o que estávamos fazendo ali. Por mais estranho que pareça, não me incomodei com os olhares e sorrisos. O clima era bom.

O segurança me levou até um pequeno sofá de veludo vermelho aconchegado em um cantinho tranquilo, um lugar maravilhoso para um encontro. *É aqui que vou me apaixonar perdidamente? Tomara que seja, por favor.* Em seguida, ele instalou Tara em uma mesa grande do outro lado do salão; os dois ficaram conversando com um ar conspiratório antes de ele voltar para o seu posto na porta. Ela estava longe demais para me escutar, mas me enxergava direitinho. Tara acenou para mim, empolgada, e fez dois joinhas, o gesto habitual da família Sizlo. Respondi com um sorriso fraco. Uma mensagem de Mateo piscou no celular: Quase chegando, procurando vaga. *Isso. Está. Acontecendo.*

Meu celular vibrava, apitava, tocava e brilhava constantemente com perguntas dos amigos de Los Angeles, então postei uma atualização, um vídeo curto nos stories do Instagram.

— Estou no bar, esperando pelo primeiro candidato a alma gêmea — falei o mais baixo possível. — Estou tão nervosa! E animada.

Então enfiei o telefone no fundo da bolsa. Eu não queria que Mateo pensasse que eu era obcecada pelo celular, incapaz de viver o momento. Essa seria uma primeira impressão péssima. Penelope e Nicole chegaram e mandaram beijos para mim antes de cumprimentar Tara e sentar. Mais pessoas entraram no bar, bloqueando minha visão das minhas amigas e irmã salvadoras, mas eu sabia que elas estavam lá.

Pareceu que fiquei esperando uma eternidade pela chegada de Mateo, mas devem ter sido menos de dez minutos. As pessoas conversavam ao meu redor, contando novidades, pedindo drinques, se apaixonando. A maioria falava francês, mas também havia um pouco de inglês. Então, de repente, o mar de desconhecidos próximos à mesa se calou e se abriu. O segurança surgiu com um homem alto e bem-vestido.

— Esse é o Mateo — anunciou ele enquanto ajustava sua boina com estampa em ziguezague e franzia o rosto, como se não soubesse se o aprovava. — Vou ficar de olho em vocês.

Mateo era igual às fotos: cabelo grisalho, olhos azuis brilhantes, um rosto tranquilamente gentil. Eu me levantei enquanto ele se aproximava, e nós dois trocamos *bonjours* tímidos.

Mateo se inclinou para a frente, tocou suas duas bochechas nas minhas e fez um som de beijo no ar. Meu primeiro beijo com um homem nascido no dia 2 de novembro de 1968, em Paris, que não era Philippe! Não era um beijo muito acalorado, mas já era um começo.

— Sinto muito pelo atraso, não conheço esta região — disse ele, com dificuldade. — E meu inglês, perdão. Não é bom.

Mateo lançou um olhar hesitante pelo salão. *Ah! Ele também está nervoso.*

— O seu inglês é perfeito — falei, tentando tranquilizar nós dois. — Não sei nem como te agradecer por ter vindo me encontrar. *Merci beaucoup!*

Era um começo desconfortável, como acontecia em muitos primeiros encontros. Só que meu encontro com Mateo estava em outro nível. Em casa, eu sempre seguia a mesma regra que a maioria dos habitantes de Los Angeles: não dirigir mais de vinte minutos para encontrar alguém (o trânsito pesado da cidade significava que a maioria preferia conhecer gente nova que morasse no mesmo CEP que você, para manter a sanidade). Mas eu tinha vindo do outro lado do mundo para ver Mateo. Espiei pela multidão e vi Tara, Nicole e Penelope contorcendo o corpo e esticando o pescoço para conseguir olhar para ele. Para nós. Assim como algumas outras pessoas sentadas à mesa delas — três homens bem bonitos. *Quem eram?*

— Os drinques daqui parecem ótimos — falei, me concentrando em Mateo, tentando criar um clima. *Ele pode ser minha alma gêmea!* — Mas eu sou libriana — continuei, tocando seu braço de leve —, então não consigo escolher. Apesar de, hum, os librianos também serem românticos incorrigíveis, então talvez isso compense a nossa indecisão.

— *Quoi?*

Talvez Mateo não tivesse entendido nada do que eu disse. Risadas e o tilintar de copos ressoavam pelo bar. Era difícil ouvir. Eu sabia que tinha falado muita coisa, rápido demais. Fiquei com medo de Mateo pensar que eu era completamente pirada, mas daria para entender. Eu não conseguia lembrar se tinha escovado os dentes depois do almoço. E se eu estivesse com bafo de pão de alho? Ou bafo de avião? Mojitos. Eu pediria mojitos com muita hortelã para nós dois. *Vai dar tudo certo, Natasha,* falei para mim mesma, sutilmente ajeitando meu suéter de um jeito que torci para aumentar o decote. Porém, em vez disso, pompons minúsculos de angorá se soltaram no ar como pétalas de dente-de-leão, e Mateo espirrou. Que situação absurda. Ele olhou para mim, confuso. Então tirou um papel do bolso.

— Isto é, como se diz, meu *l'acte de naissance,* meu papel de nascimento.

Eu não estava acreditando.

— Você trouxe um documento?

O papel amarelado na mão de Mateo era antigo — tinha cinquenta anos, para ser mais exata. Fazia tempo que ele tinha sido dobrado em quatro quadrados iguais; suas bordas e dobras estavam se desfazendo. Mateo cuidadosamente abriu o documento e me mostrou. Foi impossível não pensar no meu pai. *Não esquece de dar uma olhada nos documentos*, tinha dito ele. Toquei o pingente de coração pendurado em meu pescoço. *Eu te amo, pai.*

— Isto parece um sonho — falei, analisando o documento. — Foi muito atencioso da sua parte trazer sua certidão de nascimento. Obrigada. E obrigada por vir se encontrar comigo. Eu sei que deve parecer esquisito.

— Sim, é esquisito. — Ele riu. — Você pode me explicar?

Então expliquei. Tudo. Devagar, para ele conseguir entender. Nós nos acomodamos, pedimos uma segunda rodada de bebidas. Mateo era tão *legal*. Comecei a me sentir mais confortável. A coisa estava caminhando bem. Eu queria ter uma lembrança exata dele, e, quando dei por mim, estava tirando o celular da bolsa e nos filmando por alguns segundos, um pouco para surpresa de Mateo. Mas ele seguiu minha deixa, simpático. Discreto e tranquilo, Mateo não parecia muito conquistador — não como os caras que eu conhecia em Los Angeles, pelo menos. Ele passava a impressão de ser alguém que ficava feliz sentado à uma mesa na biblioteca, tomando um chá fumegante.

— Foi uma surpresa ver o seu perfil, com você segurando uma placa com o dia do meu nascimento. Parecia... eu não conseguia acreditar. Era como se você tivesse me encontrado — disse Mateo quando terminei de explicar como eu tinha ido parar ali, sentada à sua frente no Little Red Door.

Mateo era atencioso. Caloroso. Sincero. Ele me contou sobre sua família, que morava no País Basco, na Espanha. Seu inglês era péssimo, e meu francês, inexistente.

— Você já foi preso? — finalmente consegui dizer, lembrando da frase que Colette tinha me ensinado. — *As-tu déjà été arrêté?*

Ele riu e pareceu confuso.

— Não, ainda não. — Ele sorriu. — Nós somos muitos? — perguntou Mateo. — Você vai se encontrar com muitos outros homens com a mesma data de nascimento?

— Alguns.

— Ah.

O olhar em seus olhos dizia que ele entendia.

Mateo era um homem muito legal, mas não havia pintado um clima entre nós. Não era uma atração magnética como... Eu não queria pensar nele, mas não conseguia evitar. Não era como o que eu tinha com Philippe.

— Você tem amigos em Paris? — perguntou Mateo.

— Tenho! Elas estão do outro lado do bar. Bem ali! Quer conhecê-las?

Peguei Tara primeiro, depois Penelope. Mateo visivelmente relaxou quando ela falou com ele em espanhol fluente. Nicole também se aproximou. Mateo riu baixinho ao olhar para nós quatro. Dava para perceber que o encontro havia acabado, e, apesar de não ter conhecido minha alma gêmea, pelo menos eu tinha feito um amigo. Deixamos Mateo na mesa, nossa despedida rápida, doce e sincera.

— Estou feliz por termos nos conhecido, Natasha — disse Mateo, me dando mais dois beijos na bochecha.

— Ele é *bonitinho* — sussurrou Tara no meu ouvido.

— Mas não é o homem da minha vida — sussurrei de volta. Então, notando seu copo de martíni com vidro incrustado e um raminho de flores: — Hum, o que você está bebendo e quem são aqueles caras fofos na *sua* mesa?

Tara se iluminou.

— Experimenta. O barman disse que tem magia aí dentro. — Ela riu. — E olha como o destino é engraçado! O seu guarda-costas fez esses caras sentarem com a gente, e um deles nasceu no dia 2 de novembro! De verdade! — Olhei para o desconhecido moreno no fim da mesa. — Então — minha irmã sussurrou —, ele nasceu em Los Angeles, não em Paris, e em 1986, não 1968. Mas talvez o destino seja disléxico! E tenha dificuldade de localização! Ele *é* uma graça. E não é uma coincidência ele também ter vindo de Los Angeles? Você não precisaria se mudar para canto nenhum!

Eu não sabia se Tara realmente tinha sido enfeitiçada ou se só estava bêbada e com jet lag. Sorri para o meu possível destino disléxico e fui até a mesa.

— A sua irmã me entregou o seu cartão com a minha data de nascimento — disse ele, sorrindo para mim. — Que esquisito. Eu sempre quis conhecer uma mulher de um jeito romântico. Acho que nunca falei isso em voz alta. Mas foi assim que meus pais se conheceram, e... pois é. — Ele parou de falar e ficou todo corado.

Encarei Tara, incrédula. *Ela* estava distribuindo meus cartões agora? Mas não fiquei surpresa com a confissão instantânea daquele desconhecido sobre querer conhecer alguém de um jeito romântico e ter um final feliz. Apesar de todos os homens que eu tinha conhecido naquela busca até o momento serem únicos, quase todos mostravam ter algo em comum depois que parávamos de falar sobre amenidades (estar em uma missão alucinada torna mais fácil conversar sobre coisas sérias, por incrível que pareça): eles queriam encontrar o amor verdadeiro. Em alguns casos, queriam desesperadamente. Quando comecei aquela aventura, não imaginei que encontraria tanta vulnerabilidade nos homens. Isso me dava esperança, mesmo quando percebia que um candidato não era o ideal.

Os caras à mesa da minha irmã eram simpáticos e engraçados, mas também eram jovens o suficiente para terem hoverboards. Estava na hora de pagar a conta, comer alguma coisa e *finalmente* ir para a cama. Fazia mais de vinte e quatro horas que eu estava acordada. Nós nos despedimos e agradecemos ao segurança gentil. Ele estava apoiado na porta com um olhar travesso.

— Seu encontro. Deu pra ver que ele não é o seu príncipe encantado. Talvez eu seja um candidato melhor e vocês devessem voltar aqui num outro dia!

— Talvez a gente volte! — respondi, animada.

Paris estava se mostrando exatamente o que Stephanie tinha prometido: divertida.

Na rua, Nicole insistiu em gravar um resumo para o Instagram. Ela apontou meu celular para mim.

— Então, Natasha, ele é o homem da sua vida?

— Acho que não — respondi, triste. — Mas ele era um fofo.

— Certo — disse Nicole. — O que nós aprendemos hoje é que a data de nascimento não é tudo. Se a *única* coisa que importasse fosse o dia, você teria uma química fortíssima com qualquer pessoa que tivesse nascido na data certa. Então, apesar de fazer parte da equação, nós precisamos ir além do dia. Tem muitos outros elementos. Qualquer astrólogo sério diria que nós precisamos da hora exata do nascimento desses caras, pra começo de conversa. Mas eu encaro isso como aquela questão de sermos produto do nosso meio ou não. O que realmente nos torna quem somos? A astrologia é um mapa da nossa reencarnação em uma vida, mas essa encarnação também é influenciada pelos condicionamentos do início da infância e sobre a maneira como nós reagimos a circunstâncias individuais. Não são só os astros e os planetas que regem nosso destino.

— Já tive meu primeiro encontro — falei para os meus amigos em casa. — Me desejem boa sorte para o segundo encontro amanhã, no almoço.

— *Déjeuner d'amour.* — Penelope sorriu, entrelaçando o braço no meu.

— Com quem é o almoço amanhã? — perguntou Tara.

— Com o Destino — respondi. E era verdade. Ainda restavam trezes caras e Chloe na minha lista.

De volta à suíte, abri o sofá-cama e bati a cabeça em uma das vigas no teto baixo. *Ai!* Mas eu não me importava. Nada estragaria Paris com minha irmã e minhas melhores amigas. Vesti o pijama e peguei o celular. Primeiro, vi como as crianças e Edna estavam. Tudo bem. Então o Tinder, Instagram, Facebook, WhatsApp e e-mails exigiam minha atenção. Havia encontros para marcar, amigos para atualizar. De algum jeito, eu tinha quase três mil seguidores agora, e isso importava para mim. É claro que eu sabia que um profissional de redes sociais acharia que essa era uma quantidade no mínimo irrisória, mas eu não pensava nos meus seguidores como números. Eles eram (e continuam sendo) pessoas de verdade, e eu não queria sumir e não dar notícias. Não quando eles tinham passado meses me dando um apoio surpreendente, acompanhando minha história e me incentivando. Porém, à medida que a noite se estendia, eu sentia que estava vivendo o momento, mas também estava enfurnada na internet de um jeito surreal, atordoante. Eu arrastava a tela, digitava, mandava mensagens, lia feeds, até, com o tempo, cair em um sono agitado.

Penelope saiu para uma longa caminhada sozinha horas antes de eu acordar na manhã seguinte. Tara também; havia monumentos e museus demais nas suas listas. Ela se encontraria com a gente mais tarde. Dorme, dizia a mensagem dela. Foi uma noite intensa.

Olhei para a cama. Nicole continuava lá, então voltei para o meu celular. Talvez algum candidato a alma gêmea tivesse me respondido durante a noite. Eu precisava marcar um almoço, um café e um jantar. Manda bala, universo! Risquei Mateo da lista, mas, apesar de ele não ser o homem da minha vida, nosso encontro tinha me ensinado algo importante: *Eu consigo.*

Dei uma olhada no WhatsApp. Antoine, o piloto bonito, havia respondido. Tudo bem que tinha sido só Oi, mas já era um começo.

Oi pra você também! Quer me encontrar pra tomar um café ou almoçar hoje no Marais?, digitei.

Não.

Quando você está livre?

Onde.

Em Paris. Estou em Paris. Estou hospedada no Marais, mas podemos marcar um café em qualquer lugar.

Não estou interessado em tomar café.

Então talvez um drinque mais tarde? Um *apéritif* no Bar Hemingway? Ou podemos caminhar pelo Sena?

Não estou interessado.

Você não quer se encontrar pra gente conversar? Pra gente se conhecer?

Meu pau é muito grosso e tem vinte e dois centímetros, quer provar?

Nossa. Bem direto ao, hum, ponto. Então Antoine só queria uma transa. O que era interessante, não vou mentir. Mas eu também sabia que minha alma gêmea iria desejar algo mais. Eu estava ali em busca disso, não de um pau francês aleatório.

Não. Não, obrigada. Acho que não somos almas gêmeas. Desejo muito amor e luz pra você em todas as coisas!

Ele digitou por alguns segundos. Então... nada.

Risquei Antoine da lista. Mateo e Jean-Luc também tinham sido riscados. Menos três, agora só faltavam treze. Nenhum dos outros tinha respondido às mensagens da noite anterior. Talvez ainda estivessem acordando ou se arrumando para o trabalho. Eles entrariam em contato logo. Escrevi de novo para o meu favorito — Fabrice, também conhecido como o Poeta.

Saí com as minhas amigas ontem. Queria que você estivesse lá. Mal posso esperar pelo domingo.

Por mais que eu acreditasse que logo (talvez até em menos de uma hora) teria mais encontros para organizar, ficar esperando os homens e Chloe me responderem não parecia o melhor dos planos. Não quando eu só tinha três dias inteiros para conduzir minha busca. Pensei sobre onde eu tinha encontrado a maioria dos meus príncipes encantados: Tinder. E se eu também procurasse pela minha alma gêmea no Bumble? Não seria um problema. O aplicativo já estava instalado; eu o usava em Los Angeles. Katie havia criado um perfil para mim enquanto morríamos de tédio em um evento na livraria Book Soup, aonde fomos para conhecer "caras gatos e inteligentes". *Certo, Bumble Paris. Vamos ver quais são suas ofertas.* Revisei meu perfil antigo, acrescentei algumas fotos loira e reescrevi minha descrição para falar da busca pela minha alma gêmea. Então ajustei o filtro de datas e, como uma lâmpada acendendo, algo que Margot havia dito meses antes surgiu na minha cabeça.

Ela havia entrado na cozinha para fazer um lanche e me viu prendendo algo novo no mural. Provavelmente o perfil do Tinder de algum dos meus candidatos.

— Mãe. Você sabe que a sua astróloga esquisita só falou da data e do lugar, né? Você já parou pra pensar que a sua alma gêmea pode *não* ser um cara? Tipo, amor é amor. E se a sua alma gêmea for uma mulher? Ou uma pessoa não binária? Você estaria aberta a isso?

Quando Margot fez essa pergunta, eu ainda acreditava que minha alma gêmea seria bastante parecida com Philippe. E, sejamos francos. Eu só tinha tido relacionamentos sérios com homens. No entanto, ao pensar no assunto naquela manhã em Paris, percebi que *estava* disposta a encontrar uma alma gêmea mulher. Eu não sabia como minha busca daria certo, mas tinha aprendido algo ao deixar de procurar pelo amor usando as mesmas fórmulas de sempre: meu pai tinha razão. Tudo era possível. Se eu encontrasse uma mulher com o dia de nascimento, talvez ela virasse uma irmã. Ou nos tornássemos melhores amigas. Ou, quem sabe, algo mais. Abri meu coração para o universo e comecei a arrastar para a direita *todas* as pessoas com cinquenta anos, independentemente de gênero ou identidade sexual, que pudessem ter a data de nascimento correta.

Também mandei outra mensagem para Chloe. Nós estávamos destinadas a nos conhecer. Eu sentia. Apesar de ela ainda não ter se comprometido nem com um café, dizendo que não sabia se devia se encontrar com uma desconhecida com aquele tipo de missão.

Então acordei Nicole, apontando o celular para a cara dela e gravando um vídeo.

— Bom di*aaa* — cantarolei, animada.

— Nãããããããão — respondeu ela, cobrindo a cabeça com o travesseiro.

Até minha melhor amiga sempre preparada para as câmeras precisava de um minuto pela manhã antes de eu começar as filmagens.

Meu celular vibrou. Seria Fabrice ou Chloe? Não — Penelope tinha mandado uma selfie. Sem maquiagem e usando uma blusa listrada fofa pelas ruas de Paris. Como ela podia parecer tão acordada, tão cedo? Vamos nos encontrar no Verlet daqui a uma hora, dizia sua mensagem, com a localização anexada.

Uma foto de Tara chegou imediatamente depois. Minha irmã estava radiante de felicidade dentro de uma capela antiga. Vim acender uma vela e rezar. Nos vemos daqui a pouco.

Nicole e eu precisávamos correr. Cacheamos nossos cabelos e calçamos tênis (tínhamos aprendido a lição), e enfiei um maço grosso de panfletos da busca pela alma gêmea em uma bolsa. Do lado de fora do hotel, imediatamente comecei a levantar os limpadores dos carros e prender meus pôsteres em para-brisas.

— Vou ajudar — disse Nicole, pegando uma pilha, e andamos rápido pela fileira de Citroëns e Vespas.

Não demorou muito para as ruas estarem cobertas com a data e o local de nascimento da minha alma gêmea. VENHA ME ENCONTRAR, É O NOSSO DESTINO, diziam os pôsteres em preto e branco, alguns em francês, outros em inglês. Não conseguíamos parar de sorrir. Nem de tirar fotos. Nem de contar sobre minha busca para as pessoas que passavam por nós. Eu tinha certeza de que alguém me diria que eu estava completamente *insensée*, porém ninguém fez isso. Uma moça que tinha parado para ler meus panfletos me disse:

— Todos os meus namorados sérios eram taurinos. Dois seria coincidência. Mas três? Acho que tem alguma coisa aí.

Quando Nicole e eu chegamos ao Verlet, um café agitado, charmoso, com séculos de idade, Tara e Penelope já estavam sentadas. Eu estava empolgada para visitar aquele café, já que a tia de Penelope, da famosa família Verlet, tinha sido dona dele. Estar ali com Penelope me fazia me sentir conectada com a cidade, como se, por algum motivo, eu não fosse apenas uma turista típica. *Seria fácil me acostumar a fazer parte de um lugar assim.*

E seria fácil me acostumar a comer em Paris com Penelope. Seu francês fluente facilitava tudo. Inclusive decifrar as mensagens de Georges, que raramente escrevia em inglês. Ele me encontraria naquela tarde, como eu tinha entendido? Mostrei meu celular. Ela riu.

— Natasha, o querido do Georges mora na Provença. Ele precisa pegar um trem para Paris. É isso que ele está tentando dizer. Ele quer que você marque uma hora para amanhã.

— Onde fica a Provença?

— No sul, a umas quatro horas de trem, talvez um pouco mais.

Então Georges queria tentar. Uma viagem de quatro horas de trem mostrava comprometimento. Isso me fez gostar ainda mais do bombeiro sexy.

— P, não sei o que eu faria sem você. Obrigada. Vamos marcar às três da tarde amanhã. Ah, espera. Não. A gente devia marcar um vinho em vez de um café. É mais romântico. Cinco? Sim, cinco horas. Pergunta pra ele se é um bom horário, por favor!

Que empolgante.

Penelope digitou por um minuto e então me devolveu o celular.

— *Voilà* — disse ela. — Quando ele responder, me avisa.

Gael tinha mandado uma mensagem dizendo que adoraria me mostrar seu restaurante naquela tarde, e Thierry achava que poderíamos jantar no fim da noite. Os dois tinham ficado de confirmar. E vários homens ainda precisavam me responder. Além de Chloe. Por enquanto, as coisas estavam indo bem.

— O que você está achando de voltar ao Verlet? — perguntei a Penelope.

Ela mexeu a espuma do seu cappuccino.

— Sabe, fiquei pensando em como seria no caminho pra cá hoje cedo. Mas a história acabou terminando de um jeito legal. Agora, tenho um ponto-final. Um ponto-final feliz.

Paqui, como todo mundo chamava a tia parisiense de Penelope, a que tinha sido dona do Verlet anos antes, adorava a sobrinha. Ela sempre prometia que, se Penelope passasse o terceiro ano da faculdade em Paris, um dos apartamentos em cima do café seria dela. Penelope havia aceitado a oferta, muito grata, mas, faltando apenas alguns meses para sua chegada, Paqui morrera de câncer. O tio dela tinha uma amante (como um típico francês), e parecia que ele não queria muito ceder um apartamento de graça para uma parente de Paqui. Talvez as memórias, com uma leve dificuldade financeira, fizessem com que fosse mais difícil para ele seguir em frente. Mas Paqui havia prometido, então Penelope passara um ano inesquecível ali, conhecendo a cidade de seu pai, de seus avós e da sua tia do jeito como apenas um morador seria capaz. Mesmo assim, seu tio e a amante dificultavam as coisas de vez em quando. Não a ponto de estragar Paris, de forma alguma. Mas era incômodo se sentir indesejada. Nas décadas seguintes, Penelope havia evitado ir ao Verlet sempre que vinha a Paris. Até aquela manhã de outubro, quase trinta anos depois.

Penelope falava com carinho do primo que havia reencontrado — o filho de Paqui, que ainda morava do outro lado da rua; quem diria? — antes de chegarmos ali. Ela havia descoberto que o tio (que não era um homem ruim, só estava triste na época) falecera tempos antes, e que o café tinha sido vendido para uma empresa dedicada a preservar seu legado. Minuto a minuto, Paris voltava a ser uma parte essencial de Penelope, ressuscitando a jovem que tentava descobrir quem ela seria e agregando-a à mãe e empresária cansada, porém grata, que ela era hoje.

— Ahhh. Adorei essa história, Penelope. É como se você estivesse seguindo um caminho cheio de migalhas de pão. Digerindo desentendimentos e reconquistando partes da pessoa que você era — disse Nicole.

Tiramos uma foto de nós quatro paradas diante do Verlet, com Penelope no centro, abraçada às amigas. Tara sugeriu que fizéssemos um plano específico para a tarde, incluindo museus e monumentos, mas algum dos meus candidatos poderia responder a qualquer momento, e teríamos que ir encontrá-lo. Será que valeria a pena comprar ingressos e ficar esperando em filas? Resolvemos simplesmente andar pelas ruas. Parecia a solução mais prática. Penelope e Tara foram na frente, com Tara explicando detalhes históricos da cidade e Penelope acrescentando suas lembranças. Ouvi as duas falando "Louvre" e "Tulherias". Mas eu não tinha a menor ideia de para onde iríamos. Sinceramente, não fazia diferença. Para mim, Paris inteira era fabulosa. No geral, eu estava mais preocupada com o WhatsApp. Porque o que estava acontecendo? Nenhum dos caras que continuavam na minha lista, nem Gael ou Thierry, tinha confirmado o encontro hoje. Seria mais difícil do que eu imaginava marcar algo de verdade? Se fosse, eu não tinha tempo a perder. Eu podia mandar mensagens para os caras e passear ao mesmo tempo, não podia?

Primeiro: Max, que fazia documentários e dizia gostar de viajar, ir a bons restaurantes e beber vinhos. Adoro história e outros países, ele havia escrito para mim nos dias que antecederam minha ida para Paris. Adoro cochilar e fazer amor.

Eu também!, havia sido minha resposta. Quer dizer, verdade seja dita, quem não adora um episódio de *The Crown*, seguido por sexo fantástico e uma soneca no meio da tarde? Se acrescentássemos pizza, eu passaria a vida toda fazendo isso.

Mandei uma mensagem para Max, tentando não esbarrar na minha irmã, que tagarelava sobre uma escultura francesa famosa que ficava ali perto e que ela queria encontrar, porque tinha pensado no nosso pai quando lera sobre ela.

Coucou, Max, digitei, orgulhosa de mim mesma por usar da forma correta a expressão informal em francês para "olá". Desculpe por ficar mandando mensagens. Você pode me encontrar para um drinque hoje?

Oi, Natasha, estou trabalhando na Alemanha nesta semana e na próxima. ☹

Merda.

Ah, não! Que triste! Achei que nos encontraríamos!

Sim, eu também, mas minha empresa mudou as datas. Até quando você fica na França?

Vou embora no dia 21. Segunda-feira.

Vai ficar tão pouco assim? ☹ Por favor, me mande uma foto de você em Paris.

Merda! Quatro riscados da lista. Merda, merda, merda.

— Tasha. Encontramos! Olha a escultura. É um joinha dourado gigante! Igual ao papai. Joe Tranquilo! Sai do celular e olha pra cá.

Tara puxou minha manga.

— Desculpa, o quê? Tara, me dá um tempo. Não consigo olhar agora. Estou surtando um pouco.

Acabei não vendo o joinha dourado. Passei direto por ele, cegada pelo primeiro sinal de algo que parecia o oposto de magia.

Meu celular não parava. Mensagens de texto e de redes sociais se acumulavam a cada segundo, e nenhuma era dos homens que eu deveria conhecer ou de Chloe.

Segundo encontro??? Quero saber de tudo!

Você o encontrou?

Já marcou algum pra hoje?

E assim por diante.

— O que houve? — perguntou Nicole, notando minha preocupação.

— Não tenho nenhum encontro, Nicole. Todos os meus candidatos a alma gêmea estão tão perto na teoria... é esquisito. Eu vim até aqui, mas acho que não vou encontrar nenhum dos caras hoje. Será melhor fazer outros planos? Devo ir sozinha ao bar e ver o que acontece? — Ela percebeu que eu estava ficando nervosa. — E aí, meu Instagram... Recebi tantas perguntas ontem à noite, hoje de manhã, agora. As pessoas estão acompanhando essa jornada, torcendo pra alguma coisa acontecer. Mas *nada* está acontecendo hoje. Não sei o que fazer.

— Calma — disse ela, segurando meu braço. — Vai ficar tudo bem. — Enquanto caminhávamos pelo Jardim das Tulherias, Nicole apontou para uma passarela lotada perto de um monumento grandioso em forma de arco. — Ali! — disse Nicole.

Tara leu seu guia de viagem:

— O Arco do Triunfo do Carrossel tem apenas metade do tamanho do Arco do Triunfo. Construído entre 1806 e 1808, ele celebra as vitórias militares de Napoleão.

— Vitória. É um sinal — disse Nicole, com um ar confiante. — Me passa uns panfletos. Penelope? Como se diz "Você acredita no amor?" em francês?

— *Croyez-vous en l'amour?*

A voz de Nicole ecoava pelo pátio enquanto ela erguia um panfleto, chamando a atenção das pessoas que passavam.

— Quero uns desses também! — disse Penelope, enfiando a mão na minha bolsa e pegando a sua pilha. — *Croyez-vous en l'amour?* — A frase saía com facilidade da sua boca.

Começamos a distribuir panfletos da busca pela alma gêmea para qualquer um que os aceitasse. Em plena luz do dia. Como se aquilo fosse normal. Era impossível não sorrir, e depois rir. Senti o pânico desaparecendo, e o clima animado do começo da manhã voltou. Tomar uma atitude era o antídoto contra a ansiedade, certo? Pelo menos era isso que eu tinha escutado em um podcast enquanto fazia uma caminhada em casa.

Tara ficou separada de nós, parecendo incerta. Seus olhos brilhavam de divertimento, nos observando, mas ela não se aproximou. Ela sempre preferia supervisionar as coisas de longe, se certificando de que nada desse errado. Era um hábito de irmã mais velha, compreensível. Eu sempre me metia em encrenca quando éramos mais novas. O olhar atento de Tara literalmente tinha salvado minha vida antes, quando eu tinha sete anos e quase havia me afoguei em uma piscina comunitária. O salva-vidas estava no intervalo quando resolvi pular no lado fundo pela primeira vez. Só minha irmã me viu. Mas não estávamos em uma piscina. Eu não tinha sete anos. Nem dezesseis, tentando ir para a Don Q's.

— Tara! — chamei. — Pega uns panfletos!

Tara balançou a cabeça, se recusando, mas pegou o celular e começou a gravar um vídeo, um sorriso verdadeiro surgindo. Nicole, é claro, se empolgou ainda mais para a câmera. Penelope conversava com desconhecidos em francês. Abordei casais de idosos, turistas jovens, famílias, homens, mulheres, um adolescente. Qualquer um que pudesse pegar um panfleto. Quando as pessoas aceitavam, eu me esforçava para agradecer em francês. Eu não ficava triste quando recusavam. Depois de um instante, também me afastei um pouco. Fiquei observando minhas duas melhores amigas aceitando rejeições e passando vergonha em uma cidade movimentada, distribuindo panfletos com minhas informações pessoais e um chamado pelo amor verdadeiro. Um estudante com um violoncelo parou em um banco e começou a tocar uma música absurdamente linda. Todas nós paramos por um instante para escutar, hipnotizadas. A chegada do músico era só uma coincidência, mas parecia predestinado, como se aquilo que estávamos fazendo devesse acontecer exatamente daquela maneira. Quem dera meu pai pudesse ter visto e ouvido aquilo.

Nós quatro andamos um pouco mais, distribuindo os panfletos. Em pouco tempo chegamos ao Louvre, com suas icônicas pirâmides de vidro.

— Anda, Tash! Sobe naquele pilar ali. E, aqui, pega um panfleto. Vou segurar sua bolsa — disse Nicole.

— Ai, meu Deus, *não* — falei, voltando para a realidade. — Não, não, não.

Meu estômago embrulhou. *Ah, não.*

— Você precisa sair da sua zona de conforto. Você já chegou tão longe. Literalmente. Está na hora de dizer para o universo exatamente o que você quer, em alto e bom som! Seja específica. Você consegue. Encare isso como um exercício. Como um treino.

Treino para o quê? Eu não queria uma carreira em que tivesse que falar em público. Eu só queria meu final feliz. E não queria conversar com o universo no meio da rua, onde pessoas desconhecidas me escutariam. Quem iria querer uma coisa dessas? Parecia doideira. Torci para Nicole saber o que estava fazendo.

Respirei fundo, subi no pilar que batia na minha cintura e me empertiguei. Nicole me encarou, cheia de expectativa.

— E aí?

Algumas pessoas na praça pararam e olharam para mim. Outras seguiram com seu dia. Mas estava cheio de gente ali. Mais cheio que no arco. *Droga.* Fechei os olhos. Eu não sabia por onde começar. Então me lembrei do que Stephanie havia dito na nossa primeira conversa: quando uma pessoa embarca em uma jornada preciosa rumo ao seu ponto de destino, ela recebe a ajuda do universo. *Bom, eu embarquei em uma jornada. Então lá vou eu.* Imaginei estar sentada sozinha em um lugar sagrado, a praça agitada ao meu redor desaparecendo. Era mais fácil do que eu imaginava. Minha respiração se acalmou, meu coração diminuiu o ritmo. Senti meus pés firmes sobre a pedra do pilar (era um pilar largo), e isso me lembrou de que eu vinha da terra. Imaginei meus filhos felizes e saudáveis. *Obrigada.* Imaginei minha mãe, minha irmã, minhas amigas que estavam comigo para o que desse e viesse. Meu pai. *Obrigada por eles também. Só tem mais uma coisinha...* Abri os olhos.

— Alguém aqui nasceu no dia 2 de novembro de 1968? — gritei, hesitante.

— Mais alto! — berrou Nicole, me incentivando. — As pessoas não estão escutando! O universo também não!

Um grupinho se formou. *Ai, meu Deus.* Ergui um panfleto.

— Alguém aqui nasceu no dia 2 de novembro de 1968? — gritei.

— Mais alto!

— Estou tentando! — respondi, envergonhada. Mas eu me sentia bem. Cheia de energia. Respirei fundo. — Estou procurando por alguém que tenha nascido em Paris no dia 2 de novembro de 1968 — berrei em plenos pulmões. Então: — *Está ouvindo, universo? Estou pronta pra conhecer minha alma gêmea!*

— Isso aí, gata! — incentivou Nicole, alegre.

Pulei do meu palanque parisiense e abracei Nicole, depois Penelope e Tara. É difícil descrever como todas nós nos sentíamos em êxtase. Aquele momento sob o sol de Paris, berrando para minha alma gêmea aparecer logo enquanto minhas melhores amigas torciam por mim, sempre será uma das minhas lembranças mais queridas. Depois, continuamos explorando as ruas ao redor do Louvre, rindo, girando, pulando. Então olhei para meu celular. Fabrice tinha respondido.

Espero que você esteja se divertindo em Paris. Estou escrevendo poesia, pensando em você e no nosso encontro no domingo.

Un murmure de moi
Un allusion de toi
Pour devenir nous
Nous ne pouvons pas le savoir
Mais déjà nous aimons.

Entrei no Google Tradutor e colei o poema de Fabrice:

Um murmúrio meu
Um sinal teu
Para virarmos nós
Não é possível saber
Mas já nos amamos.

Meu pedido ao universo tinha funcionado? Ou talvez o destino estivesse o tempo todo conspirando por mim e Fabrice. Com ele, eu não precisaria me fazer de difícil, não haveria joguinhos. O homem escrevia poesias. Poesias *originais*. Ele me mandava GIFs e emojis de anjos, corações e pombas sem sentir um pingo de vergonha. Eu tinha me surpreendido ao achar que isso era fofo, e até sexy. Em Los Angeles, para ser sincera, talvez eu achasse qualquer emoji meio bobo. Eu provavelmente não daria uma chance, apesar de ele preencher os requisitos da "categoria beleza", como diria Margot. Desejei de novo que a agenda lotada de Fabrice magicamente ficasse livre para que conseguíssemos nos encontrar antes de domingo, mas eu também tinha a sensação de que valeria a pena esperar por ele.

Nem Thierry nem Gael confirmaram os planos para a tarde ou a noite. Falei para mim mesma que não fazia diferença e resolvi dar outra chance aos dois. Talvez Thierry estivesse ocupado e Gael tivesse perdido a hora na *fromagerie*. Vai saber. Mas eu ainda tinha sábado e domingo inteiros. Bastante tempo para minha alma gêmea aparecer. Enquanto isso, eu não ficaria à toa. Não apenas porque isso não era do meu feitio como também porque eu tinha outras opções. *Havia* dois homens em Paris que com certeza queriam me encontrar naquela noite.

Meu amigo diretor Andy, aquele que morava na casa ao lado da minha e que era o irmão mais velho generoso, loucamente criativo e leal que nunca tive, convidou nós quatro para visitar o set da sua nova série de televisão. Ele sugeriu que fôssemos na nossa segunda noite de viagem, porque fariam uma filmagem na Ópera Nacional de Paris. Andy queria que víssemos tudo — o prédio, o figurino, a cena em si. Apesar de eu não ter a menor ideia do que ele estava falando, disse *oui*. Andy tem um bom gosto impecável, porém, e mais importante, eu estava com saudade dele. A única pegadinha era que precisávamos chegar por volta de meia-noite, o horário das gravações. Mas acaba que foi o momento perfeito.

François, o ex-namorado de Nicole que tivera a generosidade de conversar com um detetive particular por mim vários meses antes, também tinha entrado em contato. François era francês. E não apenas francês, mas parisiense. Ele havia nos convidado para jantar. François tinha descoberto sobre minha busca logo no começo, por intermédio de Nicole, e nos surpreendera ao se tornar meu defensor mais convicto. Eu não o conhecia muito bem antes de começar a procurar pelo cara do 2 de novembro, mas, quando comprei minha passagem para Paris, já o considerava um amigo verdadeiro.

Conheço o restaurante perfeito, disse François por WhatsApp. E você não vai acreditar. Vou levar um homem que nasceu em 2 de novembro de 1968, em Paris. Ele tinha razão — não acreditei mesmo. François tinha um senso de humor ótimo.

Nós quatro voltamos ao hotel para nos arrumarmos para o jantar, algo que, naquela noite, significava um esplendor digno de uma ópera. Sim, também levamos isso na mala. Nicole e eu acreditávamos de verdade que, se você tivesse a roupa certa, o evento apareceria. Fechei o zíper do meu vestido de renda preta com mangas três quartos. Nicole escolheu um body preto quase transparente e uma saia com fenda. Era um look moderno e ousado, e ela estava maravilhosa. O tubinho curto de Tara envolvia suas curvas de um jeito belíssimo. Mas Penelope, ainda extasiada com todas as nossas roupas que *não* eram práticas, feitas de algodão e com um elástico na cintura, escolheu a peça mais chamativa de todas: um vestido mídi apertado, com estampa de leopardo, que cobria apenas um ombro com uma manga bufante. Ela acrescentou botas de cano curto e salto fino e usou o cabelo solto batendo nos ombros.

Quando finalmente chegamos ao Sur Mer, François, com sua beleza feroz, e seu amigo igualmente bonito já tinham aberto uma garrafa de vinho. Seria difícil não ver os dois homens no restaurante minúsculo, que ficava em um espaço estreito com um punhado de mesas de madeira e uma cozinha aberta.

— Já pedi para a mesa toda — anunciou François, nos cumprimentando carinhosamente, dando beijos nas duas bochechas de todo mundo. — A comida é magnífica. Vocês, garotas da Califórnia, vão adorar.

Com sua pele bronzeada, olhos cor de âmbar e as mangas da camisa enroladas para exibir seus braços tatuados sensuais, François parecia um homem que estava acostumado a agradar as mulheres na sua vida. Mas notei Tara se enrijecer um pouco. Por causa das suas sensibilidades alimentares, ela preferia analisar com cuidado os cardápios e conversar com a equipe antes de fazer um pedido. Porém, antes de ela conseguir abrir a boca, uma série de pratinhos — que deveriam ser compartilhados — começou a preencher a mesa. Ostras brilhantes, crustáceos e sardinhas cobertas com purê de beterraba e pêssegos vermelhos. Escargots sobre uma cama de legumes com alho. Mais vinho. Um pão com casca dura divino. E isso era só a primeira rodada.

No meu papel de onívora entusiasmada e de libriana que nunca conseguia decidir o que pedir, eu mal podia esperar para provar tudo. Mas Tara, uma leonina que não se interessava em saber absolutamente nada sobre seu signo, chamou uma garçonete. Fiquei observando de canto de olho enquanto minha irmã mais velha tentava ser discreta ao perguntar quais pratos não tinham glúten.

— Qual é o problema? — perguntou François, do seu jeito brincalhão.
— Você é *mesmo* de Los Angeles? — Isso para Tara. Então, para mim: — A sua irmã, talvez ela precise, não sei... relaxar.
— Ela está *tão* relaxada. Nós estamos em Paris — respondi. — Mas a dieta sem glúten da Tara é séria, não uma moda de Los Angeles. Apesar de nós quatro sermos culpadas de seguir tendências de vez em quando. — Eu não queria que Tara se sentisse na berlinda.
— Infelizmente! — disse Tara, com um tom tranquilo. Eu sabia que ela havia percebido os abraços que déramos em François como se ele fosse um velho amigo, e como Nicole, que tivera um casinho casual e ensolarado com ele anos antes, estava radiante na presença daquela luz inegável. — A doença celíaca é uma tortura em Paris. Esses croissants e baguetes que eu não posso comer ficam me chamando.
— Talvez — disse François, empurrando um prato na direção dela com um sorriso — você devesse experimentar coisas novas de vez em quando. É o que eu recomendo.

Os olhos de Tara soltaram faíscas de uma irritação verdadeira que transpareceria caso a conversa continuasse. *Xiii*. Aonde aquele jantar iria parar?

— François! — exclamei. — Estou sendo mal-educada! Eu devia ter começado a noite com um brinde a você. Por nos convidar pra jantar. Por ser o primeiro francês a acreditar na minha busca. Até por conversar com um detetive particular. *Merci*, meu amigo.

Tara se serviu de mais vinho.

— Na França, uma mulher nunca se serve de vinho. Esse é o trabalho do homem — disse François em um tom sábio. — E nunca mais que a metade da taça.

Eu tinha mencionado que François era um francês tradicional até o último fio de cabelo? Isso fazia parte do seu charme. Na maior parte do tempo.

— Bom, parece que nós estamos fazendo história feminina hoje — disse Tara, revirando os olhos e enchendo sua taça até a borda.

Penelope riu.

— Enche a minha também, Tara?

— Eu vou aceitar seu bom conselho, obrigada, François — falei, esticando a minha taça quase vazia para ele.

Para ser sincera, ele provavelmente tinha me salvado de cometer uma gafe feia em algum dos meus futuros encontros em Paris, porque eu gostava de me servir de uma taça de vinho. Ou de três.

— François, fiquei sabendo que você conheceu alguém. Conta mais — disse Penelope.

François se recostou na cadeira e analisou a mesa. Ele pigarreou para chamar nossa atenção.

— Como vocês sabem, estou acompanhando a busca da Natasha desde o começo. Isso me fez voltar a acreditar no amor. Eu *conheci* uma pessoa. E pode ser amor, é verdade. O que a Natasha está fazendo é um pouco ridículo às vezes, porque ela é tão... — Ele começou a gesticular, procurando a palavra certa. — Ela *quer* isso. Às vezes parece um pouco *exagerado* para os franceses, é isso que eu quero dizer. Mas acho que, se eu fosse o cara que nasceu em novembro, eu a respeitaria e poderia me apaixonar, porque é admirável ter a coragem da Natasha. E todas as amigas que vieram ajudar, isso é lindo. Vocês todas, juntas, é amor. Mas a Natasha tem colhões, acho eu. E, vocês sabem, sendo homem — François orgulhosamente gesticulou para sua virilha —, eu gosto disso. Alguns homens podem ter medo de uma mulher tão forte. A Natasha precisa de um homem com colhões. — Ele se virou para mim. — Precisa mesmo, sabe? Alguém que seja capaz de aguentar o tranco com você. Então, parabéns! — Ele bateu palmas. — Então acho que devemos fazer — disse François, erguendo sua taça (cheia pela metade) de vinho tinto — um brinde aos colhões!

Bom, quem não faria um brinde desses? Todos batemos nossas taças em homenagem a colhões, amizade e amor verdadeiro.

François olhou para mim e bateu sua taça na minha.

— Saúde, Natasha. Eu acredito que você vai encontrar esse homem.

— Obrigada. Saúde, François.

François se virou para as outras pessoas sentadas no pequeno restaurante, ergueu sua taça de novo e disse para o salão:

— Excusez-moi d'avoir interrompu vos diners, mais est-ce que quelqu'un ici est né à Paris le 2 novembre 1968? Cette belle déesse californienne cherche son âme soeur! Non? D'accord, bon, santé! À l'amour!

As pessoas ergueram as taças para ele, para nós. Mas nenhuma alma gêmea se apresentou.

Outra rodada de pratos chegou: ouriço salgado. Um prato de lascas de peixe com limão siciliano e ervas. E um emaranhado de polvo grelhado.

— Ah, não, não, não — disse Nicole, incomodada. — Vocês sabiam que o polvo é um dos animais mais inteligentes? Eles têm *personalidade*. E não compartilham DNA com nenhum outro ser no planeta. Polvos são basicamente alienígenas. E eu me identifico muito com isso. *Jamais* conseguiria comer um polvo.

— Então sobra mais pra gente — respondeu François, bem-humorado. — Meninas, querem provar esta iguaria? — perguntou ele para mim e Tara.

Mas a garçonete, que, no fim das contas, era uma mulher muito gentil e versada em dietas restritivas, balançou a cabeça para Tara sobre esse prato específico.

— Vou ficar com o meu peixe grelhado. Está maravilhoso — disse Tara.

— Meu conselho pra você é: aproveite um pouco a vida — sugeriu François. — O prato não vai te matar. Relaxa! Divirta-se. Talvez eu devesse servir um pouco mais de vinho na sua taça, pode ser?

Tara encarou François.

— Talvez não. Quando eu bebo demais, fico com vontade de mandar todo mundo *ir se ferrar.* Sabe como é? — Ela sorriu, se divertindo de verdade agora.

Dava para perceber que François não estava acostumado com mulheres que lhe mandavam se ferrar, ainda que fosse indiretamente ou brincando. E mesmo quando ele estava merecendo um pouco. Mas ele não parecia irritado, apenas confuso. Talvez tipo: *Eita!* Eu ri, tentando dispersar o clima levemente tenso que pairava no ar. Isso pareceu dar certo. Todos ali se amavam de verdade, ou pelo menos gostavam um do outro, e não queríamos estar em nenhum outro lugar, por mais cansadas que nós, as quatro viajantes, estivéssemos naquela altura — não que percebêssemos isso. Paris havia nos enfeitiçado, nos fazendo acreditar que poderíamos continuar no mesmo ritmo para sempre, impulsionadas por ansiedade, magia e vinho. Passamos a noite compartilhando nossos pensamentos sobre destino e sorte, sobre namorar e amar em Paris e nos Estados Unidos. O amigo de François era um jovem americano atencioso (com a data de nascimento completamente errada, como suspeitávamos), e ele e Tara se deram muito bem. Finalmente, chegou a hora de nos despedirmos, pagarmos a conta e seguirmos para o Palais Garnier para encontrar Andy no set. François nos deu tchau e prometeu continuar buscando minha alma gêmea.

No táxi, encarei a escuridão e as luzes douradas resplandecentes da cidade. *Será* que eu tinha mais coragem que o normal? Eu não estava acostumada a pensar em mim mesma dessa forma. Bom, uma coisa era certa.

— Mesmo que não tenha sido um encontro, eu jantei com um parisiense bonito hoje, do jeito que eu queria — anunciei, abrindo a janela para as estrelas me escutarem. — Mas, ah, você ainda pode mandar minha alma gêmea, viu, universo?

— Foi legal rever o François. — Nicole suspirou. — Não existe ninguém igual a ele.

Penelope abriu um sorriso malicioso.

— Bom, só metade de Paris. — Então ela virou para Tara. — Ei. Você está bem? Percebi como o François falou com você. Odeio quando homens falam para as mulheres relaxarem. Eles não diriam a mesma coisa para outro cara.

— Pois é — disse Tara, com uma risada. — Isso é tão clichê. Mas, pra falar a verdade, eu gostei bastante dele. O jeito como ele apoia a Tasha é fofo. Ele só queria que todas nós gostássemos do seu restaurante favorito. E ele gosta de estar no comando.

Penelope bufou.

— Muitos franceses gostam. Tash, tem certeza de que quer se meter com outro parisiense? — Ela sabia tudo sobre Philippe, obviamente.

— Tenho certeza de que quero encontrar minha alma gêmea — respondi.

VENHAM PARA O SET, escreveu Andy, depois do jantar, não importa a hora. Encerramos às quatro da manhã. Não vejo a hora de te veeeer!

Nós vamos. Como é mesmo o nome da série?

Emily em Paris.

Certo! Adorei. Até daqui a pouco.

Nenhuma de nós sabia muito sobre a série nova em que Andy estava trabalhando. Isso aconteceu muito antes de pessoas fora da produção descobrirem sobre ela. E eu não tinha entendido direito o que ele quis dizer quando me contou que as filmagens aconteceriam na Ópera Nacional de Paris. Eu não tinha noção da grandiosidade do prédio nem da sua história impressionante. Nem que o lugar inteiro seria fechado para as gravações.

Uma mulher com um walkie-talkie nos encontrou na entrada e nos guiou para dentro. Era quase impossível assimilar a opulência do interior por completo; eu nunca tinha visto nada parecido. Cornijas douradas e candelabros brilhantes, mosaicos resplandecentes, estátuas aladas, painéis espelhados antigos para os frequentadores da ópera virem e serem vistos, uma imensa escada dupla de mármore branco. Nem mesmo a modernidade da equipe de filmagem agitada ao nosso redor quebrava o feitiço de um passado encantado. Figurantes, belamente vestidos e cheios de joias, esperavam nas marcações. Lembrei que Andy havia dito que Patricia Field criara o figurino da série. *Patricia Field!* Eu a adorava! Uma vez, anos antes, cheguei a entrevistá-la para uma matéria na revista *Detour* sobre seu trabalho em *Sex and the City*. E lá estava eu, não apenas assistindo ao seu brilhantismo na televisão, mas cercada por ele na vida real. *Respira, Natasha.*

Quando finalmente vimos Andy, eu estava bastante impressionada.

— Oi — cumprimentou Andy com tranquilidade, como se visitar as filmagens de uma série de televisão em meio ao esplendor da Ópera Nacional de Paris fosse uma bobagem. Andy tinha pelo menos um metro e oitenta e cinco, um bigode que deixaria qualquer um de Los Angeles no chinelo (e de Paris também, inclusive) e uma cabeleira grisalha. Naquela noite, ele tinha conseguido combinar um par de botas de caubói com uma echarpe de seda francesa chique de um jeito que dava a impressão de que todos os homens deveriam se vestir daquele jeito. — Você está em Paris, eba — disse ele, sério, me beijando nas duas bochechas.

Andy nos sentou em um grupo de cadeiras de diretor atrás dos monitores — a área em que fica a produção.

— Esperem um pouquinho, a Lily está na próxima cena, e depois disso eu posso conversar. Ah. — Andy se virou para um homem sentado perto de nós. — E esse é o Darren. Darren, essa é a minha amiga Natasha, de quem eu falei. A louca maravilhosa que veio conhecer todos os homens que nasceram num dia ridículo.

Leitor... foi nesse momento que conheci Darren Star. Ali, bem na minha frente, estava o homem responsável pela maior cena de felizes para sempre em Paris: a de *Sex and the City*, em que Big vai atrás de Carrie. Aquilo era um sinal? Será que o meu Big também viria?

— É um prazer te conhecer, Natasha — disse Darren, sorrindo e apertando minha mão. — O que você acha de participar da próxima cena?

Hum... o quê?

Além da minha afinidade recente, e talvez um pouco insana, pelos stories do Instagram, nunca fui a pessoa que fica na frente das câmeras. E não havia problema nenhum com isso, porque esse nunca foi um desejo meu. Mas, agora, Darren Star queria que eu fosse figurante na sua série nova, porra! Em uma cena na Ópera Nacional de Paris. Ainda bem que eu nem desconfiava do fenômeno que *Emily em Paris* se tornaria, porque isso, com *Sex and the City* e o fato de que eu estava no lar de *O fantasma da ópera*, com certeza me fariam desmaiar. Mesmo sem isso tudo, passei alguns segundos sem conseguir falar. Esse tipo de coisa não acontecia com mães solo com mais de quarenta. Ou talvez acontecessem em Paris? *Eu sabia que faria sentido trazer coisas demais na mala!*

Por sorte, meu trabalho era fácil: dar o braço para um figurante lindíssimo de smoking e seguir a atriz Lily Collins pela escada de mármore branco. Fiquei com medo de tropeçar ou estragar a cena de algum jeito. Eu não conseguia parar de pensar que tinha quebrado a taça de champanhe de um desconhecido na noite anterior. Mas, de algum jeito, subimos pela escada como se já tivéssemos feito aquilo um milhão de vezes. É claro que me virei para o meu "acompanhante" e perguntei sua data de nascimento. Mas a magia da noite tinha seus limites.

Depois da minha cena na escada, Tara, Nicole e eu demos um abraço em Andy e nos despedimos para ele voltar ao trabalho. Penelope, exausta, tinha seguido para o hotel pouco depois de chegarmos ao set. Apesar de já passar das duas da manhã, nós três pensamos em dar uma olhadinha pelo restante do lugar. Quando teríamos outra oportunidade como aquela? Nunca. Minha vida simplesmente não era assim. A vida de nenhuma de nós. Após um tempo, nos dirigimos para a saída, prontas para a cama. No saguão, ficamos absorvendo a grandiosidade silenciosa por um último minuto precioso. Não havia música, mas fiz uma mesura para Tara. Ela sorriu e fez outra. Nicole girou teatralmente, esticando os braços. Em meio àquele momento esplêndido e às memórias de competições de dança do passado, giramos, pulamos e dançamos sob a luz delicada dos candelabros, três frequentadoras da ópera desejando boa-noite para o Palais Garnier.

Casa Oito

Merde!

Adoro a Casa Oito. Ela fala de conexões, integração, espiões, missões secretas, almas gêmeas, valores de parceiros, sexo, traição, morte, distanciamento e a disposição para encarar o desconhecido na busca pela satisfação. Eu sou bem isso.

Minha Casa Oito está no signo de Libra (que também é meu signo solar). Libra rege a parte de nós de que abrimos mão para agradar outras pessoas por volta dos sete anos. É o alter ego. Como se fosse um recipiente, ela guarda tudo aquilo com que não nos identificamos mais. Ela nos convoca a buscar a realização pessoal ao nos mostrar essas qualidades em outra pessoa, de forma que, quando nos apaixonamos, encontramos esses aspectos "perdidos" e recuperamos parte do que foi sacrificado.

Libra na Casa Oito pode se manifestar como um desejo obsessivo de encontrar alguma coisa que parece estar faltando em nossa vida. É claro que nada está faltando de verdade; é apenas uma repressão temporária, esperando para ser vista, reconhecida e reintegrada.

A agitação na minha Casa Oito vai além de Libra. Tenho Sol, Vênus, Marte, Urano e Plutão lá. Urano me incentiva a me conectar com minha mediunidade e saber que tudo é possível. Quando Stephanie me disse isso, tive um calafrio. Era o que meu pai sempre me dizia: tudo é possível. E também não me surpreendi quando ela disse que pessoas com uma Casa Oito como a minha terão a ajuda de entes queridos que já fizeram a passagem para encontrar aquilo que falta em sua vida.

MEUS OLHOS ESTAVAM FECHADOS, MAS EU CONSEGUIA ESCUTAR O MUNDO ao redor em movimento: carros na rua. O tilintar de uma colher sobre um pires. Um cabide em um cabideiro de metal. O zumbido do motor do cofre do quarto. O ruído suave de alguém digitando em um iPhone, seguido pelo *swoosh* de uma mensagem. O ronronado de um zíper. *Zzzzziiippp!* Girei e abri um olho. Penelope já estava arrumada, e Nicole permanecia deitada na cama, mexendo no telefone.

— Quer um café? — perguntou Penelope baixinho.

— Claro — respondi, sentando e pigarreando. — Sim, por favor. Obrigada, Penelope.

— Bom dia, flor do dia — cantarolou Nicole, abrindo as cortinas às suas costas e deixando a claridade entrar. — Dormiu bem?

— Superbem — respondi, esticando as costas, que estalaram mais que o normal. A verdade era que eu não tinha dormido tão bem assim. Meu corpo inteiro estava dolorido por ficar o tempo todo se curvando, com medo de bater a cabeça no teto inclinado no quarto, tentando encontrar uma posição confortável no sofá-cama minúsculo e carregando dez quilos de pôsteres até o outro lado do mundo e pela cidade. Sem mencionar ficar acordada até às quatro da manhã nas últimas duas noites. Eu me sentia fisicamente esgotada quando acordei no terceiro dia. Mesmo assim, era Paris, então eu não reclamaria (em voz alta). — Como um bebê francês.

— *Un bébé français* — corrigiu Penelope, em seu francês perfeito, me entregando uma xícara de café em uma bandeja delicada. — Vou precisar te dar aulas de francês se você casar com *un Parisian*.

Depois que bebi meu café e me acostumei com a luz matinal, dei uma olhada no WhatsApp. Um dos homens devia ter entrado em contato para nos encontrarmos hoje. Era sábado, e os parisienses não saíam nos fins de semana como fazíamos em casa?

A primeira mensagem que abri foi de Jacques, o homem que eu tinha, na minha cabeça, apelidado de Monsieur Sério desde o começo. O cara nunca fazia uma piada. E tinha mil perguntas. O que não me incomodava; muitos dos homens que encontrei ficavam curiosos com a minha busca.

Bonjour, Natasha. Me explique de novo por que 2 de *novembre* de 1968. Não pode ser astrologia. Não faz sentido.

Sem pensar duas vezes, mandei o link do meu Instagram e sugeri que escolhêssemos uma hora e um local para nos encontrarmos naquele dia. Sua resposta veio alguns minutos depois.

Você está escrevendo sobre todos nós? Na internet? Não estou interessado em uma brincadeira boba que envolve vários homens. *Ciao.*

Merda. Menos um na lista. Abri a próxima mensagem, esta de Laurent, o empresário melancólico que eu nunca conseguia entender. A mensagem de Laurent era parcialmente em francês, então demorei um minuto para montar o quebra-cabeça, chamando Penelope quando me deparei com uma frase que eu não conhecia. Ele queria me encontrar! Será que as coisas estavam melhorando? O que significava *vendredi*? Ah, sexta-feira. Ele estava livre às sextas. Às onze da manhã. Porque era a hora em que sua esposa permitia que ele tivesse aquilo que chamava de *petites aventures.*

Vou mandar o endereço do meu apartamento e esperar por você na minha cama. Isso veio em inglês.

Suspirei e deletei Laurent do WhatsApp. Eu não julgava ninguém, mas queria minha alma gêmea só para mim. Risquei Laurent da lista também. A página estava ficando meio desanimadora. Restavam apenas oito candidatos a alma gêmea. E talvez nove, ou até dez, caso Gael ou Thierry reaparecessem? Mas ainda não havia nenhum encontro para hoje. Igual a ontem. Eu estava começando a desejar ter tido um pouquinho mais de tempo para me preparar antes de sair de Los Angeles. Afinal de contas, aqueles caras não estavam de férias como eu. Eles tinham filhos, emprego e vida (até *esposa*!). Será que Philippe estava tentando me comunicar alguma coisa crucial quando disse no começo do nosso namoro que não existia uma palavra para "encontro" em francês? Que, na França, sair com alguém não acontece? Eu havia ficado ofendida no início. Queria que ele saísse comigo em encontros oficiais. Os piqueniques espontâneos eram um sonho, não me entenda mal, mas seria legal se ele me buscasse em casa na hora combinada de vez em quando, para um jantar e um cinema, com menos espontaneidade. Mas e se Philippe não estivesse inventando uma desculpa?

Claramente, eu precisava de forças na forma de carboidratos e de bem mais cafeína antes de resolver o que fazer agora. Todas nós precisávamos. Tinha sido uma noite longa. Notando o clima mais frio, coloquei uma blusa listrada com gola rolê, um casaco azul-marinho e — incorporando minha francesa interior — meu batom vermelho mais chamativo. No térreo, a garota na recepção me ofereceu um guarda-chuva, mostrando que havia começado a chuviscar lá fora. Tara nos encontrou logo depois, usando uma capa de chuva digna de fazedores de trilha e galochas práticas.

Nós nos sentamos a uma mesa aconchegante perto de uma janela nos fundos do Breizh Café e tomamos café enquanto analisávamos o cardápio. O lugar era especializado em crepes doces e salgados de trigo-sarraceno orgânico. Queijo comté, presunto, um ovo com gema mole e muita manteiga embalados em um crepe quentinho pareciam o paraíso em forma de comida. Além de um crepe de caramelo salgado para todas dividirem.

Minha boca salivou diante dos pratos e dos aromas dentro do café, mas o nervosismo estava nas alturas. Olhei para a hora no telefone. Tique-taque.

— Eu queria que a gente pudesse se planejar de verdade hoje — disse Tara. — Tasha, alguma novidade sobre os encontros? Podemos organizar nossos passeios de acordo com os caras.

— Ainda não. Mas estou tentando. — Eu tinha tirado o telefone da bolsa quando sentamos e mal desviava o olhar dele.

— Eu queria que você tivesse conseguido marcar alguns ou até a maioria dos encontros antes de chegarmos, para sabermos como organizar os dias. A gente ia conseguir fazer muito mais. — Tara suspirou.

— Quem dera fosse tão fácil. Sinceramente, eu estava me recriminando por isso hoje de manhã. Mas não só eu estava trabalhando feito uma louca naquela venda, como eu falei, como tentei marcar alguma coisa com eles antes de a gente vir, e todos só diziam "Beijo, beijo, não vejo a hora de você estar aqui, manda mensagem quando chegar, a gente combina". A verdade é que marcar com muita antecedência nunca dá certo. Não dá certo nem em Los Angeles. Se eu marcar um encontro mais de um ou dois dias antes, é quase certo que o cara vai deixar pra lá. É como se eu desse permissão pra ele fazer isso. A vida de solteira é tão cheia de joguinhos que eu fico exausta.

— A gente dá um jeito — disse Nicole. — E estou otimista sobre o Fabrice amanhã.

Eu também estava, mas não podia contar apenas com Fabrice, por mais perfeito que ele parecesse na teoria. Ou por mensagens. Como eu tinha descoberto, encontrar com alguém ao vivo, mesmo alguém com quem você estava empolgado na internet, podia mudar tudo. Química era importante. Mateo tinha me lembrado disso. E, quando ela existia, nem sempre era suficiente. Philippe havia me ensinado isso, mais de uma vez. Dev também.

Dev continuava mantendo contato comigo depois do nosso fim de semana ardente em Los Angeles, porém mais como um amigo protetor. Ele me seguia no Instagram e mandava mensagens regularmente. Tome cuidado com esses pôsteres aí. Tem um monte de gente doida no mundo, escrevia ele. E, quando eu estava a caminho de encontrar Mateo no Little Red Door:

Por favor, toma cuidado, Natasha. Vai, mas toma muito cuidado.

Você vai gostar de saber que minha irmã está comigo. Ela consegue ser mais neurótica que você. Qual é a pior coisa que pode acontecer? Caras esquisitos? Em Los Angeles também tem, então...

Por favor, fica atenta e se cuida. Presta atenção.

Eu queria que alguém estivesse prestando atenção em minha bunda naquela manhã no café. Tenho certeza de que Dev achava que eu conheceria outros Devs em Paris, que teria mais encontros intensos. Mas as coisas não estavam indo bem por esse caminho no momento.

Durante o tempo que Tara, Nicole e Penelope conversavam sobre lojas e museus, me perdi no celular enquanto meu café esfriava. Arrasta para a direita, arrasta para a esquerda, digita, bate, envia: *Bonjour*, você nasceu no dia 2 de novembro de 1968? Pode me encontrar hoje à noite? Sim, alguns dias fazem diferença...

— O que *você* acha, Natasha? — A voz de Penelope interrompeu meu pânico crescente.

— O que foi? — perguntei.

— Você quer ir ao museu com Tara e Nicole ou fazer compras comigo? Paris tem as roupas de bebê mais fofas do mundo, pode acreditar.

Comprar macacõezinhos e sapatinhos? Museus? Eu devia estar me apaixonando.

Eu queria passar o máximo de tempo possível com Penelope. Na manhã seguinte ela iria embora para sua casa e família. Mas eu não podia comprar roupas de bebê nem qualquer outra coisa. Eu ainda não tinha certeza se a venda que tinha feito com Billy daria certo. Se não desse... era melhor não pensar nisso. A realidade era que eu não podia fazer compras por prazer. Eu já estava preocupada com o custo das minigarrafas de champanhe do nosso quarto, os jantares, os táxis. Essas coisas vão se acumulando. E eu tinha vergonha demais de contar essas coisas para Penelope. Apenas Tara sabia como minha situação financeira era precária.

— O museu? — respondi, pensando que pelo menos seria fácil monitorar meu celular lá.

Nós nos despedimos de Penelope com um abraço e combinamos de nos encontrar mais tarde. Prendi mais panfletos no para-brisa dos carros na frente do café e coloquei alguns nos bolsos dos bancos do nosso táxi, só para o caso de a minha alma gêmea ser o próximo passageiro. Então postei uma foto do jantar da noite anterior (François era tão bonito que merecia ser postado!), tentando encher meu feed e distrair meus amigos o suficiente para que não vissem a verdade: meus candidatos a alma gêmea não pareciam tão empolgados assim com a minha chegada em Paris.

Paramos no Centre Pompidou, lar do mundialmente renomado Museu Nacional de Arte Moderna. Ali, o estilo era bem diferente dos prédios de arquitetura haussmanniana do século XIX e das ruas medievais do Marais que admirávamos desde nossa chegada. Construído na década de 70, o enorme Centre Pompidou era famoso por sua construção "do avesso". Todos os sistemas mecânicos do museu eram exibidos em sua fachada — uma festa para os olhos, com canos coloridos, escadas pintadas de branco e andaimes permanentes —, deixando o interior dedicado apenas à arte e às pessoas.

— Eu queria que o papai pudesse ver isso — disse Tara, com um olhar impressionado.

Bob, com seu diploma de engenharia civil e seu fascínio por arquitetura, teria ficado vidrado no *Centre Pompidou*. Tirando a fila enorme e lenta para entrar. Ela parecia eterna. Quando estávamos começando a nos arrepender de não ter comprado o FastPass, ouvimos alguém na fila dizendo que a demora era porque eles tinham redobrado os cuidados com a segurança, e ingressos especiais não fariam diferença.

Enquanto a fila andava, fiquei olhando meu celular. Eu estava ganhando mais seguidores. Amigos e desconhecidos enchiam meu feed de perguntas. Eu já tinha encontrado o cara? Quando seria meu próximo encontro? Eu já havia pegado alguém? (Essa foi de Katie, é claro.) *Não, não faço ideia, e infelizmente não*, respondi na minha cabeça. Abri o WhatsApp. Thierry, também conhecido como o Sr. Marraquexe, finalmente havia respondido. Bem que eu estava me perguntando o que tinha acontecido com ele depois do seu desaparecimento na tarde do dia anterior. Ele parecia tão empolgado em me encontrar, e... *puf!* Talvez ele confirmasse um encontro para mais tarde. Já estava na hora de eu dar um pouco de sorte. Abri sua mensagem.

Bonjour, Natasha, que momento curioso. Preciso admitir que me apaixonei por uma mulher linda. Foi inesperado, mas aconteceu. Então, infelizmente, preciso deixar você.

Então o silêncio de ontem não tinha sido porque ele havia comido um escargot estragado ou sofrido um acidente de metrô. Eu queria ficar feliz por Thierry. O amor sempre devia ser comemorado. Era só por causa dessa porcaria que eu estava em Paris. Mas a única coisa em que eu conseguia pensar era: *Mas que porra é essa?* Outro candidato a alma gêmea tinha dado no pé, simples assim? Já era o terceiro desaparecimento hoje, e mal tínhamos acabado de tomar café da manhã.

Em um bom momento, esperar em uma fila que andava na velocidade de uma lesma seria difícil para mim. Mas agora, com quase *metade* dos meus candidatos riscados da lista? Uma necessidade maníaca de escapar tomou conta do meu ser. Hoje eu queria poder dizer que fui mais sutil.

— Preciso *sair* daqui! — exclamei alto, acenando freneticamente com as mãos. — Agora! Ficar numa fila pra um museu cheio de turistas e esculturas de massinha que os filhos da Penelope podiam ter feito é literalmente a minha definição de *inferno*.

Uma ou duas pessoas na nossa frente se viraram para me encarar. Não me ocorreu que eu era uma das turistas de quem eu estava reclamando.

A expressão no rosto de Tara murchou. Claro que ela também achava chato ficar na fila, mas o objetivo da sua vinda a Paris (além de *não* deixar que eu fosse sequestrada) era ver o máximo de obras de arte possível. Eu sabia disso porque conhecia minha irmã melhor que ninguém, porém aquele não foi meu momento mais altruísta (ou com o mínimo de noção) da vida.

— Eu não me importaria de sair da fila e ir comprar alguns presentes para as minhas meninas — disse Nicole, rápido. — Então nós podemos tomar uma garrafa de vinho em algum lugar, ficar olhando as pessoas?

Gostei dessa ideia. Eu só queria *estar* em Paris. Absorver a cidade, caminhar por um tempo, depois sentar em um lugar pouco turístico e imaginar como seria morar ali.

— Tudo bem — disse Tara —, vamos. Podemos achar outra coisa para fazer.

Caminhamos um pouco pela Rue des Archives, e Tara viu a loja de chocolate Patrick Roger, que tinha a reputação de ser uma das melhores de Paris. Entramos no interior cor de esmeralda e fomos recebidas pelo aroma de grãos de cacau, baunilha e açúcar. Enquanto analisava os sabores clássicos do *chocolatier* (limão com manjericão? Dash iria adorar provar esse), dei uma olhada no celular. E recebi um choque inesperado.

Jules Perreault: Oi, Natasha, sei que parece loucura, mas você estava perto do Pompidou agora há pouco, usando uma blusa azul-marinho?

O quê? Qual era a probabilidade de algo assim acontecer? Jules era o melhor amigo de infância de Philippe. Jules era engraçado, despreocupado, e diversão pura. Eu o adorava, mas tínhamos perdido contato depois do meu término final com Philippe. O que isso significava? Meu coração acelerou.

Eu: SIM!!

Jules: Ahaha! Eu te vi, mas fiquei na dúvida.

Eu: *C'est moi!* ;) Fico até segunda.

Jules: Está procurando alguém que nasceu em novembro, né? Se tiver um tempo livre, me avisa.

Decidi não responder, pelo menos não de cara. Eu estava tendo um ataque cardíaco por Jules ter aleatoriamente me visto pelas ruas de Paris e estar, sem que eu soubesse, seguindo meu Instagram. Eu sabia que era assim que o Instagram funcionava, mas parecia que o próprio Philippe havia passado por mim como se os fantasmas das decepções amorosas do passado estivessem se aproximando.

Cogitei deixar Nicole e Tara e me aventurar sozinha. Eu iria direto para o apartamento da família de Philippe (eu sabia o endereço porque seu pai o havia cadastrado na Agency para ser alugado). Ele havia me contado tantas histórias da sua juventude em Paris. Eu queria ver os lugares reais das cenas que eu tinha imaginado: Philippe indo de mãos dadas com a mãe fazer compras na feira perto da sua casa; a sala de aula silenciosa em que, quando menino na escola católica, ele havia sido obrigado a decorar poesias quando era malcomportado; L'Entrecôte, o histórico restaurante de bife e batata frita que pertencia à família de um amigo e onde ele passara seus anos de adolescência fumando, bebendo vinho tinto e paquerando garotas. Eu tinha que ir beber lá. Fiquei me perguntando como teria sido para ele voltar a Paris depois do divórcio para visitar os pais naquele elegante apartamento da família perto da Champs-Élysées e da Rue du Faubourg Saint-Honoré. Como era o cheiro das ruas? O que o açougueiro local vendia? Que metrô Philippe pegava? Como era a vista do quarto dele? Eu queria encontrar o parque do seu poema, absorver tudo que pudesse. Eu queria entender o que tornara Philippe a pessoa que ele era. Porque, se eu entendesse isso, talvez conseguisse me desapegar dele de uma vez por todas.

Com certeza era uma ideia idiota, e não foi a única que tive naquele dia. Mas não enxerguei isso naquele momento.

Não contei para minha irmã e Nicole sobre a mensagem de Jules nem sobre como me sentia. As duas com certeza estavam cansadas de ouvir falar de Philippe, e dava para entender. Mas eu não tinha exagerado na carta que escrevera para ele antes de viajar. Eu procurava por ele em cada rua, em cada café. Era mais doloroso do que eu poderia ter imaginado.

Saímos da loja de chocolate e voltamos para a garoa cinza. Tara resolveu ir ao Musée des Archives Nationales, enquanto Nicole e eu fomos atrás de lembrancinhas para as filhas dela antes de nos aboletarmos em um café. Eu estava convencida de que, juntas, poderíamos fazer pelo menos um candidato a alma gêmea se materializar ao vivo e em cores hoje.

Antes de nos separarmos, Tara perguntou de novo se eu queria ficar um dia a mais com ela.

— Vou pensar — falei, sem conseguir dizer mais nada.

Eu me sentia pressionada a voltar para o trabalho, para Margot, Dash. Para minha mãe. Estava com saudade do nosso cachorro, Sexta-Feira, e até dos seus latidos. Embora também sentisse com força a atração de mais um dia resplandecente em Paris. Mais tempo para encontrar minha pessoa. Eu não sabia o que escolher. Costumo fazer — e cancelar — planos em cima da hora, uma combinação de nunca conseguir decidir nada e ter pavor de ficar presa a uma decisão ruim. Esse comportamento deixava minha irmã compreensivelmente enlouquecida havia décadas. Eu me esforçava muito para melhorar. Às vezes conseguia. Mas meu cérebro funciona desse jeito.

Também existia uma parte de mim que só queria voltar para Los Angeles e me esconder. Desistir. Lembra aquela voz na minha cabeça? Ela havia voltado de fininho naquela terceira manhã em Paris.

Depois de caminharmos um pouco pelas ruas, Nicole e eu paramos do lado de fora de um bistrô simples no terceiro *arrondissement*, o lugar perfeito para sentar e ver Paris passar. Não que eu tenha feito isso. Não, eu peguei o celular. Verifiquei o Bumble primeiro — vários novos matches, mas ninguém com o aniversário certo. A mesma coisa no Tinder. Minhas mensagens no Instagram e nos grupos de Facebook estavam cheias das mesmas perguntas, sugestões e incentivos. Seria impossível ler tudo.

— Acho que preciso de um assistente para administrar essas contas todas. É muita coisa — falei, sem erguer o olhar.

Nicole não respondeu.

Em seguida, abri o WhatsApp para ver se os homens que ainda restavam na lista tinham respondido. Não tinham, nem mesmo Georges, que eu achava que me encontraria naquela noite para tomarmos um drinque. Mas *eu* com certeza estivera ocupada.

— Nicole. Ai, meu Deus, acabei de perceber que mandei *dez* mensagens para um desses caras desde que cheguei aqui, e ele não respondeu nenhuma. *Dez mensagens!* Eu devo estar maluca.

Nicole tomou um gole do seu rosé.

— Que cara é esse?

— Christophe. O tenista chique.

— Você não sabe jogar tênis. Tira ele da lista.

Eu me sentia uma fracassada. Tinha me preparado para ter encontros desconfortáveis, encontros ruins, encontros engraçados, e até encontros perigosos. Mas quase *nenhum encontro*? Sinceramente, essa possibilidade nem havia passado pela minha cabeça enquanto eu planejava a viagem para Paris.

— O que eu faço? *Oito* homens desapareceram ou cancelaram planos comigo, e só tenho mais um encontro marcado. Que humilhação. Não acredito que anunciei a busca pela minha alma gêmea num programa de rádio. E na internet. Aquelas pessoas todas que acham que sou uma deusa do amor destemida estão esperando que eu faça uma coisa maravilhosa! Vou decepcionar todo mundo. Eu sempre faço essas merdas. Estrago tudo. Sei lá, talvez eu devesse fingir um encontro para continuar com a história e não morrer de vergonha.

Um encontro falso. De repente, encontros falsos pareciam uma ideia *brilhante*. Tipo, uma das melhores que já tive. Havia homens interessantes, bonitos, por todo canto em Paris. Eu só precisava ir arrumada para um bar e conversar com um deles. Sobre qualquer coisa. Katie e eu não vivíamos fazendo isso em Los Angeles? Nicole podia tirar fotos discretamente com seu celular. E *voilà*! Eu teria o disfarce perfeito até entender qual era o problema com minha busca de verdade.

Nicole baixou a taça e olhou para mim. Ela não parecia feliz.

— Uau. Você está sendo crítica demais. Fazer merda? Fingir encontros? Isso é o seu ego falando, tentando fazer você se sentir inferior por coisas que estão completamente fora do seu controle. E agora você está entrando em pânico. Tira o pé do acelerador. Acho que as pessoas em casa devem estar mais inspiradas pela coragem necessária para viver a sua verdade do que torcendo por um final feliz de conto de fadas. Você nunca prometeu isso, aliás. Está na hora de ouvir o seu eu superior. Não estou dizendo que você não pode mudar, mas pense nos seus motivos pra ter embarcado nessa jornada.

— A Stephanie?

— Não. Ela te ajudou a encontrar um caminho, mas não disse que você devia viajar para o outro lado do mundo e ficar correndo pelas ruas de Paris atrás de alguém que tenha um mapa igual ao do seu ex. Você fez isso por conta própria. Por quê?

Eu me ajeitei na cadeira, desconfortável, e não pensei nos meses atordoantes antes de virmos para Paris, mas voltei dois anos no passado, quando minha família recebeu o diagnóstico do meu pai e de como a doença progrediria. Pensei em como o aborto havia exposto tudo que eu jamais teria ou poderia ter com Philippe, apesar de ter sido a decisão certa, a qual eu tomaria de novo na mesma situação. Naquela época, o que eu queria, além de que Bob miraculosamente vivesse para sempre, era encontrar a minha pessoa. Minha cara-metade. Alguém com quem eu pudesse planejar o futuro. O fato de eu não estar com essa pessoa em um relacionamento comprometido, em um *casamento*, me deixava apavorada. Eu queria que não fosse o caso, queria poder dizer (e acreditar): "Quem se importa? Estamos em 2019, não preciso de um companheiro". Só que o fato de eu não ter a menor ideia sobre quem iria segurar minha mão em um sábado à noite e se aconchegar comigo enquanto assistíamos a filmes e tomávamos sorvete parecia uma emergência. Quem iria me chamar de linda quando eu tivesse oitenta anos? Quem estaria ao meu lado nas dificuldades financeiras? Quem iria segurar minha mão quando o avião decolasse, quem iria acampar comigo? Quem iria me amar independentemente do que acontecesse? *Ninguém* era uma resposta inaceitável, inconcebível.

— Eu quero amor. Amor verdadeiro. Minha alma gêmea. Eu acredito que essa pessoa, que a *minha* pessoa, esteja por aí. Preciso acreditar nisso. Mas não sei por que é difícil pra caralho encontrar.

— Aham. Foi aí que você começou. E agora você está sentada em Paris, em Paris! Pensando em fingir um encontro paro o Instagram. Você não consegue largar o celular por dez minutos. Não estou criticando as redes sociais, mas, como sua amiga, estou dizendo que isso não faz bem. E o seu ponto do destino? Você ainda se importa com isso? Porque, se você se importar, garanto que ele não tem nada a ver com o Instagram. Mas é aquilo. Você me conhece, sabe que eu adoro uma boa cena. Sou atriz. Produtora. Sua melhor amiga. Vou te ajudar a fingir o melhor encontro de mentira que esta merda de cidade já viu, mas só se você for sincera como sobre que diabos está acontecendo, para eu poder ajustar minhas expectativas para o restante da viagem.

As palavras de Nicole doeram, mas porque ela estava certa. E isso não era bom.

Curtidas, repostagens, marcações, seguidores — de algum jeito, eu tinha me tornado alguém que ansiava por essas coisas cada vez mais. Eu não queria que isso acontecesse, mas a atenção me dava a sensação de ser vista. De ser importante. Como se eu não fosse uma mãe divorciada e descontrolada que mal conseguia pagar as contas em uma cidade cheia de sucessos monstruosos. E era assim que eu ainda me sentia em boa parte do tempo, apesar da vida que cuidadosamente tinha criado para mim e meus filhos. Nem sempre é fácil fazer sua realidade interior ser equivalente à exterior. A validação da internet fazia essa tensão parecer menos pesada. Ou até desaparecer. Mas ficar me exibindo para uma plateia, mesmo que fosse uma plateia que reunisse as pessoas mais legais do mundo, também tinha, aos poucos, me cegado para o que me deixava tão empolgada com a busca da minha alma gêmea no começo: finalmente poder falar a minha verdade. Eu, Natasha Sizlo, queria encontrar o amor verdadeiro.

Quando você fala a sua verdade em voz alta, mesmo que seja só uma parte dela, alguma coisa muda. É poderoso. Porque, assim que comecei a falar a minha verdade, fui atrás dela. Era o que eu precisava fazer. Quase parecia que uma força externa me obrigava. O que era assustador pra caralho em alguns momentos. E forte. Aquela era a minha jornada, não a de outras pessoas. E não era uma coisa que tinha acontecido comigo por acaso. Eu tinha escolhido aquele caminho de forma intencional e proposital. Lembrei a frase no quadro branco do meu pai, sobre sua cama de hospital.

Sucesso não é o fim; fracasso não é fatal:
é a coragem de persistir que importa.
— Winston Churchill

Foi então que me dei conta de que não poderia mentir sobre encontros, por mais que essa ideia idiota parecesse boa. Ainda havia oito candidatos a alma gêmea nos meus contatos. Prometi a Nicole que me esforçaria para manter o foco nas minhas intenções mais puras, que prestaria atenção nos sinais importantes e ignoraria o resto. Falei que usaria as redes sociais como ferramenta, não como muleta. Porque, mesmo se eu quisesse jogar meu celular no Sena, não poderia fazer isso. Eu não sabia mais como conhecer pessoas fora da internet. Alguém sabia? Talvez fosse possível, mas com certeza não seria prático. Eu só teria que fazer isso de um jeito mais inteligente.

Nesse momento, um casal idoso chamou minha atenção. Um homem e uma mulher, vestidos de forma elegante, cuidadosamente atravessando a rua, os dois curvados pela idade e se apoiando um no outro. Ela segurava o braço dele, e ele usava uma bengala polida. Vi o sorriso dela quando ele sussurrou algo no seu ouvido. O casal parecia ter caminhado por aquele trajeto específico milhares de vezes, e talvez tivesse mesmo. Peguei o celular e comecei a filmá-los. Vi meu pai e minha mãe, a personificação de um amor imenso e eterno. Fiquei me perguntando se eles se encontrariam em outra vida. Eu sabia que Stephanie diria que sim. Em silêncio, apontei o casal para Nicole, e ela sorriu, vendo exatamente a mesma coisa que eu.

— Eu quero aquilo — falei.

— Eu sei, Tash. — Desta vez, todo o amor havia voltado à voz da minha melhor amiga. Mais tarde eu perceberia que ele nunca tinha ido embora.

Então virei o celular para mim.

— Aviso aos navegantes. Se você está se perguntando quando vai ser o meu próximo encontro... bom, eu também estou. Porque todo mundo está furando comigo. O problema é que os caras desaparecem em Paris do mesmo jeito que desaparecem em Los Angeles. Mas eu continuo acreditando em magia e com certeza *não* vou desistir do amor. Vou achar esse filho da puta.

Depois de postar um vídeo que não tinha novidade nenhuma, mandei uma mensagem rápida para Stephanie, contando sobre os obstáculos inesperados que estava encontrando. Talvez ela tivesse alguma orientação celestial para me oferecer antes de irmos embora de Paris. Ela poderia estar ocupada demais para responder antes disso, e provavelmente sua resposta me custaria dinheiro que eu não tinha, mas valia a pena tentar. Dei uma olhada no restante das minhas mensagens, dezenas delas, até um nome de usuário diferente chamar minha atenção. Uma pessoa chamada Shayna Klee, do perfil @PurplePalace, tinha falado comigo.

Oi, Natasha! Isto pode parecer meio repentino, mas li sua história hoje no Facebook e senti vontade de reagir! Sou uma artista americana que mora em Paris. Tenho um canal no YouTube (The Purple Palace) e às vezes entrevisto pessoas, faço vídeos curtos etc. Adorei a sua missão. Você quer falar sobre ela e ser entrevistada para um dos meus vlogs sobre Paris (só uma conversa tranquila, nada nível Barbara Walters hahaha)? Tenho muitos seguidores no YouTube. Talvez uma entrevista inspire as pessoas e também ajude a divulgar a sua busca. De qualquer modo, acho que você está fazendo uma coisa muito romântica e corajosa. :) Me avise o que você decidir! Bj, Shayna

— O que você acha? — perguntei para Nicole, que leu a mensagem e então analisou o feed exuberantemente estiloso de Shayna.

— Acho que se conectar com outros sonhadores e viajantes é *exatamente* o tipo de coisa que você precisa fazer. Isso está alinhado com a sua verdade. Gostei da vibe dela, confiante e diferente — disse Nicole. — A Shayna tem seguidores pelo mundo todo, então, se o seu Sr. Dois de Novembro morar em outra cidade, talvez ela ajude a encontrá-lo.

Então, apesar de eu saber pouco sobre youtubers no geral (Dash e Margot assistiam ao YouTube; eu assistia à boa e velha televisão), aceitei o convite de Shayna para participar do *The Purple Palace* e combinei encontrá-la em uma livraria no dia seguinte.

Nós quatro nos reencontramos no hotel para descansar e depois trocar de roupa. No começo da tarde, Andy havia nos convidado para jantar no Le Dome du Marais, um restaurante franco-asiático no nosso bairro. Como eu ainda não tinha nenhum encontro marcado para aquela noite, estávamos livres.

Mal posso esperar para ver você, mandei para Andy.

Eu também, respondeu ele. Aliás, meus amigos Ashley e Lucas também vão, espero que você não se incomode.

Claro!, respondi. Os amigos de Andy eram meus amigos. Além disso, Lucas parecia um nome francês.

Andy, em parte por causa das buscas por locações que tinha feito para *Emily em Paris*, conhecia todos os espaços cinematográficos da vizinhança. Le Dome du Marais não era exceção. O prédio em estilo neoclássico, erguido no fim do século XVIII, havia sido uma casa de leilões. Tara, tendo feito sua pesquisa no instante em que recebemos o convite de Andy, nos contou a história do restaurante no caminho até lá. Um domo de vidro folheado a ouro acrescentado no século XIX era considerado um dos melhores exemplos de claraboias redondas da cidade. Entramos no restaurante e falamos com um *maître* educado, que imediatamente nos guiou pelo bar lotado até uma mesa comprida bem embaixo do famoso domo. Acima de nós, o céu noturno parisiense. Andy havia escolhido aquele lugar por um motivo. Ele podia gostar de parecer ranzinza e levemente indiferente à busca pela minha alma gêmea, mas eu sabia que não era bem assim. Andy queria que eu encontrasse a minha pessoa do mesmo jeito como ele havia encontrado a sua no seu companheiro de longa data, Eric.

Lucas e Ashley na verdade eram Lucas Bravo e Ashley Park, dois dos protagonistas de *Emily em Paris*. Descobrimos que Ashley interpretava uma *au pair* superanimada chamada Mindy, com uma voz secretamente maravilhosa e um guarda-roupa de matar. Ashley contou que tinha se interessado pela série e pela personagem Mindy por causa da maneira como o roteiro destacava as experiências das mulheres. A amizade entre Mindy e Emily a deixava muito emocionada, especialmente o jeito como as duas torciam abertamente pela felicidade uma da outra. Ashley parecia radiante. Com sua cascata de cachos escuros e brilhantes e seu sorriso magnético, eu tinha a sensação de que a sua Mindy seria um sucesso. Nós já éramos fãs de carteirinha dela. Lucas, um jovem ator e modelo francês, tinha sido escalado como o par romântico, o chef de cozinha gato Gabriel. Sim, Lucas Bravo é tão lindo ao vivo quanto é na televisão. Seus olhos azuis como o mar, seu espesso cabelo castanho ondulado, os traços bem delineados — é tudo como o prometido. Além disso, ele é charmoso e educado. Mas não, tragicamente, Lucas Bravo *não* nasceu no dia 2 de novembro de 1968. Nem perto disso. Ashley e Lucas não estavam no set na noite anterior, então conhecê-los no restaurante foi uma surpresa.

A comida quase bonita demais para ser ingerida chegou, e o vinho fluía, e nossa conversa se voltou para o amor.

— Conta para eles sobre o seu plano maluco — sugeriu Andy, com um tom despreocupado, como se eu estivesse fazendo algo que fosse, ao mesmo tempo, uma bobagem ridícula e louca digna de Los Angeles *e* a coisa mais brilhante que ele já tinha escutado na vida.

Contei minha história, em uma versão bem resumida, mas fiquei nervosa. Ali estavam aqueles atores incrivelmente bem-sucedidos — Ashley era uma estrela da Broadway que já tinha sido indicada ao Tony! —, e eu era, bem, eu. Mas Ashley prestou atenção enquanto eu falava. Lucas também pareceu interessado. Eles não riram nem reviraram os olhos, e suas perguntas vinham mais rápido do que eu conseguia responder. Ashley até perguntou para o nosso garçom qual era a data do aniversário dele e lhe entregou um dos meus cartões. Ele também não riu. Em vez disso, contou que já havia sido casado duas vezes, e as duas esposas faziam aniversário no mesmo dia. Então me desejou *bon chance* e disse que ia afixar o cartão no quadro da cozinha.

— Qual foi a coisa mais louca que vocês já fizeram por amor? — perguntou Ashley para a mesa. — Todo mundo tem que responder.

Fiquei curiosa. *Será* que eu estava fazendo algo muito louco ou corajoso, como François tinha dito na noite anterior? Ou o amor deixa todo mundo doido às vezes, independentemente das nossas histórias pessoais (ou até de signos do zodíaco)?

Nicole foi a primeira a responder:

— Vim pra Paris com minha melhor amiga pra encontrar a alma gêmea dela!

Todos rimos. Mas eu apertei a mão de Nicole embaixo da mesa. *Obrigada.*

Minha irmã contou uma história sobre o cabelo que amava e perdera no ensino médio. Naquela época, Tara tinha um cabelo castanho-mel de parar o quarteirão, que cascateava até sua cintura, e era perdidamente apaixonada pelo garoto mais bonito da escola. Então, quando o Sr. Ases

Indomáveis havia mencionado para Tara, como quem não queria nada, que ela ficaria muito gata com um corte mais curto, à la Kelly McGillis em *Top Gun*, Tara havia achado que isso era um sinal de que ele tinha uma quedinha por ela do mesmo jeito que Maverick tinha por Charlie. Afinal de contas, era 1986, e *Top Gun* era a maior história de amor de todos os tempos. Tara correra para o salão, cortara quase quarenta e cinco centímetros de cabelo e fizera um permanente de poodle.

— Eu iria parecer a Kelly McGillis se ela tivesse sido obrigada a andar numa moto por dez horas — disse Tara. — Nem preciso dizer que ele nunca me convidou pra sair e que passei o resto do ano usando um chapéu barato.

Todos da mesa compartilharam pelo menos uma história. Porém, no fim, Lucas ganhou.

Cerca de uma década antes, quando Lucas tinha vinte e poucos anos, ele havia estudado teatro na Academia Americana de Artes Dramáticas, em Los Angeles. Nascido e criado no sul da França, Lucas tinha muito a aprender sobre a nova cidade, mas ele estava empolgado, porque tinha se apaixonado por uma garota de Los Angeles. Quando ela o convidara para ir a sua casa assistir a *Gossip Girl* (um detalhe que todo mundo achou hilário), Lucas tinha olhado o caminho em um mapa e resolvido fazer o que qualquer francês sem um carro faria: ir andando. Parecia meio longe, mas era possível. Na França, as pessoas vão andando para qualquer lugar. Só que Lucas morava no Laurel Canyon, e sua amada estava em Pacific Palisades. Para qualquer um que conheça Los Angeles, essa ideia é completamente louca. É verdade que *ninguém anda em Los Angeles*. Mas Lucas havia feito isso. Ele tinha caminhado, caminhado, caminhado. (Isso havia acontecido antes do Uber, e é raro encontrar táxis em Los Angeles.) Ele havia descido por Hollywood Hills e passado horas atravessando a Sunset Boulevard, embaixo do sol quente, até chegar a Beverly Hills, Bel Air e Brentwood; quando ele finalmente chegou, fazia tempo que *Gossip Girl* tinha acabado. Mas ele não desistira, apesar de a caminhada levar quase cinco horas.

Para surpresa de todos nós naquela noite, a moça em questão não tinha ficado nem um pouco impressionada com a devoção de Lucas. Na verdade, ela havia se irritado: já tinha passado da sua hora de ir dormir.

Conforme o jantar chegava ao fim, eu me sentia relaxada, até feliz, cercada por minha irmã e amigos novos e antigos. Passei a noite toda sem olhar para o celular, não pensei nas perguntas a que não poderia responder, as atualizações promissoras que eu não tinha. Seria possível que eu estivesse exatamente onde queria estar naquele momento, com ou sem encontro, com ou sem alma gêmea? Talvez. Mas eu não sabia o que fazer com esse conhecimento, e não confiava nele.

No caminho de volta para o hotel, com as ruas agora molhadas pela chuva da noite, notei que os panfletos que havia colocado nos para-brisas mais cedo começavam a se desintegrar. Outros papéis cobriam os meus. E multas. Algumas folhas. Tudo molhado. Isso partiu um pouco o meu coração. E o preencheu também. Minha noite inteira havia sido cheia de amor. Não do tipo romântico e arrebatador que eu queria encontrar em Paris, mas amor mesmo assim. Por algum motivo, os panfletos molhados me fizeram pensar em Philippe, e em tudo que eu ainda sentia por ele vindo à tona o dia inteiro, como uma foca que surgia e sumia entre as ondas. O amor inebriante que nós tínhamos parecia completamente perfeito e rejuvenescedor no começo. Isso era parte do que o tornava irresistível. Então a vida acontece; problemas reais se acumulam e se solidificam. Folhas caem, a chuva vem. E às vezes as merdas dos panfletos se desintegram.

No saguão do hotel, demos um abraço de boa-noite em Tara antes de ela seguir para o seu quarto e nós irmos para o nosso. Eu me aconcheguei em meu sofazinho vermelho e abri o Instagram para postar fotos do restaurante. E lá estava, no feed de Margot.

Minha mãe está procurando sua alma gêmea em Paris. Acompanhem em @02Novembre1968 — ela quer biscoito! Margot tinha respostado uma foto que Nicole havia tirado de mim perto do Arc du Carrousel, segurando uma placa da busca pela alma gêmea.

Será que eu finalmente estava recebendo apoio da minha filha descoladíssima de quinze anos? Era um milagre. Maior até do que Kate Wash. Eu estava falando de *Margot Barrett*.

— Olhem! A Margot me marcou no Instagram dela!

Mostrei o telefone para Penelope e Nicole.

— O que ela quer dizer com biscoito? — perguntou Penelope. — Isso é uma gíria americana? Querer um biscoito é uma coisa boa?

— Deve ser. Mas não seria melhor querer uma refeição inteira? — brinquei. — Será que eu procuro na internet?

— É uma coisa boa — explicou Nicole. — Sabe, ganhar biscoito é ganhar um elogio, tipo para... agradar a pessoa.

Ahhh, Margot. Nós três gargalhamos.

Àquela altura, já era tão tarde que estava cedo. Mas eu não conseguia relaxar. Enquanto Nicole e Penelope tiravam a maquiagem e se preparavam para dormir, calcei minhas botas.

— Aonde você vai? — perguntou Penelope.

— Preciso de um minuto sozinha — falei. — Não vou demorar.

Posso muito bem admitir: eu queria um cigarro.

Em casa, eu tinha parado de fumar. Abri mão disso com Philippe. Mas... que droga, o que Paris fazia com as pessoas? Eu tinha me transformado na americana que seguia todos os clichês. Suéter com listras azuis e brancas? Feito. Crepes no café da manhã? Feito. Permanecer apenas em um raio de três quilômetros da Torre Eiffel? Feito. Cigarros Gitanes? Tudo bem, feito. Mas só um maço, que eu tinha comprado escondida enquanto procurávamos o modelador de cachos no primeiro dia. Era só isso. Eu racionava aqueles cigarros como se eles fossem feitos de ouro.

Fiquei parada na frente do hotel embaixo do guarda-chuva, a rua silenciosa e escura, a chuva caindo forte agora. Mesmo assim, para mim, a cidade estava linda. Peguei o celular. Cansada de ser ignorada, eu não abria o WhatsApp desde antes do jantar. Mas resolvi ver se algum dos caras tinha dado o ar da graça e esperava por mim.

O Pai Dedicado, Maaz, havia respondido. Nós estávamos trocando mensagens desde a minha chegada sobre jantarmos no dia seguinte, mas ele não tinha confirmado. Talvez confirmasse agora. Abri sua mensagem.

Minha filha ficou doente, e esta é a minha semana com ela. Minha ex vai me matar se eu sair. Preciso cancelar. Desculpe.

Espera aí. A filha dele não era *adulta*? Fechei o WhatsApp, entrei no Tinder e fui passando as mensagens que trocamos por semanas. Sim — ela havia terminado a faculdade e começado a trabalhar. Esse cara devia usar a desculpa da filha doente havia *anos*.

Melhoras pra ela. E espero que você encontre alguém. O que mais havia a dizer? Menos nove. Então havia o fato de que vários homens que tecnicamente permaneciam na lista — Benoit, Alcide, Christophe e Amir — não tinham respondido nem às primeiras mensagens de "Finalmente cheguei em Paris". Nem as que eu havia mandado depois dessas.

Eu estava tentando demais? Ou de menos? Será que meus candidatos a alma gêmea achavam que eu era uma boba e nunca viria para cá *de verdade*, e que, agora que eu estava na cidade, eles tinham resolvido fugir? Será que François tinha razão sobre eu ser exagerada para os franceses? Ou talvez eu estivesse interpretando os sinais do universo do jeito errado. Pela milionésima vez naquele dia, duvidei de mim mesma, da minha busca e da minha capacidade de estar em contato com meu eu superior, que dirá com forças superiores. Então me perguntei: O que aconteceria se eu simplesmente parasse? Não com a busca pela alma gêmea, porque eu sinceramente acreditava que algo na minha alma reagiria à pessoa certa. Mas e seu eu me desligasse das dúvidas sobre como e quando isso aconteceria, e se eu tinha ou não fodido tudo sem querer? Como eu me sentiria?

Ei, universo, pensei, *já entendi. Sim. Pois é. Você me ouviu? Eu. Já. Entendi. Você não quer mandar minha alma gêmea agora?* TUDO BEM. *Nós ainda vamos achar esse filho da puta. Mas também vamos nos* DIVERTIR.

Estar me impondo me fazia me sentir bem, como se isso fosse me levar a algum lugar. Todo o esforço, amor e compreensão que eu dedicava aos

Pais Dedicados do mundo começaram a se cristalizar em algo mais claro. Mais firme. Mais lindo.

Pensei em como minhas melhores amigas, as mulheres que agora dormiam no hotel e as que estavam acordadas na ensolarada Los Angeles, a meio mundo de distância, tinham me dado apoio incondicional, ano após ano, quando o divórcio ou Philippe, ou a vida de solteira em geral, ou qualquer outra coisa me deixava para baixo. E como eu retribuía esse amor e apoio sempre que elas precisavam de mim. Eu tinha certeza de que essa mágica poderosa existia, sem precisar de sinais e cristais para isso: Amizade. Irmandade. Mesmo que minha alma gêmea ainda não tivesse aparecido, eu tinha minhas amigas. E foi isso que me inspirou a dar meu próximo passo.

Abri o Facebook e escrevi um post no Paris for Her,* um dos grupos para estrangeiros que moravam em Paris. Havia alguns meses que eu estava nele (pensei que as participantes poderiam me dar ideias).

> Meu nome é Natasha, e sou uma americana aqui em Paris, procurando minha alma gêmea. Pode parecer esquisito, mas uma astróloga me contou que alguém nascido nesta cidade no dia 2 de *novembre* de 1968 está alinhado com meu ponto do destino. Por muitos motivos, eu acredito nela. Vim de Los Angeles para ver se ela estava certa, com o objetivo de conhecer o máximo de homens possível com esse mapa astral (e uma mulher, cujo pai pode ser minha alma gêmea). Antes de o meu pai morrer, prometi a ele que eu sempre acreditaria em magia e nunca desistiria do amor. E, para mim, promessa é dívida. Uma das últimas coisas que meu pai me disse antes de morrer foi "A gente se vê em Paris".
>
> Então, aqui estou eu. Em Paris. Oi, pai.
>
> Com certeza estou bem longe da minha casa em Los Angeles. E algumas pessoas me disseram que sou louca ou coisa pior. Mas reuni toda a minha coragem e vim para cá porque, bom, algo

---

* "Paris para ela", em tradução livre. (N. da T.)

maior do que eu assumiu o controle. Algo que parecia muito com FÉ. Com ESPERANÇA. Com AMOR. Com DESTINO.

Resumo da ópera: foi um desastre. Furaram comigo, e vários caras desapareceram. Fracassei completamente em encontrar o homem da minha vida. Eu me sinto mais que perdida. Mas acabou de me ocorrer, parada sozinha na chuva, às duas da manhã, que talvez eu tenha esquecido alguma coisa. Que talvez eu esteja fazendo tudo errado.

Na minha última noite em Paris, quero convidar vocês — AS MULHERES DE PARIS — para se juntar a mim e às minhas amigas para bebermos.

Para qualquer uma que acredite em amor e magia, em viver sem medo, em seguir seus sonhos e manter promessas... eu adoraria ter um encontro com você.

Estarei no bar Le 1905, no quarto *arrondissement*, às sete da noite — sim, daqui a dezessete horas! Até lá! Com amor, Natasha

Apertei postar antes de mudar de ideia. Se os homens de Paris se recusavam a me encontrar, talvez as mulheres viessem.

Casa Nove

*Vamos achar esse filho da p*ta*

A Casa Nove rege as viagens internacionais, a aventura e o risco. E a filosofia, a religião, a sorte, o crescimento, o humor, a educação superior, a mitologia, e vivenciar a grandeza e a generosidade da vida.

A Casa Nove é o ponto de partida para o alinhamento com o nosso eu superior. Ela nos guia até as respostas que buscamos. Nós identificamos gurus, pessoas criativas, mestres espirituais, editores, agentes de viagem, comediantes, líderes religiosos, filósofos e pioneiros de todo tipo pelos planetas na Casa Nove ou o regente dela.

Escorpião rege minha Casa Nove, e tanto Marte quanto Plutão regem Escorpião. Por causa disso, meus mestres tendem a surgir do oculto. Esses dois planetas são influências fortes na minha jornada, e ambos desejam que eu me encontre por intermédio de um parceiro. Mas não um parceiro qualquer — uma alma gêmea que seja minha igual. Mais fácil prever do que fazer. Alcançar seu ponto do destino nunca vai ser uma tarefa fácil.

A VERSÃO DE MIM QUE HAVIA DITO PARA O UNIVERSO QUE *JÁ TINHA entendido* desapareceu como névoa assim que dei uma olhada no meu celular no nosso quarto dia em Paris. Em vez de vinte ou trinta mensagens novas, algo que já tinha sido bem desconcertante nas manhãs anteriores, *centenas* de pessoas tinham encontrado meu Instagram do dia para a noite. Não fazia sentido. O último vídeo que eu havia postado nos stories, aquele com Nicole da noite anterior, contava que a viagem estava sendo um fracasso. Mas, agora, pessoas famosas de verdade, como Busy Philipps, estavam acompanhando minha busca. Como é que a minha vida podia ser minimamente interessante para essa gente? Havia inúmeras mensagens me dando apoio e pedindo atualizações nos comentários. Sentei no sofazinho vermelho e fui arrastando e arrastando a tela, alternando entre: gratidão e *Ai, merda!*.

Um conto de fadas moderno! Vai em frenteeeeee!!!!

Ai, meu Deus, essa é a melhor coisa das redes sociais. Melhor que qualquer série da Netflix!!!

Conto de fadas? Netflix? Se aquilo fosse um conto de fadas, então eu era a Cinderela andando descalça pelas ruas à uma da manhã, sem carruagem e sem príncipe. Aquela sensação terrível de duas versões minhas existindo em conflito — a versão das redes sociais, comprometida com uma audiência inesperadamente grande, e a versão assustada da vida real, que não sabia o que estava fazendo e se sentia hesitante — voltou com tudo. Meu coração disparou. Qualquer perspectiva que eu tivesse ganhado no dia anterior parecia uma memória distante, a epifania de outra pessoa.

Do outro lado do quarto, Penelope dobrava suas roupas e as guardava na sua malinha. Ela iria partir para o aeroporto em uma hora. Eu queria que ela ficasse, apesar de saber que precisava voltar para sua família. Sempre que minha vida estava prestes a descarrilar, Penelope sabia me mostrar o caminho certo, cheia de calma. E era isso que eu sentia que estava acontecendo. Parando para pensar, eu sabia que estava sendo ridícula, que estava me preocupando com bobagens. No meio de Paris. Mas era impossível me sentir de outra forma. Era como aquela sensação que temos em uma montanha-russa (falando em descarrilar), subindo, subindo, subindo por uma rampa inclinadíssima, nos perguntando por que pedimos para sermos amarrados naquela máquina. Sabendo que o brinquedo, apesar de seguro, está *muito* fora da nossa zona de conforto.

Como qualquer um que já tenha lidado com a ansiedade sabe, desejar que ela vá embora é inútil. Não que isso impeça as pessoas de tentar.

Eu me joguei de volta no meu travesseiro e tentei me acalmar para o dia que viria. Primeiro, mandei uma mensagem para Dash e Margot, um recado fofo de bom-dia para quando acordassem dali a algumas horas: *Bonjour, les enfants! Je vous aime!* Estar com meus filhos, mesmo que virtualmente, sempre me ajuda a recuperar o foco. Então enviei pensamentos positivos sobre Fabrice para o universo. Eu ainda não tinha decidido se acreditava na manifestação de desejos, principalmente depois dos dois últimos dias sem encontros, mas não custava tentar. *Os astros vão se alinhar hoje. Fabrice é lindo, legal e inteligente. Ele tem uma família amorosa, filhos adultos e até está disposto a ir para Los Angeles. Ele é praticamente perfeito. Ele é o homem da minha vida. Precisa ser ele. Precisa.*

— Vai ficar tudo bem, Natasha. — Penelope era capaz de ler meus pensamentos como se eles fossem um livro. — E daí se você ainda não sabe como tudo vai terminar? Isso pode ser positivo. As melhores histórias de amor têm um certo mistério, confia em mim.

— Se você diz — respondi, sentando. — Obrigada por vir até Paris, P. Eu queria que a gente tivesse mais tempo.

— Eu também. E eu não teria perdido isto, Tash. Adoro o jeito como você está indo atrás do seu destino com unhas e dentes. Obrigada a *você* por dividir sua jornada comigo.

Foi então que o cabideiro lotado com roupas esvoaçantes e acetinadas chamou minha atenção. Os vestidos! Ellen Kinney, a generosa presidente da ALC que tinha me dado o guarda-roupa sensualíssimo, iria querer que eu passasse aquela magia adiante, de amiga para amiga. Eu não tinha certeza de muitas coisas naquela manhã, mas tinha disso.

— P, você precisa levar os vestidos que usou aqui em Paris. Mesmo que seja só para encontros na sua varanda depois que os meninos forem dormir. Espera só o Teunbart te ver nessas roupas. Ele vai querer que você venha nas minhas missões idiotas sempre que der. — Peguei o vestido de estampa de leopardo e o preto e verde do cabideiro, entregando-os para Penelope. — Aqui. Eles foram feitos pra você.

O rosto de Penelope se iluminou.

— Tem certeza?

— Tenho. Ninguém ficaria mais linda neles. Vou sentir saudade.

— A gente vai se ver logo. Prometo. De que outro jeito eu fugiria das fraldas e teria as aventuras malucas que só você consegue bolar? — Penelope piscou para mim e fechou a mala.

— Acho que vou tirar uma folga de aventuras depois desta.

— Hum — respondeu Penelope, apenas. Então: — Você e a Nicole não marcaram de encontrar a Tara lá embaixo para o café da manhã?

— O que é isso? — falei, fazendo uma careta e apontando para o montinho marrom triste e solitário no prato de Tara.

O meu transbordava com *pain au chocolate*, brioche, iogurte com granola e frutas.

— Pão sem glúten. Não quero falar sobre isso.

— Qual é o plano para hoje? — perguntou Nicole enquanto eu lia mais mensagens nas redes sociais e no WhatsApp.

— Antes de a gente falar disso, preciso pedir um favor. Para hoje à noite. — Lancei um olhar esperançoso em direção a Nicole e Tara, e as duas ficaram me encarando, inexpressivas. — Então, combinei de encontrar umas pessoas no Le 1905, um bar no quarto *arrondissement*, às sete.

— *Que* pessoas? — perguntou Tara, passando um brie cremoso sobre o montinho marrom.

— Bom, ainda não sei direito. Postei um convite em um dos meus grupos do Facebook ontem à noite... Não precisa se preocupar, Tara, é um grupo só de mulheres. Nada de homens franceses assustadores. Enfim, eu basicamente convidei todas as mulheres de Paris pra me encontrar e celebrar o amor, a magia, e essa porra toda. Sabe, já que os homens não estão aparecendo.

— Ai, meu Deus. Você só pode estar brincando. — Minha irmã me encarou.

— Juro que vai ser rápido. Podemos dar um pulinho lá, beber alguma coisa, ver quem aparece, e aí sair pra jantar em algum restaurante da sua lista. Nosso grande último jantar juntas antes de eu e a Nicole irmos embora amanhã. Só um drinquezinho? Por favor?

— Você não vai se encontrar com o Fabrice em Versailles hoje à tarde? — perguntou Tara. — E com a Shayna na livraria, para a entrevista pro YouTube? Como vamos conseguir fazer isso tudo? Versailles fica a quarenta minutos de carro daqui.

Olhei para o celular. Passava um pouco das oito da manhã.

— Nós temos tempo *de sobra*. Vai dar certo. Mas, só para o caso de os astros não estarem alinhados para mim e o poeta, pensei que a gente pudesse distribuir panfletos no metrô. Ah, e talvez ir a alguns hospitais, pra ver se encontramos registros de nascimento? Um dos meus seguidores deu essa sugestão.

Nicole e Tara trocaram olhares cansados. Qualquer outra pessoa me diria que eu teria que me virar sozinha naquela manhã. Mas minha irmã e minha melhor amiga tinham feito uma promessa para mim, e eu parecia prestes a surtar. Meu cabelo estava murcho; a camisa velha e os tênis que eu tinha colocado para tomar café eram mais apropriados para um dia de faxina do que para encontrar o amor em Paris. Eu mal tinha dormido desde a nossa chegada — nenhuma de nós tinha (tirando Penelope). A única cor no meu rosto era uma camada desigual do batom vermelho que eu tinha começado a passar todo dia.

— Tasha, lembra que eu fui ao museu do arquivo ontem? — perguntou minha irmã. — Sabe o que havia lá além das cartas de amor secretas de Maria Antonieta? Um monte de gente linda. Todas sozinhas, pelo que eu vi. Nenhuma delas parecia turista. Então talvez os museus sejam o ponto de encontro secreto de paquera daqui. O Musée d'Orsay fica bem do lado da livraria onde você vai encontrar a Shayna. O que é mais romântico, zanzar pelo metrô embaixo da terra ou esbarrar com a sua alma gêmea na frente de um Renoir?

Nessa hora, Penelope entrou na sala do café da manhã, sua mala pendurada em um ombro, o cabelo comprido preso em um coque apertado. Ela parecia descansada. Feliz.

— Eu ouvi Musée d'Orsay? Você precisa ir, Tash. É um dos lugares mais especiais da cidade. Alguma coisa legal vai acontecer lá. Você vai ver. — Penelope deu um abraço em todas nós, e percebi que minha irmã recebeu o mais apertado. — Estou feliz por termos passado tempo de verdade juntas, Tara. Encontre um quadro incrível pra mim hoje, tá?

Ela lançou um beijo dramático para nós antes de ir correndo para o táxi que a aguardava.

Com o clima mais leve, entendi a lógica de Tara. O museu abria dali a uma hora, o que significava que eu tinha tempo suficiente para trocar de roupa e consertar meu cabelo. Eu queria estar bonita, para o caso de o Musée d'Orsay estar lotado de escorpianos lindos e cultos em busca de uma namorada.

— Esse Le 1905 *está* na minha lista de lugares legais para visitar — disse Tara, folheando suas anotações.

— Então vamos — disse Nicole, de um jeito que pareceu forçado por um instante, até parar de parecer. — Nós vamos achar esse filho da puta hoje. Estou *sentindo*.

Se eu estivesse prestando atenção no mundo real, teria sugerido uma pausa. Teria me perguntado: *O que você está fazendo, Natasha? Sua melhor amiga está exausta, e sua irmã está mordiscando farelo de tijolo. Você sabe o que elas querem fazer em Paris? É a primeira vez que Nicole vem aqui! E é praticamente a primeira vez de Tara também.* Eu guardaria o celular. Eu passaria mais uma hora na cama. Talvez eu nem tomasse café da manhã.

Mas não fiz nada disso.

O Musée d'Orsay, empoleirado na margem esquerda do Sena, no sétimo *arrondissement*, havia sido uma grandiosa estação de trem na virada do século, construída para impressionar os visitantes que chegavam à cidade. A construção ainda abrigava os dois relógios impressionantes que eram resquícios da sua época de ferrovia: um enorme na fachada, de vidro e metal preto, e um menor e mais elegante, de ouro, no saguão principal. Algumas pessoas vão ao museu só para ver os relógios. Mas o Orsay também abriga a melhor coleção de arte impressionista do mundo. A luz do sol penetrava pelas claraboias grandes, arqueadas — com vidro suficiente para cobrir cinco campos de futebol americano —, quando entramos, boquiabertas.

Por alguns minutos, até eu fiquei hipnotizada pelas obras de arte que nos cercavam. Mas meu celular me chamava como uma droga. Além disso, Tara tinha razão: havia várias pessoas ridiculamente bonitas passeando pelo museu. Comecei a adivinhar a idade delas na minha cabeça, prestando atenção em sotaques franceses, segurando meu pôster ao lado do corpo como quem não quer nada, torcendo para alguém reconhecer a data de nascimento. Tentei parecer sexy porém simpática. Só que ninguém percebeu. Aquilo não era nada parecido com os lugares secretos de paquera de Los Angeles em uma noite de sexta. As pessoas estavam no museu pelo motivo estampado na porta — arte. *Merda*. Eu precisava marcar mais encontros. E pensei que devia postar alguma coisa também, para que as pessoas soubessem que eu não tinha caído no Sena. Comecei a ler minhas mensagens, ignorando as pessoas e a arte ao redor. E isso era exatamente o que eu tinha dito para Nicole no dia anterior que *não* faria.

— Não entendo — disse Tara, em um tom confuso de verdade. — Como você pode estar no meio disso tudo e continuar grudada no telefone?

Ela apontou para o quadro bem na minha frente: um Monet que exibia uma mulher parada em um campo de papoulas vermelhas, segurando uma sombrinha e olhando ao longe.

Ergui o celular e comecei a gravar.

— Ela também está procurando pela alma gêmea dela — falei para Tara e, é claro, para o Instagram.

Tara revirou os olhos.

— Está vendo o garotinho sentado ao lado dela? Acho que é o filho de Monet, e a mulher é a esposa dele.

Paramos diante de *Dança na cidade*, de Renoir, que mostrava uma dançarina olhando por cima do ombro do seu parceiro, procurando algo.

— A alma gêmea dela está aqui? — falei para o celular. — Não.

Tara ficou quieta.

Andei um pouco mais, e uma pintura de Degas chamou minha atenção. Nela, uma mulher de aparência triste estava sentada sozinha em um café, encarando um copo de absinto verde como bile.

— Ah, não... ele deu um bolo nela — falei para o celular.

Nesse ponto, minha irmã foi se afastando cada vez mais de mim pelas galerias. E Nicole — onde estava Nicole?

Eu a vi sentada sozinha em um banco, encarando um quadro colorido de Renoir com pessoas bebendo e dançando em uma festa ao ar livre. Nicole parecia chateada.

— São todos tão lindos, não acha? — disse Nicole baixinho quando sentei ao seu lado.

Achei que eu sabia qual era o problema. Por vários meses, Nicole tinha trabalhado freneticamente em um filme independente, um suspense sobrenatural inspirado nas sombras do seu passado. Seria a estreia dela como diretora, e eu estava tão orgulhosa. Ela estava imersa na edição até o instante em que viéramos para Paris, e ainda havia mais trabalho a ser feito. Muito estresse a aguardava em casa, do mesmo jeito que aconteceria comigo, então pensei ser isso que eu via no rosto da minha melhor amiga. Mas eu devia ter perguntado. E lembrado que eu não era a única com um coração ferido naquela viagem. Ela e Justin não se falavam nem trocavam mensagens desde que chegáramos a Paris. O tempo que os dois estavam dando na relação parecia se tornar algo friamente real e não tão temporário assim.

Muito tempo depois, Nicole me contaria que a beleza extrema e o tema romântico da pintura tinham lhe passado a sensação inesperada de ser acertada por uma tonelada de tijolos, porque ela havia começado a entender que seus sentimentos por Justin eram mais profundos do que gostaria de admitir.

Além disso, nós duas estávamos cansadas pra caralho.

Alguns minutos depois que sentei no banco ao lado de Nicole, minha cabeça começou a doer tanto que eu sentia a dor pulsando atrás dos olhos. Minhas costas latejavam, e fiquei me sentindo péssima, como se fosse desmaiar.

Acaba que o jet lag só piora quando você não dorme, come pouco e toma baldes de vinho e café enquanto se estressa por coisas impossíveis de controlar. Eu precisava de água. E de um analgésico. Pra começo de conversa.

— Já volto — murmurei para Nicole, seguindo direto para um café que tinha notado mais cedo.

O ritmo do meu coração se acalmou, e a dor de cabeça passou um pouco depois que acabei com uma garrafa de água. Eu gostaria de dizer que foi então que me dei conta da situação e voltei para o hotel para tirar uma soneca. Mas, depois que me recuperei um pouco, eu só conseguia pensar no tempo que passava. Eu tinha o restante da manhã, da tarde e da noite, e a manhã seguinte (no aeroporto), para encontrar minha alma gêmea em Paris.

Então algo que Nicole havia dito meses antes surgiu na minha cabeça: *Não esquece, Tash, ele também está procurando por você. Sei que pode não parecer agora, mas as almas gêmeas procuram uma pela outra.*

Torci com todas as minhas forças para ela ter razão, para alguém por aí também estar se esforçando para *me* encontrar. Talvez eu simplesmente precisasse ter mais fé nisso.

Foi aí que meu celular apitou. WhatsApp. Fabrice! Senti uma pontada no peito. Uma pontada boa, não do tipo preocupante. Alguém *estava* pensando em mim! Abri a mensagem.

Papai teve um problema no coração.

Espera, o quê? Reli a mensagem de Fabrice, tentando entender. Vi o pequeno *digitando* embaixo do nome dele. Outra mensagem apareceu.

Sinto muito por precisar cancelar. Preciso ficar com minha mãe.

Fechei o aplicativo. Eu precisava andar. Encontrar minha irmã e minha melhor amiga. A dor na lombar aumentou de novo.

— Tasha? — disse Tara quando encontrei ela e Nicole perto do relógio gigante. — Você parece meio nervosa. Quer voltar pro hotel?

— Olha só. O Fabrice, tão legal, tão maravilhoso, tão perfeito, vai furar comigo também. Que surpresa.

Entreguei meu celular para Tara ler as mensagens.

Minha irmã franziu a testa enquanto encarava a tela.

— Você leu tudo? Acho que o pai do Fabrice acabou de morrer.

Peguei o celular de volta. Fabrice havia escrito mais. Seu pai tinha caído ao levantar da cama naquela manhã. Os médicos achavam que tinha sido um ataque cardíaco fulminante.

Eu me sentia uma escrota. Em um dos dias mais tristes da sua vida, como eu sabia pela minha própria experiência infeliz, Fabrice tinha tirado um momento para escrever para mim. Ele não estava furando comigo; nada disso. Mas essa havia sido minha conclusão imediata. O que estava acontecendo comigo? Aquele não era o amor que eu queria externar para o mundo nem que torcia para receber de volta. Eu precisava grudar um post-it amarelo-fluorescente no meu celular, à la família Sizlo, dizendo *Não seja uma babaca completa*.

Fabrice, sinto muito, de verdade. Estou aqui se você quiser conversar. Se você precisar de qualquer coisa, digitei.

— Que situação horrível — disse Nicole. — É curioso... você e o Fabrice têm várias coisas importantes em comum. Perderam os pais. E eles tiveram casamentos longos. Acredito que isso tenha ligação com a data de nascimento dele, com 2 de novembro. Mas, no entanto, vocês também não estão se encontrando na vida real, apesar de tentarem. O que será que um astrólogo diria?

Foi então que lembrei que havia mandado uma mensagem para Stephanie no dia anterior, pedindo conselhos. *Por favor, universo, permita que ela tenha respondido.* Abri meu e-mail.

A resposta de Stephanie era longa. Bem longa. Tentei não imaginar o boleto anexado no fim. Fiz uma leitura rápida em voz alta, notando os pontos principais.

> Não faz diferença se alguns desses homens estão sumindo. Isso só mostra que Saturno está fazendo seu trabalho. Você nasceu com Saturno em Câncer, na Casa Cinco do amor e do romance. Saturno quer que você encontre amor no mundo. Câncer só deseja aquilo que for real e autêntico. Então, Saturno se comporta como uma porta de tela em relação à sua porta aberta. Você abre a porta para o amor, e a tela impede a entrada de tudo que é inútil.
> Entendo que essa seja uma busca pelo amor no plano físico, mas, para você, é uma busca por paz interior e também, no fundo, uma busca espiritual. O segredo é ter em mente que você não quer alguém para completar a sua vida, mas para ativar a sua parte que já está pronta para essa experiência espiritual.

Não era isso que eu queria escutar. Olhei para Nicole e Tara.
— Hum, acho que Saturno está sendo empata-foda.
Abri um sorriso hesitante, tentando rir.
Nicole suspirou.
— Acho que não foi bem isso que a Stephanie quis dizer.
Tara parecia confusa.
— E que busca *espiritual* é essa? Não quero nada espiritual. Quero alguém para segurar minha mão. Alguém pra me beijar no Ano-Novo. Minha cara-metade. Uma pessoa real, de carne e osso, aqui. Quero mais é que Saturno se foda.
Receber orientação celestial sob medida não tinha dado tão certo assim.
— Talvez seja melhor ir tomar um ar — sugeriu Tara.
Falei que encontraria as duas lá fora, que queria comprar mais uma garrafa de água. Eu precisava de um momento sozinha para reorganizar

meus pensamentos. Com Fabrice saindo de cena, o dia parecia mais desequilibrado. Sentei em um banco e imaginei os astros se alinhando a meu favor, boas energias e a magia do dia a dia. Disse para mim mesma ficar tranquila, como Joe Tranquilo. Mas aquela vozinha maldosa veio: *E se não tiver ninguém por aí procurando por você? E se ninguém nunca mais procurar especificamente por você?*

— Cala a boca — murmurei. — Vai embora.

Aqueles espíritos pessimistas podiam ir se foder. Se eles não fossem embora, eu iria para outro lugar. Comecei a andar rápido para a saída, onde parecia ficar a loja de lembrancinhas. Algo na vitrine chamou minha atenção: uma vela elegante em vidro preto. Entrei correndo na loja e peguei a vela, inalando seu perfume de jacinto e lenha. UN SOIR À L'OPÉRA PARIS, dizia o rótulo acima do desenho de um cisne preto usando uma coroa encrustada com diamantes. Eu não devia comprar uma vela cara e pesada. Mas nada ruim acontecia quando eu fazia compras, e eu precisava fugir de algo ruim. E, por algum motivo, eu simplesmente precisava dela. Depois de enfiar minha compra no fundo da bolsa, saí para encontrar Nicole e Tara sob o sol.

— Onde mesmo fica a livraria? — perguntei para Tara.

— Ah, não é só uma livraria, é a Shakespeare and Company. Uma das livrarias mais famosas de Paris. Talvez do mundo. Fica do outro lado do rio de Notre-Dame. Talvez a gente possa visitar uma capela depois da sua entrevista, para acender uma vela pro papai?

Senti um bolo se formar na minha garganta.

— O papai ia adorar. Vou acender uma vela pelo pai do Fabrice também.

A fachada verde e amarela e as caixas cheias de livros gastos na calçada da Shakespeare and Company exalavam charme do velho mundo. Lá dentro, milhares de livros, novos e usados, ocupavam prateleiras que iam do chão ao teto. Mais livros estavam empilhados em mesas pelos cantos. Eu nunca tinha visto tanto livro em um lugar só. No caminho até ali, Tara havia contado para nós que aquela livraria de obras em inglês, fundada em

1951, era o centro da vida literária de expatriados e que muitos escritores famosos a visitaram e até dormiram lá ao longo dos anos. Olhando para a loja, um tributo extraordinário à leitura e à escrita da mesma forma que o Musée d'Orsay era para a arte, dava para entender por quê.

Distraída, passei os dedos pelas lombadas, pegando um clássico, depois outro. Um exemplar esfarrapado de *The Outsiders: Vidas sem rumo*, de S. E. Hinton, chamou minha atenção. Ele era igual ao que eu lera no internato, anos antes. Enquanto folheava as páginas, as palavras me levaram intensamente de volta não apenas às lições na sala de aula, mas às inúmeras cartas que eu tinha escrito para minhas amigas naqueles anos. As coisas que acontecem na sua adolescência fazem diferença. Às vezes, as décadas que separam esses momentos parecem desaparecer.

É fácil ser expulso da maioria dos colégios internos. Você só precisa quebrar uma de suas regras básicas: não sair da área da escola sem permissão, não beber, não usar drogas de qualquer tipo, não colar nas provas, não fazer sexo e, acima de tudo, não quebrar o amado código de honra da escola.

Eu nasci para quebrar regras. Na minha infância, quando alguém me mandava sentar, eu sempre ficava de pé. Eu me recusava a ir para cama, dava descarga nos brinquedos da minha irmã e insistia em usar vestidos de Natal para fotos no meio do ano. E isso era só o começo. Eu sabia que acabaria ficando de castigo, e, por mais estranho que pareça, eu *detestava* ficar de castigo. Com o tempo, eu tinha começado a me sentir mal pelas minhas atitudes o tempo todo. Parecia que eu nunca seria tão boa quanto as outras crianças. Meu cérebro dizia sim quando alguém me falava não, e vice-versa. Com vinte e poucos anos, recebi um diagnóstico de transtorno de déficit de atenção, o que me ajudou a compreender parte do meu comportamento na infância, e passei a seguir um caminho mais saudável. Mas na adolescência? Eu não sabia de nada. Assim como meus atormentados pais.

Mas eu não tinha parado na Thacher, um colégio interno de elite na Califórnia, por causa disso, apesar de a dificuldade em seguir regras ter contribuído para minha expulsão. Nossos pais mandaram minha irmã e eu para lá porque educação era *tudo* para eles. Bob, nascido em uma família de imigrantes da classe operária em Detroit, tinha visto como seu diploma do MIT abria portas. E Edna, cuja educação havia terminado na Escócia aos catorze anos, compreendia como ninguém as vantagens que as classes ricas de Edimburgo tinham em virtude da educação superior que consideravam ser seu direito socioeconômico. Para Bob e Edna, oferecer a melhor educação possível para mim e Tara era uma necessidade; tudo dependia disso. O colégio interno, um conceito desconhecido para meus pais até então, havia se tornado uma obsessão da família Sizlo após uma das melhores alunas da turma de Tara partir para uma situação educacional mais vantajosa que incluía um dormitório e mensalidades caras. Naquela época, meu pai também havia escutado outro pai falar que as irmãs Sizlo jamais se encaixariam em uma escola como a Thacher. Isso foi o mesmo que balançar uma capa vermelha para um touro. O destino estava traçado. Com um pouco de sorte, além de sacrifícios sérios e uma bolsa de estudos generosa, minha irmã havia ido para a Thacher. Eu a seguiria três anos depois.

O colégio interno acabaria sendo um mundo confuso e frequentemente assustador para uma garota de treze anos com TDA não diagnosticado em 1988. As regras e consequências oficiais ditavam quase todo minuto da nossa existência lá dentro. Desde a minha chegada, eu sabia que jamais conseguiria me lembrar de todas elas, que teria deslizes frequentes. A ansiedade me consumia. Depois disso, viera a raiva enquanto eu lentamente entendia a existência de um problema bem maior: as regras implícitas, que deviam ser obedecidas apenas pelas alunas. Em primeiro lugar: Sejam damas. E lembrem-se de que os meninos têm o jeito deles. As damas devem ser bonitas e jamais questionar a autoridade, especialmente a autoridade dos homens. Se o diretor elogiar sua aparência, agradeça. Se ele exalar cheiro de álcool, não comente. Se ele deixar cair seu guardanapo no meio de um jantar formal e pedir que você o coloque de volta no seu colo, obedeça. Enquanto usa um vestido. Mas que não podia ser preto. Damas não se vestem só de preto. Só garotas que querem encrenca se vestem de preto da cabeça aos pés. E assim por diante.

Em 2021, em uma série de matérias escandalosas, o jornal *Los Angeles Times* revelou que a Thacher era um pesadelo de assédios e abusos sexuais para muitos adolescentes, a maioria garotas, que eram vítimas de professores e alunos do sexo masculino, sem represálias, desde o fim dos anos 1980 até o começo da década de 2010. Naquela época, eu não conseguia colocar em palavras tudo que sentia que havia de errado na escola, mas a hipocrisia gritante entre as regras para os alunos e o comportamento dos adultos que deveriam nos proteger e cuidar de nós me incomodava. Foi graças às amizades que fiz na Thacher, amizades que mantenho até hoje, que não entrei em desespero absoluto. Nós nos salvamos.

Na primavera do meu segundo ano, eu e seis dessas amigas tínhamos resolvido sair escondido depois do toque de recolher para uma festa fora do campus, a que garotos mais velhos que não frequentavam nossa escola iriam. Em pouco tempo tínhamos descoberto que havia muita cerveja e maconha por lá. Nós sabíamos que poderíamos ser expulsas se alguém descobrisse. Mas eu não conseguia me controlar. Uma cerveja e um trago acabariam se transformando em mais cerveja, mais maconha. Não tenho muitas memórias da festa, mas lembro uma coisa: perdi minha virgindade. E não de um jeito romântico, com todos os astros alinhados.

Apenas o nascer do sol alertou minhas amigas e eu para o fato de que precisávamos tentar voltar de fininho para a escola. Como era de esperar, fomos descobertas, ainda bêbadas, e isoladas para receber castigos. Minha expulsão foi repentina e indiscutível, uma experiência solitária e vergonhosa. Tentei dizer a mim mesma que não fazia diferença, já que, como minhas amigas também haviam sido expulsas e Tara já havia se formado, eu não queria continuar lá mesmo. Essa parte era verdade — eu não queria ficar na Thacher. Mas minha versão de quinze anos não conseguia pensar em uma forma aceitável de expressar esse sentimento, então eu fiz isso do único jeito que parecia possível.

De repente, me vi em Rockcreek, no Oregon, bem longe do sol de Ojai e das minhas amigas. Eu não podia conversar com nenhuma delas pelo telefone. Não tinha contado nada para o meu pai sobre as coisas que tinham acontecido comigo nem sobre como era difícil estar em Thacher. Como eu poderia fazer uma coisa dessas? Bob e Edna tinham se mudado para um apartamento pequeno de dois quartos e viviam à base de cartões de crédito para conseguir bancar as mensalidades da escola. Eu tinha decepcionado os dois, como o tal pai da escola havia previsto. Então eu havia começado a escrever cartas para minhas amigas mais próximas, usando uma caneta Bic para despejar meus sentimentos de tristeza, isolamento, raiva e confusão no papel pautado.

O que tinha começado como um meio de comunicação urgente logo se tornaria uma tábua de salvação e uma paixão. Escrever era difícil e doloroso em certos momentos, mas também me deixava feliz. Naquela época, eu precisava de algo que me deixasse feliz por muitos motivos, mas o principal era o fato de eu não ter conseguido terminar o ensino médio. Não do jeito tradicional. Às vezes ainda é difícil para mim contar isso para as pessoas. Terminar o ensino médio, na nossa sociedade obcecada por status, pode parecer um objetivo pequeno. Mas, para alguns de nós, não é. Com o tempo, eu acabaria me formando no supletivo.

Na faculdade, eu tinha estudado criação de roteiros para cinema, e depois fora contratada em um cargo iniciante de uma revista. Mas logo havia mudado para o mercado de moda e comércio. Os salários eram melhores. Eu tinha prometido a mim mesma que continuaria escrevendo nos fins de semana. Então conheci Michael. Margot nasceu quatro meses depois do casamento, e eu pedi demissão dos meus empregos de representante de vendas em uma empresa de roupas jeans e de escritora freelancer, que fazia como bico. Não demorou muito para que eu parasse de escrever completamente. Nem um diário eu tinha.

Na minha cabeça havia o conceito de que boas mães e esposas se dedicavam completamente à família. Eu estava determinada a finalmente fazer algo direito, a parar de pular de uma coisa para a outra e a finalmente ter *foco*. Eu adorava ser mãe; amei a pequena Margot no instante em que a vi pela primeira vez. Mas escrever era uma maneira de lidar com emoções e pensamentos bons e ruins. Sem isso não havia válvula de escape. Às vezes acho que foi por isso que a depressão pós-parto me pegou com tanta força depois do nascimento de Margot. Ainda busco uma explicação pela escuridão horrível e descontrolada que eu sentia que não seja "Às vezes acontece". Naquela época, eu não tinha chegado nem perto do meu computador. Até depois do divórcio, não cogitei escrever. Para ser sincera, eu anestesiava com álcool os raros momentos que tinha sozinha depois que as crianças iam dormir. Uma taça de vinho. Uma dose de tequila. O tipo de escrita que eu fazia bem era vulnerável e sincero demais para eu encarar. Mergulhar nos meus sentimentos, nos acontecimentos dos últimos meses e anos? Não, obrigada.

O Instagram havia mudado isso, provavelmente porque eu não tinha me dado conta de que estava escrevendo. Não no começo. Um post não é uma matéria nem uma redação, nem uma carta para uma amiga, e foi isso que me permitiu voltar aos poucos.

Porém, na Shakespeare and Company naquela tarde em Paris, eu não estava pensando na Thacher ou no passado; algo mais capturava minha atenção. Os livros. Olhei para todas as palavras, páginas e livros que me cercavam nas prateleiras e, pela primeira vez em muito tempo, desejei que alguns me pertencessem. E não de um jeito tipo "Acabei de comprar". Talvez Nicole não estivesse completamente certa quando disse que o Instagram não tinha nada a ver com meu ponto do destino. Stephanie havia dito que meu ponto do destino era contar uma história. Eu não podia negar que estava fazendo isso agora, mesmo que de uma forma pouco convencional. E se eu seguisse em frente? Então balancei a cabeça. O que eu estava pensando?

— Não é melhor a gente ir pro café? Acho que marquei com a Shayna lá — falei.

Eu ainda não estava pronta para admitir a parte da escrita do meu sonho, nem para Tara e Nicole. O motivo para eu achar infinitamente mais fácil gritar aos quatro ventos, pela internet e *ao vivo* em duas cidades enormes, sobre a busca pela minha alma gêmea, um homem nascido em um dia específico e em um lugar específico segundo minha astróloga, só um bom terapeuta entenderia.

Depois que nos acomodamos em uma mesa na parte de fora da livraria, Nicole e eu devoramos os bagels que tínhamos comprado no balcão. Mas Tara tinha apenas uma xícara de chá à sua frente.

— Você não está com fome? — perguntei.

— Estou bem — respondeu ela.

Foi aí que me dei conta de que o café não devia ter boas opções sem glúten. Droga. Tara não comia nada desde o montinho deprimente no hotel, horas antes. Eu não sabia o que fazer. A youtuber com mais de cem mil seguidores iria aparecer a qualquer momento. *Vai ser rápido*, pensei, *e depois podemos achar alguma coisa para Tara comer.* Nervosa, retoquei o batom. Eu não estava acostumada a dar entrevistas.

Quando ergui o olhar, Shayna estava parada na frente da mesa. Com apenas vinte e dois anos e um rosto quase impossivelmente jovem, ela usava o brilhante cabelo roxo-platinado preso em um rabo de cavalo frouxo. Suas pálpebras tinham sido pintadas com purpurina laranja chamativa, os cílios com rímel branco, e os lábios com um batom vermelho-cereja. A calça azul forte, o colete prata e o sobretudo extravagante, estampado com zebras, pavões e borboletas, eram o oposto desencavado em brechó da moda de roupas cheias de logotipos compradas em lojas de departamento de Los Angeles. Um sapato boneca preto de plataforma com meias listradas completava perfeitamente o look. Todo o corpo de Shayna era uma tela para uma autoexpressão empolgante. Eu a adorei na mesma hora.

— *Oiiiiii!* — cantarolou ela, cheia de energia. — Que ótimo finalmente estarmos nos conhecendo! — Shayna sentou ao lado de Tara, empunhando a câmera, apesar de ainda não ter começado a filmar. — Quero saber de *tudo*. Desde o começo! Você está fazendo uma coisa tão radical! Como isso aconteceu? Tenho tantas perguntas!

Geralmente, quando eu contava sobre a busca pela minha alma gêmea em uma cidade estrangeira para uma pessoa nova, meu foco eram as partes sobre Philippe e Stephanie. Sobre astrologia, magia e amor. Era isso que fazíamos quando explicávamos a história do dia 2 de *novembro* de 1968 para taxistas, garçons e desconhecidos pelas ruas. Mas naquele dia, sentada diante de Shayna, pela primeira vez falei muito sobre Bob. Contei que, nas suas últimas semanas de vida, Tara e eu tínhamos prometido encontrá-lo em Paris. Enquanto eu falava, Shayna concordava com a cabeça, interessada. Mas a expressão de Tara murchou. Seus olhos estavam marejados? Não dava para ter certeza, porque minha irmã rapidamente pegou seus óculos escuros e os colocou no rosto.

Eu devia ter parado. Tara tinha acabado de sair de um museu iluminado cheio de quadros de bailarinas e flores silvestres, e eu a arrastava de volta para a escuridão. Uma escuridão particular. Aquelas horas ao lado da cama do nosso pai, quando decidimos juntos como ele partiria da vida que compartilhava com a gente, eram apenas nossas. De certa forma, éramos nós três enfrentando o mundo, uma experiência sagrada. Bob estava velho e doente, e seria fácil dizer que sabíamos que aquilo aconteceria. Mesmo assim, nenhum de nós estava pronto para se despedir. E, apesar de os momentos de leveza estarem lá, porque é assim que minha família funciona, não tem nada de engraçado nem de divertido na morte. Sem dúvida, eu devia ter calado a boca. Mas não calei. Não porque eu quisesse contar uma história interessante para Shayna e seus seguidores, mas porque não conseguia me controlar. Tudo simplesmente saiu.

Sentindo o desconforto de Tara, Nicole gentilmente levou uma mão às costas da minha irmã. Tara se enrijeceu. O olhar no seu rosto, mesmo por trás dos óculos grandes, me disse que ela precisou se controlar ao máximo para não dar um soco em Nicole. Nós éramos Sizlo. Ou melhor, Henretty — o lado da minha mãe. A família Henretty, escocesa até o último fio de cabelo, não quer ser alvo de pena, nem receber consolo ou ajuda. Nós seguimos em frente. Pouca coisa nos abala. Tirando um abraço ou um afago nas costas. Isso acaba com a gente.

Tara levantou de repente e disse que precisava esticar as pernas. Depois de observar minha irmã se afastar em silêncio, Shayna se virou para mim, preocupada.

— Ela está bem?

— Ela vai melhorar — falei, principalmente para me convencer de que seria melhor não ir atrás de Tara.

Fizemos a entrevista de verdade nos bancos de um parque mais tranquilo ali perto. Não demorou muito, ou pelo menos foi o que pensei. Era fácil conversar com Shayna, com seus olhos azul-acinzentados brilhantes e o tom animado da sua voz — com um toque da França e da Flórida, de onde ela havia se mudado sozinha aos dezenove anos. Encerrando a conversa, ela fez uma última pergunta.

— Se ele estiver escutando em algum lugar, o que você gostaria de dizer a ele?

Ninguém nunca tinha me perguntado aquilo.

— Vou esperar por você — respondi, as palavras saindo quase antes de eu saber o que falaria. — Vou esperar por você — repeti.

Tara voltou quando Shayna estava gravando imagens de mim na livraria, distribuindo panfletos e enfiando meus cartões de visita nos livros antigos.

— Tasha, não esquece que a capela vai fechar. Precisamos ir.

— Ela está bem ali. Relaxa.

Gesticulei para a imponente catedral gloriosa coberta por andaimes, que se agigantava do outro lado do rio. Se eu fosse um pássaro, levaria menos de cinco segundos para voar até seus portões.

Foi então que notei uma escada pintada de vermelho levando ao segundo andar da livraria. Como eu não a vira antes? Eu sabia que precisávamos ir embora, mas a escada seria perfeita para uma foto para o Instagram.

— Nicole, você pode tirar uma foto rapidinho de mim nessa escada fofa?

— Que boa ideia — respondeu ela. — Quer segurar uma pilha de livros sobre amor?

Tara olhou para o relógio. E então para mim, posando na escada. Shayna tirou mais algumas fotos e declarou que estava satisfeita.

— Fiquei tão inspirada com a sua capacidade de viver a sua verdade — disse Shayna quando nos despedimos. — Olha, imagina se você encontra a sua alma gêmea por causa desse vídeo? Não seria legal?

Nós nos despedimos com um abraço.

— Precisamos correr! — disse Tara. — São quatro e vinte e cinco, e a capela fecha às cinco.

— Quanto tempo demora para acender uma vela? Três minutos? Vai dar tempo — falei, silenciosamente rezando para ter razão.

Aceleramos o passo enquanto atravessávamos a Petit Pont até Notre-Dame.

Se eu tivesse prestado atenção, saberia que *não* estávamos indo para Notre-Dame. A catedral continuava fechada para o público desde o incêndio devastador que destruíra boa parte do seu interior e da estrutura do prédio no começo daquela primavera. Não, nosso destino era uma capela gótica menor, a apenas quinhentos metros de Notre-Dame: a Sainte-Chapelle. Era nela, segundo Tara, que os reis da França rezavam.

Apesar de termos chegado com mais de vinte minutos de sobra, as portas da capela estavam fechadas e trancadas. A placa pendurada nelas dizia PAS D'ADMISSION APRÈS 16:30. O quê? Tara abriu o Google Tradutor.

Ninguém pode entrar depois das quatro e meia.

Ah, não. Bati na porta.

— Olá? — chamei.

Nada.

Eu me virei para Tara, que me encarava com tristeza e decepção, com cansaço e uma faisquinha de fúria.

— Desculpa. D-desculpa mesmo, de verdade — gaguejei —, mas pelo menos você acendeu uma vela para o papai na outra igreja que visitou naquele dia. Ele sabe disso, irmã.

Não sabe, pai?

— Eu acendi aquela vela por *você*. Pra encontrar o seu amor verdadeiro. Nós vínhamos acender a vela para o papai juntas. Porque prometemos a ele que o encontraríamos aqui, *juntas*. Eu e você.

Merda. Merda. Merda. O rosto da minha irmã estava duro como pedra; seus lábios estavam pressionados. Os óculos escuros voltaram, apesar de já estar escurecendo.

— Não tem problema — disse Tara em um tom inexpressivo enquanto nós três entrávamos em um táxi.

Nós voltaríamos para o hotel e nos arrumaríamos para o Le 1905.

Quando saímos para o bar, já estávamos atrasadas. Eu me sentia arrasada. Pensamentos incômodos e depois completamente negativos rondavam minha cabeça. Aqui vai uma lista incompleta deles: Eu era uma babaca egoísta por não acender uma vela com Tara para Bob. Como meu voo sairia cedo no dia seguinte, não teríamos outra chance. Eu não sabia como me redimir com ela. Então havia Georges. Lembra que ele ia pegar um trem da Provença para vir me encontrar para tomarmos um vinho? Eu achava que ele tinha sumido, mas não foi isso que aconteceu. Eu não tinha visto sua última resposta, perdida num turbilhão de mensagens, tentando confirmar a hora. Quando a encontrei, eram vinte e quatro horas mais tarde. Pedi desculpas, mas ele devia achar que eu era, no mínimo, instável. E Fabrice. Aquela seria sua primeira noite sem o pai. Ainda bem que Fabrice não tinha visto minha reação egoísta ao ler sua mensagem. Ele com certeza não iria querer que eu fosse sua alma gêmea nesse caso. Eu estava preocupada com as coisas em casa e em como seria a noite. E se minha última tentativa com as mulheres de Paris fosse um fracasso completo? E se algumas delas chegassem mais cedo e acabássemos nos desencontrando? Eu já tinha feito tantas burradas naquele dia. Queria acertar pelo menos alguma coisa, voltar para o caminho certo. Mas estávamos atrasadas.

O recepcionista prestativo, agora nosso amigo, garantiu que o Le 1905 ficava perto dali e que nenhum parisiense pegaria um táxi do hotel até lá.

— *C'est simple*. Só dois quarteirões para lá, depois um quarteirão subindo a rua, e *tu es arrivé*.

Ou eram dois quarteirões para o *outro* lado? Depois de caminharmos alguns quarteirões, não sabíamos mais. Tara olhou o mapa no celular. Sim, tínhamos andado na direção contrária sem querer.

— Ainda dá para chegar na hora se a gente correr — falei para Tara e Nicole.

Eu usava botas com meu jeans skinny. Tara, com seus sapatos práticos, conseguiria me seguir com facilidade, mas ela ficava olhando para trás enquanto eu saía em disparada, porque Nicole havia calçado um par belíssimo de saltos da Christian Louboutin, e eles com certeza não tinham sido feitos para caminhadas.

Todo o resplendor da beleza de Nicole naquela noite estava levemente intensificado. Ela havia se arrumado com um foco quase meditativo, tão absorta no processo que quase não falava. Seu cabelo descia em cascatas brilhantes, sua maquiagem era um misto de sutil e esfumaçada, seu vestido tubinho canalizava uma vibe elegante. Em qualquer outra noite, eu teria reconhecido que tudo aquilo era o tranquilizante pessoal de Nicole e conversado com ela, especialmente depois do que tinha visto no Musée d'Orsay naquela manhã.

Mas eu tinha conversado por telefone com Billy enquanto montava meu look bem mais casual. A venda da casa do astro pop havia sido cancelada. O comprador, um homem que valorizava a privacidade e a eficiência acima de tudo, tinha desistido. Ele não gostava de drama. Nem de atrasos — seu objetivo era fazer uma compra rápida, sem problemas, só que isso deixara de ser uma opção. Na noite após a última inspeção, o astro pop tinha resolvido voltar lá com os amigos para se despedir dos bons momentos. Às três da manhã. Como esqueceu o código da fechadura eletrônica, ele quebrou o vidro das janelas da sala de jogos com uma cadeira da varanda para conseguir entrar. Foi lá que a polícia o encontrou: sentado em um pufe antes imaculado, alternando entre fumar um bong e comer as balas decorativas, cercado por fliperamas de Pac-Man e Donkey Kong (nada disso era dele; essas coisas também faziam parte da decoração), se vangloriando sobre como a casa estava incrível. *Olha só pra minha casa!*, disse ele para os policiais. *Viram como está maneira?* Como a casa realmente era dele, os policiais foram embora. E a festa durou mais doze horas. Praticamente a única coisa que não aconteceu com aquela pobre casa foi a reinstalação dos bichos entalhados. O astro pop não teve tempo para isso.

Billy e eu estávamos fodidos. Todas as muitas horas que tínhamos dedicado a arrumar o lugar e acertar a venda haviam sido jogadas no lixo. Assim como os milhares de dólares adiantados por Billy para um vídeo promocional de qualidade sobre a casa. (Eu tinha prometido reembolsar a metade dos custos depois que fechássemos a venda.) Os pintores, o cara dos azulejos, o pessoal da limpeza — todo mundo precisaria voltar. Teríamos que regravar a última parte do vídeo. E destruir os móveis decorativos era um erro que custava bem caro. Precisaríamos explicar ao artista que tudo agora era dele, ou pelo menos seria depois que ele pagasse, o que seria obrigado a fazer; era uma conversa desagradável para ter com um cliente, independentemente das circunstâncias. Lá se fora a promessa de uma comissão oportuna que me permitira respirar por alguns meses enquanto eu encontrava mais casas para vender, agora com o crédito de ter vendido a propriedade de uma celebridade famosa, o que me ajudaria a conquistar novos clientes. Nós teríamos que recomeçar praticamente do zero com a casa — se tivéssemos sorte. Porque o empresário tinha encerrado seu último telefonema com Billy dizendo as palavras que nenhum corretor de imóveis gosta de ouvir: "Se não conseguirmos encontrar outro comprador rápido, talvez a gente alugue". Corretores cuidam de aluguéis, mas preferimos vendas. A comissão de uma venda é vinte vezes maior que a de um aluguel.

Merda, merda, *merda*.

Dizer que eu estava distraída naquela noite seria pouco.

— Não consigo andar tão rápido assim — disse Nicole, oscilando pelas pedrinhas até cambalear um pouco. — Droga. — Nicole tirou um dos sapatos e analisou o salto. A ponta tinha saído, expondo uma haste fina de metal. — Podem ir sem mim, encontro vocês lá. Estamos perto. Só faltam uns dois quarteirões, né? Vou no meu ritmo.

Olhei de um lado para o outro da rua cheia de galerias de arte escuras, com parisienses usando casaco de lã saindo dos escritórios. Parecia completamente seguro, mesmo que tranquilo demais para aquela hora da noite. Eu não queria deixar Nicole sozinha, mas também não queria ser uma anfitriã grosseira e incompetente.

— Não estamos longe, a Nicole tem razão — disse Tara. — Já estamos atrasadas.

— Tem certeza de que vai ficar bem, Nicole?

— Caramba, podem ir. Estou com o meu celular. Não tem problema. Vejo vocês em cinco minutos!

Tara e eu logo descobrimos que mais do que uns dois quarteirões nos separavam do bar (tínhamos dado uma volta absurda, de algum jeito), mas, depois que resolvemos ir correndo, fomos. Nicole nos alcançaria.

Quando finalmente chegamos ao Le 1905, um bar aconchegante e chique localizado em cima de um bistrô agitado, o lugar estava completamente vazio, com exceção da bartender. Olhei meu celular: sete e vinte e sete. Onde estava todo mundo? Aquele era o lugar certo? A bartender confirmou que era. Perguntei se, quem sabe, um monte de mulheres tinha aparecido, olhado ao redor e ido embora. Ela balançou a cabeça. Pedimos uma garrafa de champanhe e doze copos. Então esperamos. E esperamos.

Uma mensagem chegou de Nicole. *Parei em uma loja. Já estou indo.*

Tem uma taça de champanhe esperando por você. Não precisa ter pressa, respondi — falando assim, a situação nem parecia tão ruim, porque eu estava levando um bolo. Enorme. Tara e eu bebemos em silêncio. Como eu podia ter sido burra a ponto de pensar que aquelas mulheres todas viriam a um bar aleatório para conhecer uma estranha de Los Angeles? Uma estranha que admitia ser um fracasso vergonhoso?

Minha irmã tentou amenizar a situação.

— Uma noite tranquila não é a pior ideia. Por que não pedimos um aperitivo aqui e tomamos nosso champanhe enquanto resolvemos onde vai ser nosso último jantar fabuloso em Paris? — Tara analisou o cardápio. — Eu ainda queria que você ficasse amanhã, mas sei que precisa ir pra casa.

Então senti uma mão quente nas minhas costas. Olhei para cima e vi uma moça baixinha com cabelo escuro e olhos castanhos bondosos por trás de óculos gatinho.

— Natasha? — perguntou ela, tímida. — Eu me chamo Mercedes.

— Mercedes! — Pulei do banco do bar e passei os braços ao redor dela. Os cumprimentos formais franceses podiam ficar pra lá. — Não acredito que você veio! Essa é a minha irmã, Tara. E a minha melhor amiga Nicole está a caminho. Nossa!

Eu não acreditava no que estava vendo. Mercedes era a desconhecida atenciosa e generosa que tinha feito contato comigo pelo Instagram muitos meses antes, a que sugerira que eu entrasse em grupos de Paris no Facebook e que tinha imprimido centenas dos meus pôsteres e grudado pelas estações de metrô e por esquinas. E agora ela estava aqui. Em pessoa!

— A gente tinha acabado de concluir que ninguém viria — falei.

Mercedes soltou uma risada tímida.

— Bom — disse ela, em sua voz suave —, talvez vocês não saibam que, em Paris, ainda é cedo para vir a um bar?

Ah. Nós *não* sabíamos. A noite ganhou um ar diferente, e comecei a me animar. Servi uma taça de champanhe para Mercedes.

— Estou morrendo de curiosidade: Qual é a sua história? Você está solteira? Também quer encontrar o amor? Tipo, por que raios uma moça bonita iria seguir uma velha feito eu?

— Não estou solteira. Eu e o meu namorado estamos juntos há anos. Não sei por que fiquei tão impactada pelo que você está fazendo. Só soube na mesma hora que eu precisava ajudar.

Tara abriu um sorriso caloroso enquanto Mercedes falava, as duas se conectando instantaneamente. Então Nicole apareceu do meu lado. Algo nela parecia meio estranho. Seu cabelo não estava tão impecável quanto antes, e, por um milésimo de segundo, seu rosto exibia uma expressão que eu nunca tinha visto: assombrado, retraído e pálido, sem qualquer sinal do seu brilho de sempre. Mas essa expressão desapareceu quase no mesmo instante em que o notei. Talvez eu estivesse vendo coisas? Tinha sido um longo dia.

— Você está bem? — sussurrei enquanto lhe entregava uma taça de champanhe, após apresentá-la a Mercedes.

— Estou — respondeu Nicole.

Duvidei um pouco, mas, antes que eu conseguisse descobrir mais, a porta do Le 1905 abriu de novo. E de novo, e de novo, conforme, uma por uma, as mulheres que tinham visto meu convite começavam a encher o salão. A cada chegada, a energia do bar ficava melhor. A maioria delas não tinha nascido em Paris; elas haviam se mudado para a Cidade Luz a trabalho, ou por amor, ou pela família. Eram pessoas que queriam mais e dispostas a correr riscos, com idade e vida variadas. Nenhuma se conhecia. Mas todas queriam se conhecer. E queriam *me* conhecer.

Havia Dominique, uma mulher mais velha hilária e sarcástica, que segurava como ninguém o look de editora de revista de moda depois do trabalho com sua calça jeans e blazer pretos. Mais tarde, Dominique confessaria que tinha ficado na dúvida se estava indo encontrar uma mulher louca e suas amigas igualmente doidas (será que ela era a irmã secreta de Colette?). Tara, em especial, achou graça nisso. Era a primeira vez que ela parecia se dar conta de que algumas pessoas achariam que *nós* éramos as pessoas perigosas daquela viagem, não os candidatos a alma gêmea. Como também era uma mãe solo divorciada, Dominique havia desistido de conhecer gente nova, mas achava que podia ter chegado a hora de tentar de novo. Ela queria saber como estava sendo a minha experiência. Havia a prática Magritte, uma babá que tinha virado professora e, no seu tempo livre, moderava um grupo no Facebook para dar suporte a *au pairs* que moravam em Paris. Uma enfermeira chamada Anabelle, fanática por astrologia; Anita, a acadêmica feminista de trinta e poucos anos que contava histórias de encontros tão engraçadas que nos fizeram chorar de rir; e a pequena Beatriz, que carregava um violino e uma mochila lotada. Com apenas dezenove anos, ela havia saído de um ônibus vindo de Budapeste e ido direto para o bar. Quando Magritte descobriu que Beatrix não tinha onde dormir naquela noite, imediatamente lhe ofereceu um lugar seguro para ficar até que ela encontrasse um trabalho. Sim — isso aconteceu diante dos meus olhos, no Le 1905.

Entre o champanhe, os petiscos e as histórias, todas nós acabamos lotando uma mesa grande no terraço, e as desconhecidas se transformaram em amigas íntimas. As mulheres queriam saber: Como estava a busca? O que eu estava achando de Paris? Dos franceses? Eu tinha encontrado o homem da minha vida?

— Sinceramente, só um dos meus candidatos a alma gêmea não sumiu nem furou comigo. Foi um fracasso imenso.

Magritte balançou a cabeça.

— Os homens franceses são assim mesmo. Eles devem ter se sentido intimidados. Juro, toda vez que eu convidei um francês pra sair, ele *pareceu* empolgado, mas acabou não dando em nada. Os franceses são controladores demais.

— É verdade — disse Rosalie, uma holandesa sofisticada de trinta e poucos anos —, também existe o problema de como conhecer alguém em Paris. Os franceses tendem a socializar com os próprios grupos, com amigos de amigos, e tal. Quase ninguém conversa com outras pessoas em cafés ou bares, como aconteceu comigo quando visitei os Estados Unidos. E encontros às cegas não existem. É por isso que eu acho que os aplicativos de namoro são empolgantes pra certas pessoas aqui na França, mas horríveis pra outras. O meu favorito é o AdopteUnMec, em que você literalmente joga os caras num carrinho de compras. Quem me dera!

— Você devia perguntar a hora do nascimento de todos os matches — disse Anabelle, com um tom sagaz. — A hora certa é essencial na astrologia, assim como na vida.

— Não consigo nem que a maioria deles diga quando pode tomar um café comigo agora que estou com Paris — falei, rindo —, mas você tem razão.

— Você não vai desistir, né? — perguntou uma delas.

— Não — respondeu outra por mim na mesma hora, confiante. — Não vai. Olha só aonde ela já chegou.

Pela primeira vez, não recusei um elogio. Em vez disso, levantei, ergui minha taça e fiz um brinde para todas as mulheres reunidas no bar. Agradeci a elas por virem me encontrar, por me mostrarem que Paris realmente era cheia de amor. Elas tinham razão, falei. Eu não desistiria.

Enquanto fazia meu discurso, percebi algo bizarro: eu, Natasha Sizlo, estava parada na frente de um monte de gente, falando, e não sentia medo. Isso era inédito. O que estava acontecendo? Eu não fazia ideia, mas gostei.

Passamos quase três horas bebendo e rindo. Concluímos que a vida de solteira podia ser difícil, não importava sua localização geográfica. Mas, no geral, não falamos sobre decepções. As mulheres se abriram sobre seus sonhos mais loucos, coincidências estranhas e instintos. Beatrix pegou o violino e tocou músicas sobre amor, tristeza e felicidade sublime. Ela parecia capaz de conjurar todas as emoções do mundo com seu instrumento.

Com o tempo, todas as mulheres brilhantes precisaram ir para casa cuidar dos filhos, dormir ou sair em seus próprios encontros. Eu me despedi de todas com um abraço, prometendo que as manteria informadas sobre as novidades. Nicole e eu já tínhamos feito o check-in para nosso voo de volta pela manhã, mas minha alma gêmea poderia estar no aeroporto. *Não?*

Ficamos esperando o táxi na rua.

— Tudo bem, uau. Tipo, *uau*. Não acredito que todas elas apareceram. — Por mais desanimada que eu me sentisse a caminho do bar, agora tinha a sensação oposta. — *Uau*.

— O que acabou de acontecer? — perguntou Tara, quase tão embasbacada quanto eu. — Tasha, eu nem desconfiava que a sua busca era tão importante para as pessoas. Nem quanto elas são legais e maravilhosas. Você sabia?

— Não sei nem o que eu imaginava que ia acontecer hoje, mas seria impossível imaginar uma coisa tão legal.

Era muita informação para assimilar. Meus pensamentos giravam. Eu não conseguia parar de sorrir.

— Estou pronta para ir dormir— disse Nicole, baixinho.

— Não. Ainda não — implorou Tara. — A gente devia ir jantar. É nossa última noite juntas em Paris. Não vamos voltar agora. Além do mais, só comemos uns pedacinhos de queijo no bar. Vocês não estão com fome? Eu quero comer.

Tara estava sendo legal. Ela havia passado o dia inteiro sem comer nada. Devia estar a ponto de desmaiar de fome.

— É claro que nós precisamos de uma grande despedida — falei. — Bife com batata frita? Nicole, o que você acha? Tenta se animar um pouco.

Nicole concordou em ir comigo e Tara depois que lembrou que nosso hotelzinho fofo não tinha cozinha, o que significava que não tinha serviço de quarto. Acabamos em um restaurante bem próximo do Hôtel du Petit Moulin, o que facilitaria a volta para todas nós, especialmente para Nicole, com seu sapato quebrado. O bistrô discreto que encontramos não era nem de longe o que escolheríamos para nossa última refeição em Paris, mas pelo menos estava aberto. Em parte, pelo menos. O recepcionista nos guiou por um salão vazio, onde um rapaz virava cadeiras ao contrário, até chegarmos a uma área pouco iluminada e quase vazia nos fundos. Ele explicou que a cozinha tinha começado a fechar, mas que podia servir saladas prontas e uma última porção de batata frita. Aceitamos, gratas.

A garçonete desaparecia o tempo todo. Nicole mal conseguia ficar de olhos abertos. Tara queria conversar mais sobre as mulheres que tínhamos conhecido. Nosso vinho chegou. Notei que Nicole não tocou na sua taça.

— Você está bem? — perguntei de novo.

Lembrei o olhar assustado que tinha visto no seu rosto mais cedo. Lembrei que, em certo momento, ela havia se afastado do nosso grupo e sumido. Aonde ela tinha ido? Tive a sensação inquietante de que algo estava muito errado.

— Não, não estou — respondeu Nicole. — Alguém me seguiu pela rua quando eu estava indo para o bar.

Estremeci enquanto Nicole contava o que havia acontecido. Todas nós tínhamos decidido juntas que Tara e eu iríamos correndo para o bar, mas, não importavam as justificativas que eu usasse, Nicole tinha ficado sozinha na rua em uma cidade estranha. E essa não fora uma decisão inteligente.

Mancando com o salto quebrado enquanto procurava um táxi e olhava para o Google Maps, Nicole de repente sentira aquele incômodo de perceber que havia alguém perto demais. Ela se virou. A rua estava vazia segundos antes, mas, agora, um homem tinha aparecido. Quando Nicole parava de andar, ele também parava. Quando ela voltava a se movimentar, ele fazia a mesma coisa. Nicole havia se virado para encará-lo de novo e sentira a primeira pontada de pânico. Ele tinha uma vibe estranha. Ela acelerara o passo. Por um instante terrível, tinha se perguntado o que poderia fazer. Havia um telefone para emergências na França? Ela poderia ligar? Então Nicole tinha visto uma loja com o letreiro aceso e saíra correndo até lá. Um atendente de ombros largos, que parecia um anjo misericordioso radiante aos seus olhos, estava parado na entrada, apoiado na porta aberta, fumando. O homem assustador não foi atrás dela. Ele ficou esperando do outro lado da rua, encarando a loja, indo embora devagar apenas depois de o Uber de Nicole chegar.

O rosto de Tara empalideceu de remorso enquanto ela escutava Nicole contar sua história. Eu queria me enfiar embaixo da mesa e desaparecer. Não importava quais eram as minhas intensões na hora. Eu tinha escolhido chegar um pouco menos atrasada — em um bar vazio! —, em vez de ficar com a pessoa que era minha melhor amiga legal havia mais de vinte anos. Comecei a pedir desculpas, lutando para encontrar as palavras certas.

Mas Nicole ergueu uma mão.

— Tash, você não tem culpa pelo comportamento assustador de um potencial estuprador. Nenhuma mulher teria. É verdade, seria bom ter a sua companhia naquele momento. E eu não devia ter dito para vocês irem embora. É uma situação de merda, mas ninguém tem culpa. Ninguém nesta mesa, pelo menos. Vou me sentir melhor depois que eu dormir um pouco.

— Foi por isso que você sumiu no bar? Eu ia te procurar, mas você voltou de repente.

— É, eu cedi e tentei ligar para o Justin, mas ele não atendeu, e eu meio que dei uma surtada. Podemos mudar de assunto? As mulheres que foram lá hoje eram maravilhosas. Estou feliz por aquilo ter acontecido. Foi mágico. Foi uma honra ter presenciado aquilo. Só estou exausta. Está tarde.

Merda. Ela havia ligado para Justin. Isso só deixava mais claro para mim quanto Nicole tinha se sentido sozinha. Eu tinha sido uma amiga de merda, por mais que ela dissesse o contrário. Estiquei um braço e segurei sua mão.

— Desculpa, Nicole, de verdade. O que aconteceu hoje na rua *nunca* devia ter acontecido. Vamos pedir a conta e voltar para o hotel.

Chamei a garçonete enquanto ela atravessava para o outro lado do restaurante escuro. Ela concordou rápido com a cabeça, mostrando que tinha me visto. Não era assim que eu queria que a noite ou a viagem acabassem. Tudo tinha ficado sombrio. Mas eu não sabia como mudar isso. Nossas últimas horas em Paris passavam depressa demais.

Então meu celular apitou.

Chloe, a artista confiante e independente, filha de um homem nascido em 2 de novembro de 1968, a mulher que eu estava quase desesperada para conhecer, finalmente concordava em almoçar comigo — no dia seguinte, quase duas horas *depois* da partida do nosso voo. O momento não podia ser pior. Parte de mim queria responder dizendo que era tarde demais, que eu ia embora. Mas e se o pai de Chloe, ou a própria Chloe, fosse a pessoa que eu deveria conhecer? Eu tinha ido até ali para *não* descobrir?

— Nicole... eu acho... talvez... eu sei como isso soa agora, mas olha. — Mostrei o celular para ela. — Eu posso ter outro encontro de verdade com alguém da minha lista. Vai ser melhor ficar mesmo um dia a mais? Não sei quando eu vou conseguir voltar. Do jeito que as coisas no trabalho estão indo, pode demorar anos.

— Só você é capaz de decidir, Tash. Se conecta. O que o seu coração está mandando você fazer?

Em um segundo, tudo se encaixou: eu precisava ficar. Era só mais um dia, um dia que podia mudar minha vida toda. Eu tinha passado quase um ano inteiro me esforçando para encontrar homens nascidos no dia 2 de novembro de 1968. Recusar a oferta de Chloe não fazia sentido. Pareceria que eu estava desistindo, e isso era o oposto do que eu prometera ao meu pai. E se isso fosse o professor da aula de boxe me dizendo para dar um gás na última rodada? Caia sete vezes, levante oito. Ou algo assim.

— Tudo bem. Vou aceitar. E vou tentar marcar um segundo encontro. Aquele cara bonitinho obcecado por bicicletas, Amir, finalmente apareceu e disse que vai estar em Paris amanhã à noite. Vou dizer a ele que também vou estar. Isso ainda pode dar certo.

A magia e as possibilidades que eu tinha sentido no bar começavam a voltar. Nem tudo estava perdido. Eu teria mais um dia inteiro em Paris.

Não percebi que Tara não havia dado um pio enquanto eu conversava com Nicole sobre Chloe e Amir e a mudança de planos.

Abri a reserva do voo e, com alguns cliques rápidos, mudei a data.

— Você está falando sério? — A voz de Tara falhou. — *Agora* você resolveu ficar. Tipo, menos de oito horas antes do horário marcado para o táxi te levar ao aeroporto?

Olhei para minha irmã. Seus olhos estavam cheios de lágrimas, mas ela não estava triste. Estava furiosa. Ainda não acredito que não entendi imediatamente por quê.

— Sim — respondi, confusa. — Preciso dar uma chance pra Chloe e Amir. Falei para todas as mulheres hoje que eu não ia desistir de procurar a minha alma gêmea. Acho que meio que prometi isso, lembra?

— Não. Você prometeu ao *papai* que o encontraria aqui. Você prometeu para *mim* que nós viríamos juntas pra Paris. Você esqueceu isso tudo? Faz semanas que estou pedindo para ficar um dia a mais comigo, só nós, irmãs. Mas você não podia. Até agora. Bastou uma desconhecida pedir, que nem é uma das suas candidatas, mas o *pai* dela, e ele nem sabe disso.

Abri a boca e a fechei. *Droga*. Aquela noite não estava acontecendo como o planejado.

Lágrimas escorriam pelo rosto da minha irmã. Ela secou os olhos.

— Não sei qual é o meu problema. Quero que você fique, é claro que quero, mas talvez seja melhor a gente passar um tempo separadas amanhã. Você pode ir aos seus encontros. Para ser sincera, acho que eu preciso de um tempo sozinha. Não durmo a noite toda desde que o papai morreu. Vejo o rosto dele nos meus sonhos. Ele está doente e não consegue respirar. Acordo toda noite pensando que esqueci de fazer alguma coisa.

Pagar a conta do plano de saúde. Ligar para o enfermeiro. Encontrar os remédios que poderia salvá-lo ou diminuir a dor dele. Preciso de um tempo. Esta viagem devia ser isso. Não me dei conta de que a gente ficaria andando de um lado para o outro o tempo todo.

Nicole teve o bom senso de não encostar na minha irmã agora. Mas ela começou a falar.

— Sinta a sua tristeza, Tara. Coloca esse sentimento pra fora. Ele quer sair. Você não precisa manter o controle o tempo todo.

Ah, merda.

— Sentir minha tristeza? Colocar pra fora? Você está de brincadeira? Vou te contar uma coisa: curas espirituais rápidas não existem. Faz quase um ano, e eu mal consegui me reerguer.

Tara chorava de soluçar agora. Nicole e eu ficamos sentadas ali, paralisadas. De canto de olho, vi a garçonete se aproximar e então ir embora.

— Você sabe quanto eu ainda faço pela mamãe, Tasha? *Sabe?* O papai guardou todas as contas e recibos médicos desde que a gente nasceu até o ano passado. São caixas de papéis. Em todos os cômodos. Tive que dar baixa nas empresas dele, mandar certificados de óbito para empresas de cartão de crédito, vender o carro, pagar impostos... não tem fim. A minha família também precisa de mim. Você nem imagina como foi difícil encontrar seis dias livres pra eu conseguir vir pra cá. E sabe qual foi a melhor parte da viagem para mim até agora? O voo. Quando eu estava sozinha naquela poltrona apertada, sem ninguém me pedir nada.

Tara tinha basicamente ido morar com meus pais por seis meses antes de Bob morrer, com responsabilidades o tempo todo. Na época, fazia sentido. Os horários dela eram mais flexíveis do que a vida imobiliária imprevisível que Edna e eu tínhamos. Eu ia a Summerland sempre que podia, e minhas visitas eram frequentes, mas, quando eu estava com as crianças, ficava presa. A pressão sobre todas nós era imensa. Mas Tara silenciosamente assumira mais do que deveria, e tinha sido demais. Continuava sendo. Não apenas eu nunca vi Tara chorar do jeito como chorava naquela noite no restaurante como eu nunca a escutara dizer que precisava de um tempo. Nunca.

Ali estava a minha irmã. Ela precisava da minha ajuda. E ali estava minha *melhor amiga*. Ela precisava que eu valorizasse a vida dela do mesmo jeito que ela valorizava a minha. E lá estava eu, crescendo e mudando de formas lindas e horríveis ao mesmo tempo. Minha alma gêmea estava por aí, e eu ainda queria mais que tudo encontrá-la, mas precisava colocar ordem na casa primeiro. E não era na casa astrológica.

— O papai iria ficar arrasado se nos visse brigando — finalmente falei, me apegando à minha certeza no momento, ao fato que acalmaria o nervosismo de Tara.

Tara assoou o nariz.

— Eu sei. Eu sei. Desculpa. Preciso me controlar. Eu adorei a viagem, de verdade, Tash. Não sei por que falei aquilo sobre o voo. Foi ótimo, sim, mas visitar Paris com você também foi. Vou ao banheiro pra me ajeitar, jogar uma água gelada no rosto, e depois a gente pode ir embora. Nem imagino o que a coitada da garçonete está pensando de mim. Que vergonha.

Nicole e eu acertamos a conta e estávamos pegando os casacos quando Tara voltou do banheiro. Ela segurava um cartãozinho. Seu rosto exibia surpresa. Talvez até choque. E... um sorriso.

— Tasha, você nunca veio aqui, né?

— Onde? Neste restaurante? Hum, não.

— Acho melhor você dar uma olhada nisto. Estava preso no quadro de avisos no banheiro.

Tara me entregou o cartão. Era um dos meus: *Nous pourrions être des âmes sœurs*. Nós podemos ser almas gêmeas.

— E daí? A gente distribuiu um *monte* destes. Tipo, um monte *mesmo*.

— Vira o cartão.

No verso, onde havia a data de aniversário e o meu cartão, alguém havia escrito em inglês, em tinta preta: *Tudo pode acontecer.*

Fiquei embasbacada por um instante. O ar ao meu redor pareceu mudar. De um jeito bom. O cartão era outra coincidência, sem dúvida. Logicamente, eu sabia disso. Claro que sabia. Fantasmas não escreviam em cartões, não usavam quadros de aviso.

Tudo pode acontecer, criança, tudo pode ser. Meu pai. A foto de mim com seis anos. Ele tinha escrito no verso da foto. E, agora, lá estavam aquelas palavras de novo. Inexplicavelmente.

— Ai, meu Deus.

— Nossa — disse Nicole.

— É o papai — disse Tara.

Sorrindo, guardei o cartão no bolso do casaco. Parece piegas dizer isso, mas era quase como se a poeira das estrelas tivesse sido guardada com ele. Eu me sentia diferente, como se estivesse flutuando. Podia ser o vinho ou o sono, mas gosto de pensar que foi por causa de Bob.

Abracei minha irmã. E ela deixou. Abracei Nicole também. Nós saímos para a escuridão fria, gratas pelo hotel ficar a metros dali. Não conseguiríamos andar mais que isso. Na pequena suíte no sótão, derreti no colchão macio, enorme. Finalmente, uma cama de verdade.

Casa Dez

La vie en rose

Esta casa fala sobre vida pública, reputação, os pais, figuras de autoridade, abandono, solidão, governo, ansiedade, fardos, sucesso e fama.

A Casa Dez é a segunda mais poderosa do mapa depois da Casa Um. E, mesmo assim, é muito impessoal, focando a maneira como somos vistos pelos outros. Nós nos esforçamos para encontrar sucesso aos olhos do mundo, só para descobrir que a vida no topo é solitária. A Casa Dez é uma professora rígida. Ela nos ensina que devemos seguir regras, e depois nos ensina que as regras que importam são aquelas que nos trazem satisfação pessoal e felicidade. Não surpreende que ela seja a casa dos trapaceiros e do sarcasmo.

Também é nessa casa que vivenciamos insegurança, ansiedade, decepção e depressão. Ainda assim, todas as casas são igualmente importantes na jornada interior para descobrirmos nossa versão autêntica. Quando compreendemos que as imposições da sociedade não necessariamente são a chave para a felicidade, começamos a identificar os objetivos que abrem nosso coração para as maiores alegrias da vida. Às vezes o melhor presente é descobrir o que você não quer.

Meu ponto do destino, ou o nodo norte, fica na Casa Dez. Ela está em Sagitário, o signo da verdade. E nas proximidades se encontra Netuno, o criador de ilusões até finalmente encontrarmos a compreensão espiritual.

— BOM DIA. — MINHA VOZ ESTAVA GROSSA DE SONO QUANDO ME VIREI para Nicole, que também estava acordando. Ela precisava pegar o voo cedo. — Que noite louca. Parece que eu fui atropelada por um caminhão de lixo francês enquanto dormia. Acho que posso estar com ressaca emocional ou espiritual, qualquer coisa assim. Como você está? Tudo bem?

— Tudo. De verdade. Mas você tem razão. Ontem foi intenso. Pra todas nós. Mas isso não me surpreende. Nós estamos juntas em uma jornada, Tash, e, apesar de eu não ter a menor ideia sobre quais são os desafios que o mapa da alma de Tara determinou que ela encararia em Paris, e eu sei que a nossa alma escolheu mapas astrais quase idênticos, e nós nos encontramos por um motivo. É como a Stephanie disse, nós duas somos librianas com ascendente em Peixes. E, mais importante, somos duas alienígenas de Plutão.

Comecei a rir.

— Eu te amo, mas está cedo demais para isso. Já estou confusa. Precisamos da Penelope de volta. Ela é a única que sabe usar a cafeteira do quarto.

— Vou te ajudar. Plutão só se importa com a verdade, com acabar com o papo-furado. É disso que você precisa no seu último dia em Paris.

— Como? Não sei por onde começar. Papo-furado é uma categoria bem abrangente.

— Talvez ajude pensar em como a sua alma pode ajudar os outros. É isso que me alinha. E é uma coisa que corta qualquer papo-furado.

Imediatamente pensei em Tara. Eu sabia exatamente o que poderia oferecer a ela. Paris. Só nós duas. *Mas e os meus encontros?* Como eu tinha torcido para acontecer, Amir havia concordado em se encontrar comigo naquela noite. E havia Chloe. Eu tinha dois encontros — *dois!* — com candidatos a alma gêmea. Pedi a opinião de Nicole. E pedi desculpas por não voltar com ela, como planejado.

— Você *deveria* passar o dia de hoje com a Tara. O seu pai iria querer muito isso. Além do mais, vou dormir durante o voo todo. Sinceramente, não vejo a hora. E você também devia encontrar a Chloe e quem mais puder. Tenho certeza disso. Estou sentindo que a sua jornada e a da sua irmã estão entrelaçadas. Acho que você vai encontrar o seu grande amor. De verdade.

— Tomara que o universo te ouça.

— Tenho uma linha direta com ele.

Ela piscou.

Depois de ajudar Nicole com as malas e me despedir, dobrei e organizei com calma todas as roupas sensuais e esperançosas que eu tinha levado, escolhendo uma calça jeans, uma blusa confortável e tênis para o dia. Meu cabelo, apesar de limpo e penteado, não estava mais cacheado e cheio de spray. Nicole tinha oferecido deixar o modelador de cachos, porém, sem ela para fazer meu cabelo, seria inútil. O mesmo valia para a maquiagem. Eu praticamente a abandonei. Sem minha principal companheira de aventuras, eu tinha voltado a ser apenas a irmã caçula.

O sol lentamente abriu caminho pelo céu cinzento conforme a manhã se firmava. Abri a janela pela última vez e me aconcheguei no banco acolchoado com uma xícara de café que tinha buscado na recepção. Pela primeira vez na semana, não havia pressa. O check-in no hotel novo era só às três da tarde, e Tara precisava dormir. Na noite anterior, tínhamos combinado que acordaríamos devagar, faríamos as malas, deixaríamos as coisas na recepção e daríamos uma volta pelo Marais. Eu almoçaria com Chloe depois disso, então encontraria Amir para uma caminhada. Meus dois últimos encontros dos dezesseis (no mínimo) que eu acreditava que teria durante a semana. Tara ainda não tinha resolvido o que faria enquanto eu estivesse com Chloe e Amir. Talvez visitar outro museu. Mais tarde, porém, teríamos um jantar de irmãs, só nós duas. Seria um dia bom.

Do lado de fora da janela, a cidade estava tranquila. Deixei minha mente divagar. Parei de me preocupar com o que Chloe acharia de mim ou se eu teria química com Amir ao vivo. Fechei os olhos e senti o ar fresco da manhã na pele. Então notei as notas leves e insolentes de um trompete ao longe. Alguém tocava uma música. Uma música que eu conhecia. Prestei mais atenção, finalmente identificando a melodia: "La Vie en Rose".

Nossa música. Não importava quem a cantasse — Edith Piaf, Grace Jones, Lady Gaga. Aos meus ouvidos, aquela sempre seria minha canção com Philippe. Da última vez que eu a escutara, era a versão de Piaf em francês, na festa de Bob, e eu tinha caído nos braços receptivos de Philippe. Tínhamos nos reencontrado, ou pelo menos era o que eu pensava.

— Você lembra o que a letra fala, Natasha? — ele tinha perguntado, sussurrando no meu ouvido.

Claro que eu lembrava. Ele a traduzira tantas vezes para mim. A queda vertiginosa em um amor apaixonado, arrebatador. O feitiço do abraço da pessoa amada. Esperança após desespero. Não era fácil de esquecer. Não quando se tratava de Philippe.

Porém, naquela manhã em Paris, ouvi a música de um jeito diferente, mais como meu pai queria que eu a escutasse sempre que a ouvíamos em seu filme favorito, a versão original de *Sabrina*. "La Vie en Rose" era sua música-tema.

"A vida em cor-de-rosa, Natasha. É isso que significa o título da música", dizia meu pai. Em outras palavras, acreditar que o mundo é cor-de-rosa. Era assim que ele queria que suas meninas seguissem pela vida: sempre pensando assim. Existem muitas vantagens em enxergar apenas o lado bom das pessoas e do mundo ao seu redor, em fingir até algo se tornar realidade, em acreditar que tudo vai acabar bem. Porém a verdade nua e crua também tem seu valor.

Me encontra lá embaixo em cinco minutos, mandei para Tara.

— Aonde nós vamos primeiro? Fazer compras? — perguntei a Tara quando estávamos na rua.

— Vai parecer bobagem — disse ela —, mas você pode tirar umas fotos minhas para eu mandar pras crianças e pra mamãe? Ontem à noite me dei conta de que não tenho nenhuma sozinha em Paris. Tenho um monte de você e Nicole, mas...

Meu Deus, eu era uma idiota

— Tara, me desculpa. Você devia ter pedido. Não, espera. *Eu* devia ter oferecido. Me dá seu celular.

Descemos as ruas, comigo tirando fotos de Tara posando na frente de grandes portas laqueadas, aboletada em cadeiras de bistrôs, fingindo chamar um táxi. Eu adorava ver minha irmã ser boba, como quando éramos crianças. Mandamos as fotos para Edna, prometendo que falaríamos juntas com ela por FaceTime mais tarde.

— Você vai postar algumas no Instagram, pra KC e a Heather saberem que está viva? — brinquei.

— Postei uma hoje. Para os *doze* seguidores que eu tenho agora, haha. Uma selfie com você na ópera. E você? Não vai avisar as pessoas sobre os planos de hoje com a Chloe e o Amir?

— Hora do confessionário — falei, começando uma live. — Ele está no café? *Non.* Ele está no açougue? *Non.* — Girei, mostrando a rua. — É o meu último dia em Paris! E tenho *dois* encontros. Mais notícias em breve.

E o telefone voltou para o fundo da bolsa.

Tara e eu parecíamos adolescentes bobas naquela manhã, tomadas por crises de risada incontroláveis. Compramos canecas que diziam BONJOUR, IDIOTA e colares iguais que diziam *je t'aime*, e ficamos obcecadas com uma estátua mal-educada de um gnomo vermelho-maçã--do-amor na vitrine de uma loja. Por que mal-educada? Bom, o dedo do meio do gnomo dizia ao universo exatamente o que ele pensava. Era o tipo de arte que eu apreciava. Bob teria amado.

— Tira uma foto e manda pra Nicole dizendo que finalmente encontrei meu espírito animal. — Tara riu ao posar na frente da estátua com o seu dedo do meio apontado para o céu.

Então fomos à APC, onde Tara tinha se apaixonado por uma bolsa preta cara no dia anterior. Apesar de a bolsa ter uma alça para o ombro, havia duas menores e curvadas que deveriam ser presas no braço, como algo que Grace Kelly teria usado. Ela era estilosa, sofisticada. Um clássico simples e descolado. Mas um pouco mais elegante do que as bolsas que Tara costumava usar.

— Estou com medo de não ser a minha cara — disse Tara. — Vou usar? Você sabe o que eu uso normalmente. E sei muito bem o que você pensa sobre a minha calça cargo. Então, seja sincera. Eu sustento esse look?

Tudo bem, eu não era a maior fã da calça cargo verde-exército que Tara tinha usado sem parar nos meses antes da morte de Bob. Ou de qualquer calça cargo. Eu não havia dito nada porque não era como se eu não tivesse uma coleção de saias de lantejoula chamativas e camisas com frases escandalosas — a versão estilosa do gnomo que mandava todo mundo tomar no cu. A *Vogue* com certeza não me ligaria para falar do meu guarda-roupa em um futuro próximo. Eu sabia como era ter peças que transmitiam uma sensação de segurança, mesmo que quisesse botar fogo nas da minha irmã.

— A gente não queimou aquela calça junto com o papai? — brinquei.
— Mas, sério, Tara. *Adorei* a bolsa. Você não tem nada parecido porque quase nunca compra as coisas que quer, não porque ela não é a sua cara. Leva a bolsa.

Dava para ver que minha irmã estava questionando se faria sentido fazer a compra. Se seria uma decisão prática. Ela olhou para sua bolsa transversal confiável, discreta. Seus olhos passaram para minha Celine vermelha, que, devo dizer, continuava inegavelmente chique, mesmo após anos de uso.

— Vou levar — anunciou Tara, decidida.
— Não é uma ida à Don Q's no meio da madrugada — brinquei. — É uma bolsa.

Tara mostrou o dedo do meio para mim discretamente enquanto carregava a bolsa linda para o caixa.

Quando Tara pagava pela compra (e perguntava ao mesmo tempo se a bolsa era à prova-d'água), dei uma olhada no WhatsApp. Eu queria ter certeza de que Chloe não havia cancelado. Nem Amir. Nenhum dos dois tinha mandado nada, mas Fabrice havia dado notícias. Era a primeira mensagem que ele mandava desde que tinha avisado sobre a morte do pai ontem.

Obrigado, Natasha, por seus pensamentos, fiquei muito emocionado. Você tem uma alma linda, e lhe desejo tudo de melhor, talvez comigo em sua vida um dia. Com nossas duas almas se unindo por um amor comum. Espero que a sua estadia em Paris tenha sido só felicidade. E que você volte.

Mostrei a mensagem para Tara. Ela estava, como era hábito de Fabrice, cheia de emojis.

— Ele é o meu favorito — disse ela. — Fabrice tem um quê a mais.

— Pois é. Mas não era o momento. Acho que vou ter que aceitar isso.

Tara deu uma olhada no próprio celular, encontrando uma mensagem do nosso novo hotel. O quarto tinha ficado pronto mais cedo. Enquanto voltávamos para buscar as malas, parei para grudar uns panfletos na parede ao lado de uma *pâtisserie*. Minha alma gêmea ainda podia estar em qualquer lugar. Mas Tara os arrancou na mesma hora.

— As pessoas estão vendo! Você vai ser presa por vandalismo no nosso último dia!

— Onde exatamente fica o hotel? — perguntei.

Tara havia dado o endereço para o taxista, mas o nome da rua não significava nada para mim.

— Você vai ver.

Dez minutos depois, paramos no Hôtel Regina Louvre, um cinco estrelas no primeiro *arrondissement*. Pela janela do carro, Tara apontou para uma estátua imensa de Joana d'Arc. Joana usava uma armadura e montava um cavalo com ar triunfante, um braço erguendo uma bandeira esvoaçante no alto.

— Ela me lembra um pouco você, Tasha. Tem algo de esperançoso nela. Poderoso. Forte. Você sabia que ela também ouvia vozes? Haha. Acho que ela é a santa padroeira perfeita para a sua jornada. Esse era um dos motivos pra eu querer me hospedar aqui.

Eu podia não ser uma estudiosa de história, mas já tinha ouvido falar de Joana d'Arc.

— Então... você não acha que sou louca por ficar para ver o que pode acontecer com a Chloe. Ou com o Amir?

— Não — respondeu Tara, agora falando sério. — Não acho. Nunca achei.

Um carregador nos cumprimentou na calçada e pegou nossas malas. Bandeiras dos aliados da França estavam penduradas na fachada grandiosa do hotel, e uma porta giratória imensa levava ao interior. Um porteiro de luvas brancas nos acompanhou até a luxuosa área da recepção. Candelabros de cristal elaborados pendiam do teto alto, e candeeiros dourados se estendiam pelas paredes cor de creme. Janelas altas e o piso de mármore xadrez verde agregavam à opulência arejada do lugar. Sofás estofados e poltronas estavam organizados em conjuntos, e mesas decorativas abrigavam buquês imensos de flores brancas. Não havia elevadores minúsculos, escadinhas minúsculas em espiral; nada naquele cinco estrelas luxuoso era *minúsculo*.

— Como você descobriu este lugar, Tara? — perguntei, impressionada.

Ela corou.

— Não fui eu. Foi o Erik. Esta noite é um presente dele. Ele viu como o último ano foi difícil pra mim. E queria que eu tivesse uma última noite inesquecível em Paris. — Radiante, Tara olhou para o saguão magnífico.

— Obrigada por dividir isso comigo. Você com certeza não precisava — falei baixinho.

— *Bonjour!* Sejam bem-vindas. — Uma moça jovem que parecia mais uma influenciadora parisiense que uma recepcionista uniformizada de hotel se aproximou de nós com um sorriso largo. — Vocês devem ser Tara e Natasha. Estávamos aguardando as duas.

Hein? Como ela sabia quem nós éramos? Lancei um olhar questionador para Tara, mas ela já estava seguindo a recepcionista, que rapidamente fez nosso check-in e então insistiu em nos acompanhar até o quarto.

— Tenho uma surpresa especial para vocês — disse a moça ao abrir a porta do quarto, um refúgio aconchegante em tons creme e dourado, com duas camas queen.

— Você encontrou minha alma gêmea? — falei num impulso, brincando.

Meu Deus, aquela mulher ia achar que eu era doida. Ou idiota. Ou as duas coisas.

Ela nem pestanejou.

— É quase tão bom quanto isso, pode acreditar. — Ela atravessou o quarto e abriu as cortinas com um gesto grandioso. — *Voilà*. Uma das melhores vistas de Paris. A Torre Eiffel... ela vai se iluminar e brilhar como as estrelas que você está seguindo. Isto é, até o último show de luzes, à uma da manhã.

A vista da nossa janela era de tirar o fôlego, tanto que nem pensei em perguntar como ela sabia sobre as minhas estrelas. Nós víamos Joana d'Arc brilhando lá embaixo, o Jardim das Tulherias se estendendo em toda a sua glória esmeralda, e, se agigantando ao longe até o céu mais azul do mundo, a Torre Eiffel, como prometido.

— Que coisa mais linda — disse Tara. — É um sonho. Nós ganhamos um upgrade? Só reservei um quarto básico. Não achei que fôssemos ter uma vista.

A recepcionista sorriu e concordou com a cabeça.

— *Oui*, isso mesmo. Natasha, quando sua irmã fez a reserva, ela nos contou um pouco sobre você. Desde então, fiquei fascinada com a sua busca. Também estou procurando o amor. Você me inspirou a não desistir, e quero inspirar você também. Com a nossa linda cidade.

Eu não conseguia acreditar. Nem Tara, pela expressão chocada em seu rosto.

— Obrigada — falei. — Muito obrigada pelo presente que é essa vista surreal. *Estou* inspirada. Pela vista, mas também pelas mulheres que conheci em Paris, mulheres incrivelmente sinceras e generosas como você. Essa foi uma das melhores partes desta viagem inteira. Mas vou ter que dar notícias sobre a busca. Minha alma gêmea não apareceu. Ainda.

— Que bom que você gostou — disse a recepcionista. — E acredito que você vai encontrar. O amor verdadeiro.

— Espero que você esteja certa — respondi enquanto ela ia embora para nos acomodarmos no quarto.

Não tiramos muita coisa das malas. O meu voo sairia em menos de vinte e quatro horas, e o de Tara pouco depois.

— Graças a Deus temos duas camas — disse Tara, escolhendo a mais próxima do banheiro. — Lembra quando a gente era adolescente e tinha que dividir uma? Naquele apartamento minúsculo onde a mamãe e o papai estavam morando depois que você foi expulsa e eu fui passar as férias da faculdade em casa? Lembro de brigar pra ter espaço para as minhas pernas e berrar com você por sujar meu travesseiro com delineador azul e spray de cabelo.

— Como eu iria esquecer? Você jogou meu uniforme do McDonald's na varanda porque disse que era alérgica ao cheiro de Eternity misturado com o fedor de hambúrguer velho. Que coisa absurda.

— Ainda tenho essa alergia.

— A mamãe e o papai queriam matar a gente. De verdade. A gente dava tanto trabalho. Foi naquele verão que a mamãe contou que a gente tinha uma irmã. Lembra que ela foi pra Vancouver? Ela ficou arrasada. Tinha tanta coisa acontecendo.

Aquele verão havia mudado tudo e nada sobre a maneira como eu enxergava minha família. *Nós temos uma irmã*. Eu adoraria poder dizer que tudo teve um final feliz, que o único motivo para Catherine não estar com a gente em Paris era porque ela precisava fazer uma viagem a trabalho ou tinha alguma outra obrigação, ou até mesmo que achava que minha busca era uma besteira e não queria me ver passando vergonha. Mas qualquer pessoa que tenha uma história parecida na família sabe que nem sempre um final feliz é possível, não importa quanto você o deseje. Digo a mim mesma agora exatamente o que pensei naquela tarde em Paris: *Meu coração e minha porta estão abertos. Sempre estarão.* E: *Como eu tenho sorte por Tara fazer parte da minha vida.*

— Tara, se eu nunca disse isto, você foi uma irmã mais velha sensacional naquela época. Comprando selos pra eu mandar cartas para as minhas amigas. Comprando o teste de gravidez pra mim sem que ninguém soubesse. Eu estava tão assustada e me sentia tão sozinha.

— É claro que estava. Foi horrível. Você só tinha quinze anos, a idade da Margot. Naquele verão, eu prometi que nunca mais ia deixar qualquer coisa acontecer com você. Nem com a mamãe. Deve ser por isso que eu me preocupo tanto. Não quero ser mandona. Só estou tentando cuidar da nossa família. Como o papai fazia. Eu prometi que faria isso. Foi a última coisa que falei para ele.

Fiquei em silêncio por um minuto. Eu não conseguia me lembrar da última coisa que tinha falado para meu pai antes de ele morrer. Tara era a única pessoa da família no quarto quando finalmente aconteceu. Nos dias, semanas e meses que seguiram a morte de Bob, Tara falava sobre a beleza terrível e inapagável de testemunhar o falecimento do nosso pai. Ela tinha ido com ele até o final, o que era impressionante. E eu havia perdido. No fundo, eu entendia que a morte não é algo que possa ser perfeitamente orquestrado nem compreendido, que só concebemos partes dela. Que é uma coisa complicada. Ninguém teve culpa por eu perder a morte de Bob, mas não havia lógica nos meus sentimentos.

— Tasha — continuou Tara. — Eu devia ter dito isto há muito tempo, mas sinto muito por ter pedido que você saísse do quarto e fosse acordar a mamãe quando o papai estava morrendo. Eu não sabia o que fazer. Achei que a gente iria ter mais tempo. E eu tinha prometido ao papai que não sairia do lado dele, que me certificaria de que o enfermeiro o ajudaria a não sentir nada. Mesmo assim, foi errado, e sinto muito.

— Eu podia ter ignorado você. Acho que, no fundo, sempre entendi que o papai queria que eu e a mamãe estivéssemos fora do quarto, para não precisarmos vê-lo partir. Teria sido difícil demais pra mamãe, do jeito como ele estava. E difícil demais pra mim, apesar de eu não gostar de admitir isso.

— Eu sinto muito mesmo assim.

— Obrigada. Mas está tudo bem agora, juro. Ei, esta conversa está na página duzentos e cinquenta e seis daquele manual da morte que nunca recebemos? — Abri um sorriso. Estava na hora de amenizar o clima.

— Nós estamos bem?

— Sempre.

Tara começou a passar a carteira, o telefone, o mapa e seus batons da bolsa transversal para a nova.

— Acho que vou ao Louvre, e podemos combinar algo para depois do seu encontro? Ou talvez eu faça um FaceTime na Torre Eiffel com o Spencer e o Colin. Que horas você acha que o encontro com a Chloe deve acabar? Você pode compartilhar sua localização comigo, pro caso de alguma coisa acontecer? Desculpa, sei que sou paranoica. Tenho essa mania.

Já estava quase na hora de me encontrar com Chloe. Mas deixar Tara para trás parecia errado agora.

— Você quer ir comigo para o almoço? Seria maravilhoso se você fosse. Eu ficaria honrada de ter você como minha copilota. O papai iria querer que fosse assim.

Tara se iluminou.

— Quero! Estou louca pra ver como a sua história termina. Ou não. E adoro que a Chloe queira se encontrar com você pelo pai dela. É claro que ela precisa ver quem é você primeiro. Já gostei dessa garota.

Chloe tinha sugerido que nos encontrássemos no Les Bains, uma boate transformada em hotel de luxo, que costumava atrair personalidades como Mick Jagger, David Bowie, Kate Moss e Catherine Deneuve. Ela havia sido a resposta de Paris ao Studio 54 e ao Chateau Marmont. Tara e eu observamos o interior sombrio e descolado do hotel e decidimos que aquele era o lugar mais legal que tínhamos visitado em Paris.

— Estou oficialmente nervosa de novo — falei para Tara quando sentamos no bar. — É sério. O match da Chloe é o que mais parece obra do destino. Ela não estava procurando por nada quando sua prima viu meu anúncio. Parece que eu estava destinada a me encontrar com ela. — Comecei a falar com o barman. — Você acredita em astrologia? — perguntei depois de explicar de onde éramos e o que estávamos fazendo em Paris.

— *Non* — respondeu ele imediatamente. — *Très américain*. Mas acredito na tequila. É uma das únicas modas de Los Angeles que eu entendo. Vou deixar a conta aberta.

Então meu celular tocou, me surpreendendo. Ele não tocava de verdade desde que eu tinha chegado ali. O pessoal de casa ligava por WhatsApp ou FaceTime quando precisava entrar em contato. Mas, agora, alguém — um número desconhecido com o código da França — me ligava.

— *Bonjour*, é a bela Natasha? — Uma voz masculina baixa, calorosa, com sotaque francês.

— Hum... sim? — respondi, decidindo seguir em frente e gesticulando para Tasha chegar mais perto para ouvir.

Senti o rosto corar.

— Aqui é o Julien. Lembra de mim? Encontrei seu número na internet. Eu andei pensando em você.

Com certeza eu me lembrava de Julien. Ele era, de longe, o dois de novembro mais sexy que eu tinha encontrado: alto, sério e musculoso. Alguns dias antes, ele havia me mandado uma mensagem depois de ver um dos panfletos que eu tinha colado pela cidade. (Sim, eles funcionaram. Mais ou menos.) Julien só tinha um problema: seu local de nascimento — Luxemburgo.

— Passei o dia inteiro esperando para te ver, para te sentir. *Je veux te baiser* — disse ele em uma voz baixa — agora.

Minha irmã abriu o Google Tradutor, e sua boca quase bateu no chão.

Eu não precisava pedir para Tara me mostrar o que Julien havia dito. Dava para entender pelo tom. Pisquei, desanuviando os pensamentos.

— Sei que isso não faz sentido — me obriguei a responder —, e já estou me arrependendo do que vou falar. Minha amiga Katie me daria um tapa na cara se estivesse aqui. Mas não posso encontrar você. Por mais estranho que pareça, o local do nascimento é importante pra mim. Preciso seguir o plano.

Tara me deu um joinha à la família Sizlo. Mas também levou uma mão ao peito, porque aquilo exigia força de vontade. Ela havia visto as fotos dele.

— Eu faria uma hora valer muito a pena para você, Natasha. Me liga se mudar de ideia.

Droga.

Foi então que Chloe apareceu no bar. Com sua jaqueta de couro, jeans desbotado e botas de salto, ela parecia um dos astros do rock que frequentavam o lugar.

— Olá — disse ela, nos cumprimentando com beijos nas duas bochechas —, vocês querem sentar lá fora? Pra gente poder fumar?

Fiz uma pausa, me perguntando como Tara reagiria, mas ela concordou sem criar caso.

Os olhos castanho-escuros de Chloe combinavam com seus cachos naturais, que desciam pelas costas. Sua pele morena brilhava, apesar de eu não notar qualquer sinal de maquiagem. Com certeza nada do brilho cheio de iluminador de que muitas mulheres em Los Angeles gostavam. Uma echarpe preta e bege da Fendi complementava sua roupa, mas, nela, a echarpe estampada com pequenos Fs parecia mais prática que exibicionista, como se ela a usasse para aquecê-la quando andasse de moto depois. Ela também usava uma boina de verdade. E estava superchique. Eu tinha experimentado uma na loja de manhã e tinha ficado parecida com o Homem Torta do Pico do Porco Espinho da Moranguinho. Se a descoladíssima Chloe acabasse sua bebida em um gole e fosse embora, eu entenderia.

Mas logo descobrimos que Chloe era o tipo de pessoa que, quando resolvia fazer uma coisa, entrava de cabeça. Ela era sincera e extremamente segura de si. Depois de tragar um cigarro e exalar, ela disse:

— Nós três estamos aqui por causa dos nossos pais, né?

Então contei a ela sobre Bob. E, desta vez, Tara não chorou nem fugiu. A história do nosso pai também parecia diferente para mim. Menos dolorosa, menos como uma onda da qual eu precisava fugir. Pela primeira vez desde sua morte, falar sobre ele me deixava feliz. Foi estranho no começo, porque a dor da perda não havia desaparecido. Acho que eu pensava que levaria tempo até eu conseguir gargalhar ao lembrar dele. Mas Bob teria ficado feliz. Ele diria que eu tinha voltado a acreditar que o mundo era cor-de-rosa. Chloe escutou com atenção, concordando com a cabeça em alguns momentos.

— Você acredita no seu pai e no amor. Eu entendo isso, porque também acredito nessas coisas. Eu e meu pai somos pessoas fortes, que nem sempre concordamos. Mas eu acredito nele.

O pai de Chloe, um empresário bem-sucedido nascido em Paris no dia 2 de novembro de 1968, passava a maior parte do tempo em Dubai. Ele e Chloe eram próximos, mas não tinham um relacionamento fácil. Quando ela contara que tinha se apaixonado por uma mulher, ele fora contra no começo. Porém, com o tempo, compreendera: ela havia encontrado sua pessoa. A mulher da sua vida. Agora ela queria que ele encontrasse o amor de novo também. Os pais de Chloe tinham se divorciado muitos anos antes.

— Acho que você e meu pai teriam uma conexão — disse Chloe, decidida. — Almas gêmeas? Não sei. Ele não vai gostar da astrologia, pra começo de conversa. Nem do Instagram. Mas um dia vocês deviam se conhecer. Eu gosto de você para ele.

— Um brinde ao seu pai. Espero conhecê-lo — falei, erguendo meu copo. — Obrigada por se encontrar comigo. Para falar a verdade, achei que você iria furar.

— Não, não, não. — Ela balançou a cabeça, como se a ideia fosse absurda.

— Achei que você iria pensar *Ela é doida, está perseguindo meu pai...* (Eu tinha mandado taaaaantas mensagens para Chloe confirmando o encontro que era um milagre ela não ter me bloqueado por encher seu saco.)

— De jeito nenhum — respondeu ela, sua voz grave e cheia de confiança. — Nós duas somos semelhantes, Natasha. Espero conseguir explicar. Nós sabemos reconhecer o amor. Temos certeza dele. E não recuamos. Mas também somos o tipo de pessoa que se torna fria caso não brinque com fogo de alguma maneira. Isso deixa algumas pessoas com medo. Você me chamou atenção de cara. Porque sou uma mulher que assumiu um compromisso com a minha companheira antes mesmo de conhecê-la. — Chloe puxou sua manga para revelar uma tatuagem linda na parte inferior do antebraço: uma andorinha voando e o nome de uma mulher sob sua asa. — Por amor. Eu tatuei o nome da minha namorada no braço no dia em que nos conhecemos. Vi uma foto dela e soube na mesma hora. — Chloe passou um dedo pela tinta azul e riu. — Ela achou que eu era doida, mas estamos juntas desde então. Às vezes eu acho que fazer loucuras é a única maneira de permanecer sã.

 — Nós com certeza estávamos destinadas a nos conhecer — falei. — Isso que é acreditar nas coisas.

 — Também acredito em você — disse Chloe.

Eram quase quatro e meia quando nos despedimos de Chloe. Eu tinha pedido para Amir me encontrar às cinco e meia na Pont des Arts, que parecia o lugar ideal para começar um primeiro encontro com o destino — minha última chance de fazer isso em Paris. Na última cena da refilmagem de *Sabrina* (Bob também gostava dessa versão), Harrison Ford e Julia Ormond trocam um beijo apaixonado nessa ponte conforme a imagem se apaga. Eu tinha assistido ao filme com ele tantas vezes que facilmente conseguia imaginar minha própria versão do beijo na Pont des Arts. Com um pouco de sorte.

 Então havia o anoitecer em si. Duas noites antes, Penelope tinha me ensinado a expressão *la nuit tombe*, que significa "a noite cai", para descrever o encanto que sentimos ao caminhar pelo Sena durante o crepúsculo, enquanto o sol se põe e o brilho das luzes da cidade, como estrelas, ocupam seu lugar. De fato, o suave brilho amarelo dos postes, os restaurantes abrindo para o jantar, a iluminação elétrica dos monumentos e as lanternas prateadas dos barcos *eram* as estrelas da cidade, já que as de verdade no céu ficavam escondidas pela poluição visual. Entre o espírito de Bob, que com certeza estaria me observando na Pont des Arts, o clima afrodisíaco de Paris ao anoitecer e fosse lá o que os astros nos reservassem, eu sentia que tinha marcado o encontro perfeito com Amir. A sorte das almas gêmeas novamente estava lançada.

 — Você não vai voltar ao hotel pra vestir alguma coisa mais sexy? — perguntou Tara.

— Não — respondi. — Vamos andando com calma até a ponte. Não é longe. E eu quero que você o conheça também.

— Quer? — perguntou Tara. — Eu adoraria. E acho que a Pont des Arts é aquela que os casais costumavam prender cadeados como um símbolo do seu amor eterno. — Ela mexeu no celular. — Sim. É essa mesmo. Quero vê-la.

Eu *tinha* escolhido um ponto de encontro brilhante.

— É claro que eu quero que você vá. Quem vai me salvar se ele for esquisito? — brinquei, entrelaçando meu braço no da minha irmã. — Que bom que você se divertiu com a Chloe. Apesar de ela fumar o tempo todo.

Tara me cutucou.

— Não sou a chata do cigarro.

Chegamos à ponte com bastante antecedência. E ainda bem, pensei ao ver a multidão de gente lá. Eu precisaria mandar uma mensagem avisando do lugar exato para Amir, ou ele nunca me encontraria. Apesar de a cidade ter proibido que as pessoas prendessem cadeados na ponte e tivesse chegado a ponto de instalar barreiras especiais para impedir casais apaixonados, as pessoas improvisavam. Elas prendiam os cadeados nos postes, ou tiravam selfies juntas, com uma pessoa segurando o cadeado e a outra — imagine só — a chave. Em poucos minutos, percebemos que nenhum dos casais na ponte parecia ser francês. Todos tinham câmeras, pochetes e sacolas de compras cheias de lembrancinhas. Ouvimos inglês, japonês, espanhol, alemão. Hum. Será que eu tinha acidentalmente escolhido um dos lugares mais turísticos e chatos de Paris para minha última chance de ter um encontro louco e sexy com um candidato a alma gêmea? Porque nada na cena que eu via indicava *Vamos nos agarrar nas sombras perto do rio mais tarde*. Merda. (E, sim, Tara tinha dito que daria no pé sem problema nenhum caso sentisse um clima entre Amir e eu.)

Mandei uma mensagem para ele. *Bonjour*, então, a Pont des Arts está meio cheia. Estarei no lado do Louvre da ponte, no segundo poste. Não precisamos ficar aqui, obviamente.

Eram cinco e meia. Depois cinco e trinta e cinco. Depois cinco e quarenta.

— Vou tirar uma foto sua — disse Tara. — A luz está maravilhosa. E a mamãe vai querer ver esta ponte. Mesmo que seja meio que uma furada pra turistas, ela tem uma conexão com o papai.

Eram cinco e quarenta e cinco. Depois cinco e cinquenta. Dei uma olhada no WhatsApp. Amir tinha lido a mensagem, mas não respondera.

Não tem problema se você estiver atrasado, acrescentei.

Ele também leu essa mensagem. E não respondeu. Qualquer frio na barriga que eu estivesse sentindo desapareceu, e minha empolgação começou a azedar em algo mais parecido com irritação, mas tentei deixar de lado esse sentimento. Talvez Amir estivesse a caminho e não pudesse digitar por algum motivo. Tipo, talvez ele conseguisse ler as mensagens enquanto estava na bicicleta, mas não pudesse responder.

Às seis, falei:

— Acho que ele não vem. Acho... talvez eu tenha levado um bolo. Isso é pior do que se ele tivesse simplesmente sumido, né?

— Não sei — respondeu Tara, cautelosa. — Acho que a pergunta é: Você quer esperar por ele?

Na véspera, enquanto conversava com Shayna, eu tinha tanta certeza de que a minha resposta seria sim. Sim, eu iria esperar. Mas, ali na ponte, eu não sabia como me sentir.

— E se ele chegou aqui, viu a multidão, ou até *me* viu, e simplesmente foi embora?

Imaginei o belo Amir passando de bicicleta, vendo uma americana de jeans e tênis parada no meio de turistas, esticando o pescoço para achá-lo (era isso que eu estava fazendo), e então... mudando de ideia. Caramba.

— Ei — disse Tara —, tive uma ideia. Vamos esperar mais uns minutos, ou o tempo que você quiser, e, se ele não aparecer, acho que podemos ir até a Torre Eiffel, subir até o topo e jogar o restante dos seus panfletos lá de cima! Eles vão voar pela cidade. Quem sabe? Talvez a sua alma gêmea pegue um.

A minha *irmã* estava sugerindo aquilo? Inacreditável. Porque essa parecia uma forma excelente de chamar a atenção dos guardas da Torre Eiffel.

Essa sugestão absurda (vinda da minha irmã) me fez parar e pensar no que eu estava fazendo sob outro ponto de vista. O que eu diria para Margot se ela estivesse esperando por Amir? Ou para Katie?

Esse tempo todo, eu estava tentando forçar o destino, forçar a sorte, vindo a Paris em busca da minha alma gêmea. Eu tinha dito para todo mundo que estava seguindo ordens da minha astróloga. Mas Stephanie nunca havia dito para eu ir a lugar algum. Ela nunca havia dito para eu subir num pilar em público e gritar *Estou pronta!* Eu realmente achava que o destino iria entregar um francês gato na minha porta como se eu tivesse feito uma encomenda? (Tudo bem. Eu achava, sim.) Stephanie tinha dito para eu parar de me comparar com outras pessoas. Para voltar a escrever. Para entender que eu não precisava de um companheiro, e que seria assim que eu finalmente me abriria para encontrar o homem da minha vida e compreender o que era um companheiro de verdade. Eu com certeza não tinha entendido essa parte da minha leitura (qual era o problema de precisar da sua alma gêmea?), mas outro conselho de Stephanie fazia muito sentido naquele momento — ela havia dito para eu me divertir. E aquilo tinha parado de ser divertido.

— Nada de Torre Eiffel — falei, sendo sincera. — Quer saber? Cansei. — Olhei para o céu. — Já captei a mensagem! — berrei. — Ah, e vai se foder, Saturno! — Eu não me importava se um monte de turistas aleatórios tinha me escutado. Afinal de contas, eu fazia parte desse grupo, e aquilo não me incomodava nem um pouco. — Vamos nos arrumar para o jantar. Estou morrendo de fome.

— Tem certeza? — perguntou Tara.

— Tenho.

De braço dado, caminhamos de volta para o hotel. No caminho, joguei todos os panfletos que estavam na minha mochila dentro de uma lata de lixo. Joguei os últimos cartões de visita também. Foi ótimo.

— Você devia mesmo fazer isso?

— Devia.

— Então tá. Contanto que você esteja bem.

— Estou. Ei, talvez a gente possa encontrar uma capela aberta antes do jantar? Temos bastante tempo livre agora. Finalmente podemos acender uma vela pro papai.

— Tasha, o papai esteve com a gente o dia inteiro.

— Você não vai se arrumar? — perguntou Tara, vendo meu look sem graça para a noite, que era basicamente o que eu tinha usado o dia inteiro.

— Já deu pra mim, lembra? — respondi, me jogando na cama. — Vamos só pedir serviço de quarto?

— Nãããio, irmã! É a nossa última noite em Paris! Vai ser incrível!

— Tudo bem. Que tal meu jeans com esta blusa verde e estas botas? — mostrei o look, pensando que ele tinha uma vibe arrumadinha, porém "fechada pra negócio".

— Agora sim — disse Tara, soltando o cabelo dos seus bobes térmicos.

— Vamos escutar uma música?

Conectei meu celular à caixa de som e selecionei "Hello", de Lionel Richie; era uma das minhas músicas favoritas e, mesmo assim, não estava em nenhuma das minhas playlists. Enquanto minha irmã e eu cantávamos, cheias de emoção, "Is it me you're looking fooooor?",* dançando dramaticamente pelo quarto, pensei que seria melhor eu consertar esse erro mais tarde. A mensagem da canção era simples: às vezes, aquilo que desejamos está bem na nossa frente, mas não conseguimos enxergar. Senti a força do tempo, as novas memórias que criávamos depositando camadas delicadas sobre as antigas. Tara e eu não passávamos mais de uma ou duas horas sozinhas desde as semanas carregadas e horríveis que antecederam a morte de Bob.

— Desculpa por eu ter demorado tanto para lembrar por que nós viemos pra cá — falei quando estávamos paradas na frente do espelho do banheiro, as duas passando uma última camada de batom vermelho

---

* "É por mim que você está procurando?", em tradução livre. (N. da T.)

antes de sair. — Eu te amo, irmã mais velha. Para sempre e por toda a eternidade. Até o infinito.

— À enésima potência — respondeu Tara. — Mas não sei se você devia ter se comportado de outro jeito.

Não me lembro de quem nos disse que nós precisávamos jantar no Hôtel Costes quando estivéssemos em Paris, mas sou grata a essa pessoa. O restaurante do hotel era um aglomerado de salas escuras, aconchegantes, iluminadas por velas, decoradas com veludo vermelho e madeira polida, um lugar para as pessoas lindas verem e serem vistas, com um DJ tocando músicas sensuais para intensificar o clima.

Cinco dias antes, eu estaria inquieta para me misturar à clientela descoladíssima, encontrar um candidato a alma gêmea e gravar tudo para o Instagram. Agora, não. Estar sentada com minha irmã à uma mesa sob a luz de velas, me divertindo com nossas risadas, selfies e brindes a nós duas e Bob, era mais que suficiente. Meu telefone mal saiu da bolsa, onde era o seu devido lugar durante um jantar chique. Pedimos pratos que Bob amaria, incluindo um club sandwich e batata frita. Não era exatamente um clássico francês, mas era a última refeição perfeita em Paris para nós. Tara pegou uma das batatas e fingiu que era um cigarro.

— *Bonjour*, meu nome é Natasha, você é minha alma gêmea? — brincou ela, imitando um sotaque francês e acenando com sua batata-cigarro.

— *Oui, oui* — respondi.

Já passava da meia-noite. Não estávamos nem um pouco cansadas, mas precisávamos tentar descansar um pouco antes dos nossos voos no dia seguinte. O meu seria cedo. Quando saímos da mesa, Tara disse que precisava ir ao banheiro. Falei que a encontraria na frente do hotel. Sinceramente, eu queria fumar um último cigarro sozinha. Como as pessoas fazem nas ruas de Paris depois do jantar. Ah, a quem eu queria enganar? Eu não tinha a menor ideia se as pessoas faziam isso. Mas eu precisava me despedir da Paris que eu acreditava que encontraria, de Philippe e de como tínhamos nos divertido, e mostrar o dedo do meio para a batalha do meu pai contra a doença no pulmão. Caminhei pelo tapete vermelho até a entrada do hotel e estiquei a mão na direção da porta imensa.

Mas, antes que eu conseguisse alcançá-la, ela foi aberta para mim — por um homem parado do lado de fora. Nossos olhares se encontraram, e eu não conseguia mais olhar para nada. Nem falar por um instante. Vagamente, no fundo da minha cabeça, entendi que era *disso* que as pessoas estavam falando quando diziam que tiveram uma conexão instantânea, eletrizante. Eu estava sonhando? Alto, moreno e extremamente bonito, diante de mim com certeza estava o homem mais lindo de toda a França. Seus olhos castanhos estavam alertas e intensos. Uma leve barba escurecia seu maxilar bem definido. Ele usava uma camisa branca que estava, no fim da noite, aberta no colarinho e um pouquinho amassada.

— *Merci* — finalmente falei, saindo e tirando o cigarro da bolsa.

Ele o acendeu.

— *Bonsoir* — respondeu ele, sem tirar os olhos dos meus.

Sua voz — como posso descrever? Era exatamente aquele meio grunhido rouco que você deseja ouvir no fim da noite em Paris. De preferência na cama. Nua.

Um chuvisco esfriou o ar. As ruas estavam vazias. Nós estávamos completamente sozinhos.

— Esse hotel é lindo. Você está hospedado aqui? — finalmente perguntei, enquanto meu coração disparava feito doido. *E se ele não falar inglês?*

— Estou — respondeu ele, com um sotaque que não consegui identificar. — E você?

— Ah, não. Vim só pra jantar. Com a minha irmã. — Brinquei com meu cigarro. Tudo em mim parecia iluminado, vivo. — Então, hum, o que trouxe você a Paris? — Corei.

— Uma reunião com o meu editor para conversar sobre um livro de economia que estou escrevendo. Chato, eu sei. No geral eu escrevo sobre amor e destino. Essa é a minha paixão. Diga, por que você está em Paris hoje?

Amor e destino? Ele estava falando sério?

— É completamente ridículo, mas vim encontrar minha alma gêmea. É um negócio de astrologia. Por acaso você nasceu em Paris no dia 2 de novembro de 1968? — Não consegui me conter.

Ele levantou as sobrancelhas e sorriu, mas não riu. E, mesmo assim, seu olhar não saiu do meu rosto.

— Doze de novembro de 1968. Não foi em Paris. Faz diferença?

Ser uma data próxima contava na astrologia?, pensei. Eu sabia que não, mas tinha parado de me importar. Era como se o universo estivesse falando diretamente comigo.

Foda-se.

Eu ri, entendendo como aquilo tudo era absurdo. Esse homem era lindíssimo, escrever sobre amor e destino era sua paixão, e nossa química era inegável. Cheguei mais perto, e ele também.

— Você está com frio? — perguntou ele.

Nossa, até o cheiro dele é gostoso. Como seiva de madeira, e incenso, e lençóis limpos.

Foi então que Tara apareceu.

— Ah, oi — disse ela, hesitante, sentindo que havia atrapalhado alguma coisa.

Como eu queria chamar um táxi para Tara, entrar com aquele desconhecido lindo, tomar um drinque, ver onde a noite nos levava, e então encontrar minha irmã no nosso hotel dali a uma hora ou, se a minha intuição estivesse certa, ao amanhecer. Mas eu tinha feito uma promessa a Tara.

Dei um passo para longe dele. Eu não queria, mas fiz isso. Seguiu-se um silêncio desconfortável.

— Bom, esta é a minha irmã — falei.

Nós não tínhamos nem dito nosso nome.

Então coloquei a mão no casaco do bolso e encontrei o cartão que Tara tinha tirado do quadro de avisos do restaurante na noite anterior. *Papai.* Era o único cartão que tinha sobrado. Eu o entreguei para ele, completamente ciente de que aquilo poderia assustá-lo da mesma maneira como devia ter acontecido com todos os outros. Ele analisou o cartão, a foto em que eu segurava uma das minhas placas, então o verso.

— Você é americana. Esse número é de Los Angeles — disse ele, encarando o cartão e depois olhando para mim.

— Boa noite — foi tudo que consegui dizer antes de dar o braço para Tara e sair andando pela rua silenciosa.

Olhei para trás e vi que ele me observava partir. Ele não desviou o olhar.

— Que diabos foi isso? — perguntou Tara, agitada, enquanto dobrávamos a esquina.

Ela se virou na calçada e me encarou.

— Não sei — respondi, embasbacada pelo desejo.

Expliquei o encontro que tinha acontecido na frente do hotel da melhor forma possível. *Eu tinha mesmo acabado de conhecer um homem lindo, de carne e osso, que não apenas acredita em amor e destino como fala abertamente sobre isso?*

— Ai, meu Deus, será que ele é o amor da sua vida? — perguntou Tara. — Puta merda, Tasha, você precisa voltar lá. Agora. Antes de ele desaparecer.

— Mas não é esquisito? Tipo, ele já deve ter entrado no hotel. Como eu vou encontrá-lo? Ele pode estar no bar ou voltando pro quarto. O que eu vou fazer, bater em todas as portas? Não sei nem o nome dele.

— Sim. É isso mesmo que você devia fazer. Depois de tudo que a gente passou em Paris, sem falar no último ano, sair correndo pela rua atrás do cara mais gostoso da Europa inteira com certeza *não* seria esquisito. Ele mesmo disse, parecia destino. Será que uma bola de cristal precisa cair do céu e acertar a sua cabeça? É pra ser. Esse cara pode ser a sua alma gêmea. — Tara suspirou. — Não foi por isso que você veio pra cá?

Era um momento diferente para nós. Outra inversão de papéis que me pegava desprevenida. A vida inteira, Tara tinha me lembrado da minha própria gravidade, me chamando de volta para a Terra quando eu começava a flutuar pelo espaço, me resgatando das profundezas. Mas não agora, não hoje. Hoje, era eu quem trazia Tara de volta.

— Eu não estou sonhando, estou?

— Não. Já está tarde, mas você não está sonhando. Eu também vi. Tem alguma coisa ali. Ele é diferente dos outros.

Apesar de sentir uma vontade imensa de me virar e ir atrás do homem que tinha acabado de conhecer, de continuar a estranha conversa eletrizante que havíamos começado, eu sabia, no fundo do meu coração, que não podia fazer isso. E não era porque ele tinha nascido no dia errado.

— Não vou deixar você — falei. — É verdade que prometi ao papai que sempre acreditaria em magia e nunca desistiria do amor. Vou cumprir essa promessa, não se preocupe. Mas é na promessa que eu fiz pra você que estou pensando agora. Hoje era o nosso dia, e a noite também. Se ele for minha alma gêmea e nós estivermos destinados a ficar juntos, o amor vai encontrar o caminho. Eu acredito nisso. Além do mais, dei meu cartão de visita pra ele.

— Tudo bem. Você é quem sabe. Mas quero deixar registrado para o universo que ainda acho que você devia ir atrás dele. E não sei se eu chamaria aquilo de cartão de visita.

— Entendido.

Caminhamos pela noite exatamente da mesma forma que caminhávamos pelos dias quando éramos crianças, de braços dados, as cabeças próximas, conversando o tempo todo. O mundo inteiro desapareceu, com exceção da Torre Eiffel, brilhando contra o céu escuro atrás de nós.

Casa Onze

Au revoir

A Casa Onze fala sobre viagens aéreas, networking, socialização, mídia, amigos, raios, caridade, benevolência, alertas, revelações, intervenção divina, o céu, genialidade, o futuro, política, rebelião, torres, astrologia e todas as coisas estranhas e bizarras.

Se o planeta regente da sua Casa Cinco do amor, Casa Sete do casamento ou Casa Oito das almas gêmeas estiver na sua Casa Onze, há boas chances de você conhecer um desconhecido perfeito em um voo ou enquanto espera no aeroporto. O planeta que rege o signo na cúspide da casa é o regente dela.

Minha Casa Onze está em Capricórnio. Do seu jeito estranho, Capricórnio fala sobre destino e os planos que sua alma fez para você antes desta encarnação. Na Casa Onze, Capricórnio se sente compelido a acreditar que esperanças e desejos serão realizados.

SÓ PODE TER SIDO UM SONHO, NÉ?
Essa foi a primeira coisa em que pensei quando acordei com o alarme berrando cedo demais na manhã seguinte. O desconhecido bonito na porta do Hôtel Costes depois do jantar. Nossa conexão instantânea, eletrizante. Os olhos dele. Amor e destino. Deve ter sido uma fantasia da madrugada. Ele não devia ser *tão* gato assim.

— Tara. Tara? A gente precisa acordar — falei, grogue de sono.
Minha irmã gemeu.
— Nãããããão.
Eu podia ter fechado os olhos e voltado a dormir no mesmo segundo. Mas meu táxi chegaria às nove e quarenta e cinco, então eu teria que enfrentar um dia longuíssimo de viagem. O voo direto de Tara só saía de Paris no fim da tarde. Ela poderia fazer uma última caminhada pela cidade, teria mais um almoço maravilhoso em Paris. Mas eu precisava me vestir, arrumar a mala e descer, com sorte deixando tempo para o café da manhã.

O banho quente desanuviou meus pensamentos. E não foi um sonho que enxerguei com mais clareza, mas a verdade: eu estava com saudade dos meus filhos e sabia que precisava voltar para o trabalho e a vida real, mas parte de mim não queria ir para casa. Lembra tudo com que eu tinha parado de me importar? Acontece que tudo estava ali o tempo todo. Porque eu logo teria que falar sobre algo nada divertido, algo potencialmente humilhante: que eu *não* tinha encontrado minha alma gêmea em Paris. Que, no fim das contas, a minha felicidade não estava escrita nas estrelas. Era bem provável que eu fosse passar vergonha. Isso já estava se tornando um hábito, mas eu tinha minhas dúvidas se algum dia pararia de me importar de verdade com o que as pessoas pensavam. Stephanie tinha dito que isso iria acontecer neste ano, mas, assim como minha alma gêmea, parecia difícil.

Pelo menos eu tinha feito amigos de verdade: Mercedes. François. Ashley. Alguns dos matches de 2 de *novembre* de 1968. Eu manteria contato com Fabrice, sem dúvida. Esse era o meu jeito; sempre que tentava algo diferente e fracassava — e tive muitos fracassos ao longo dos anos —, eu saía da história com novos amigos. E os mantinha.

E isso me deu uma ideia sobre como Billy e eu talvez conseguíssemos recuperar nossa venda milionária. Eu conhecia *muita* gente de mundos diversos. Pessoas na moda e no comércio, em revistas, em sets de filmagem, na diretoria de organizações sem fins lucrativos que ajudavam mulheres e crianças, em universidades, e assim por diante. Quando começara a vender imóveis de luxo, eu havia seguido o conselho de Billy e Penelope: criado um grande banco de dados com todos esses contatos, independentemente do tipo de casa que eles pudessem bancar um dia. Na Agency, nos dedicamos muito a criar e-mails dignos de editoriais de revista das nossas ofertas. Até pessoas que não estão procurando uma casa nova gostam de dar uma olhada nas propriedades mais fabulosas de Los Angeles — é por isso que *Million Dollar Listing Los Angeles* é um sucesso. Os corretores nunca sabem de onde pode surgir um comprador ou vendedor. Talvez o maquiador ou o barista de alguém falasse de mim ou de uma das minhas casas. Já aconteceu! Mas isso era uma coisa que eu não tinha feito no último ano: eu não tinha integrado meu mundo do 2 de novembro de 1968 com meu mundo da Agency. Nenhuma das pessoas que eu tinha conhecido na internet estava no meu mailing. Eu não sabia se devia misturar as coisas. Corretores de imóveis deveriam ser sérios, seja lá o que isso significasse. Era um mercado caro. Mas as novas pessoas na minha vida tinham um poder especial. E isso também era sério. Eu o sentira, o vivera, o seguira até Paris. Estava na hora de dois universos aparentemente opostos se encontrarem. A casa do astro pop era especial. Eu ainda acreditava que seria possível fazer uma venda rápida. Com dois voos e uma conexão pela frente, eu teria tempo suficiente para montar um novo e-mail para minha lista de contatos prestes a ser expandida. Eu configuraria o envio para uma hora aceitável em Los Angeles e deixaria o destino no comando.

— Tasha, sai daí!

Minha irmã esmurrou a porta do banheiro. Sorri para mim mesma enquanto me secava. Algumas coisas entre irmãs nunca mudam.

Vesti o roupão branco fofo do hotel e as pantufas do conjunto, arrumei o restante das minhas coisas e pensei no que vestir para a viagem de volta. Apenas uma roupa apropriada não tinha sido usada e permanecia limpa: um macacão com estampa de pele de cobra. Discreto? Não muito. Mas, quando o provara em casa, eu tinha descoberto que o tecido era tão macio. Ele parecia mais um pijama de uma peça só que qualquer outra coisa, e eu pretendia dormir o máximo possível no voo, então era a opção perfeita. Pendurei o macacão no armário para então ajeitar as malas. Enquanto reorganizava coisas de banheiro, suéteres, algumas lembrancinhas perdidas, encontrei o vestido longo de veludo acetinado que meu amigo estilista, Tony, generosamente havia me emprestado para o encontro com meu amor verdadeiro. Eu o tirei da mala e o analisei. Gola alta. Mangas largas dramáticas. O tom mais escuro de azul-noite. Chique. Francês. Perfeito. Tony tinha ficado tão empolgado ao me emprestar, certo de que eu precisaria dele. Era um vestido único. E eu não tive a oportunidade de usá-lo.

— Você trouxe um vestido de festa? — perguntou Tara, em um tom chocado, ao sair do banheiro. — A sua mala é tipo um fusca cheio de palhaços da moda. Como você continua tirando roupas aí de dentro?

— Preciso devolver. — Suspirei. — Era o que eu usaria quando encontrasse o amor verdadeiro.

Expliquei sobre Tony.

— Ele é lindo. Com certeza merece ser estreado em Paris, com ou sem um cara. Veste, vou tirar uma foto.

Tirei o roupão e entrei no vestido de conto de fadas. Tara fechou o zíper nas costas, e eu girei.

— Uau — disse ela. — Acho que você nunca usou um vestido que tenha caído tão bem. Que lindo. Talvez o Tony te empreste de novo quando você encontrar a sua alma gêmea.

— Vou ficar com vergonha de pedir — respondi. — Vamos tirar umas fotos para o Tony ver como este vestido é perfeito pra Paris.

Fui até a janela. A vista seria um cenário perfeito.

Tara apontou o celular para mim. Sorri, mas não pedi para que ela fizesse um vídeo bobo, como teria feito no dia anterior. Se eu postasse aquela imagem, seria para Tony, para mostrar que o vestido dele era a cara de Paris. Estava na hora de ir embora. Aquela era a minha despedida.

O meu celular, que eu tinha deixado sobre a cômoda, apitou. Mas não olhei imediatamente, porque precisava tirar o vestido, me arrumar para a viagem e descer.

Tara sentou na beira da cama, me observando guardar as últimas coisas na mala.

— Você colocou os chinelos do hotel aí dentro? Vai levar?

— É claro. Eles não são lindos? Quero uma lembrança deste lugar.

— Calma aí. Isso não é crime? — Tara levantou uma sobrancelha.

— Tara. É sério? Você só pode estar brincando. Esses chinelos são descartáveis. Você acha que este hotel cinco estrelas fica lavando e dando chinelos *usados* para os clientes? Não. Eles são nossos. Pra levar. Pra Los Angeles.

— Ah... Não sei, não.

Tara pegou um dos chinelos brancos da minha mala e o examinou de perto. REGINA PARIS estava estampado em dourado sobre a tira fofa que cobria os dedos.

— Mesmo que eu esteja errada, qual é a pior coisa que pode acontecer? Vão cobrar pelos chinelos? Tudo bem! Vale a pena. Eu pago. E vou pagar pelos seus também. Aqui — falei, jogando para ela o outro par que estava no armário. — Às vezes, quebrar regras é legal. Confia em mim.

Dava para ver que Tara estava debatendo o mérito da questão. Então nós duas começamos a rir: como éramos diferentes. E como éramos parecidas. Tara pegou o segundo par de chinelos e o colocou (com relutância) na mala. Então eu lembrei.

— Espera! Tenho um negócio pra você! E garanto que não foi obra de nenhum roubo ou crime. — Atravessei o quarto e desencavei a vela da lojinha do Musée d'Orsay do fundo da bolsa. Estava enrolada em papel. Entreguei para ela. — Aqui. Pra você poder acender uma vela sempre que quiser.

Com cuidado, Tara abriu o papel e ficou em silêncio pelo que pareceu ser tempo demais. Talvez tivesse sido uma péssima ideia lembrá-la de que não tínhamos ido à capela. *Merda.*

— Se fizer mal pra sua asma, eu fico com ela. Só achei que...

— Tasha, esta vela é inspirada n'*O lago dos cisnes*. É por isso que tem o desenho com o cisne usando a tiara. Você sabia que esse é o meu balé favorito? E o do papai também?

Para ser sincera, eu não sabia. Minha irmã passara anos dançando na Companhia de Balé de Santa Barbara, e Bob fazia questão de sentar na primeira fila dos ensaios e apresentações, mas, para mim, todos os balés pareciam tediosamente iguais. Quando eu era mais nova, preferia Madonna a Tchaikovsky.

— Acho que dei sorte na loja de presentes — falei.

— Acho que não — disse Tara baixinho. — Acho que foi o papai. Obrigada. Amei, e amo você.

— Também amo você, irmã. Obrigada por me convidar pro seu hotel chique. Quando eu virar um sucesso do mercado imobiliário, vamos voltar. Por minha conta.

— Com certeza.

Dei uma última olhada no quarto e vi meu celular sobre a cômoda. Eu o peguei e li a mensagem que havia chegado mais cedo. Era de um número europeu desconhecido. Mas, desta vez, não era Julien tentando argumentar a favor de Luxemburgo.

Foi ótimo conhecer você em Paris no Hôtel Costes. Espero que a gente se veja de novo. Um abraço, A.

— Tara! É ele. É o cara de ontem. Como era o nome dele? Ai, meu Deus! Não acredito que ele mandou uma mensagem!

De repente, eu estava completamente acordada.

Mostrei o celular para Tara, e um sorriso imenso se abriu no seu rosto.

— Você precisa responder. O que vai dizer?

— Sei lá. Não sei o que dizer! Espera, eu me importo de ele não ter a data de nascimento certa? — perguntei enquanto salvava o número como: SERÁ QUE ESSE É O AMOR DA MINHA VIDA?!

— *Não* — respondeu Tara, enfática.

Então eu soube. Você acredita em destino? De verdade?, digitei.

Ele respondeu imediatamente.

SIM.

Três pontinhos apareceram enquanto ele escrevia mais. Então: Posso te encontrar? Hoje?

Bem que eu queria. Mas estou indo pra casa.

Você vai voltar pra cá?

Não tenho planos.

Quando você vai pro aeroporto?

Em quarenta e cinco minutos. Estou a alguns quarteirões do seu hotel, no Regina Louvre, se você quiser se despedir. Vou descer pra tomar café agora.

Estou a caminho.

Ai. Meu. Deus. O que eu acabei de fazer? Tremendo, passei o telefone para Tara, para ela ler a conversa.

— Desce, Tasha. Agora. E não vou com você desta vez. Vou tomar café mais tarde. Mas é melhor você me contar cada detalhe do que acontecer. Assim que puder.

— Prometo. Tudo bem, eu vou. Agora.

Mas não me mexi. Eu não conseguia decidir se dava uma última olhada no meu cabelo ou se simplesmente corria para os elevadores.

— *Vai.*

Deixei minhas malas com o carregador e fui para o salão de café da manhã, onde pedi um café e um croissant, junto com a conta, praticamente em pânico. O garçom deixou as três coisas em cima da mesa, e, quando ergui o olhar depois de assinar a conta, lá estava ele, SERÁ QUE ESSE É O AMOR DA MINHA VIDA?!, parado diante de mim.

Seus olhos castanhos calorosos encontraram os meus. Ele sorriu. Eu sorri. Eu me levantei.

— É você — disse ele, apenas. Naquela voz.

Ele se inclinou para *la bise*. Agora, eu já tinha aperfeiçoado a bela arte de beijar bochechas como uma francesa de verdade. Eu sabia como funcionava. E também sabia que aquele beijo era... algo mais. Não era um toque rápido, casual, de bochecha com bochecha. Não houve o som de beijos no ar. Os lábios macios dele aterrissaram diretamente na minha pele. E ficaram lá por um segundo maravilhoso. Senti o coração acelerar, o rosto esquentar. O que aconteceria agora? Eu não tinha um roteiro.

Ele sentou na minha frente e se apresentou como se tivéssemos todo o tempo do mundo. Seu nome era Anton. Conversamos sobre o que ele estava fazendo em Paris, quem ele era, quem eu era. Um jornalista bem-sucedido, Anton era correspondente de economia, mas, por prazer, escrevia sobre a história do amor. E destino. Ele era um romântico, igual a mim. O ar estalava de tensão entre nós. Apesar de estarmos em um salão de café da manhã iluminado, poderíamos muito bem estar em um cantinho escondido em um bistrô aconchegante.

O rosto de Anton era diferente à luz do dia. Ele continuava sendo bonito como um deus grego que deixava seus joelhos bambos. E alto, pelo menos quinze centímetros maior que eu. Esbelto. E a expressão em seu rosto parecia mais simpática, mais aberta. Gostei. Muito. Talvez ele guardasse sua intensidade soturna para a noite, um pensamento que me fez corar ainda mais. Ele usava uma camisa social preta e um blazer elegante, também preto. Notei a ponta de uma tatuagem escapando da sua manga. *Ai, meu Deus, tem como esse homem ser mais sexy?* Dava para sentir o cheiro do seu perfume, as notas fortes de seiva de madeira e incenso de novo. Sua aparência era impecável, exceto por uma coisa — um pequeno corte no queixo, causado ao fazer a barba. O corte ainda sangrava um pouquinho e devia ter acontecido minutos antes. Ele tinha tomado banho e se barbeado correndo antes de me encontrar aqui? Será que ele também estava um pouco nervoso? Anton era francês, da Alsácia, sua voz grave e seu sotaque leve. Ele prestou atenção quando contei sobre 2 de novembro de 1968, e como a data havia me levado a Paris. Àquela mesa, a ele. Não contei muito, apenas o suficiente. Não tínhamos tempo. Ele também pegaria um voo naquela noite.

— É estranho vir me despedir de você assim — disse ele. — Você veio mesmo até Paris só para encontrar o amor?

— Eu vim a Paris para encontrar alguém. Mas nada aconteceu como o esperado. Nada.

Soltei uma risada nervosa, meus olhos indo até o relógio na parede. Eu não podia perder meu táxi.

— E tem certeza de que não vai voltar pra Paris tão cedo? — perguntou Anton.

— Eu quero, mas vai demorar um pouco até eu conseguir. Pelo menos alguns meses. Tenho meu trabalho. E dois filhos — respondi, sincera. — Só nos resta nos despedirmos por enquanto. É melhor eu buscar minhas malas. Meu táxi já vai chegar.

Saímos do salão do café da manhã e entramos no saguão agitado. Pessoas fazendo check-out. Pessoas fazendo check-in. Um casal conversando com a recepcionista, que fazia círculos num mapa. Uma criancinha implorando por um doce. Uma mulher a caminho dos elevadores com uma caixa enorme da Hermès. A manhã cinzenta de Paris brilhava lá fora, visível pelas janelas, enquanto os candelabros resplandeciam no teto. Talvez este seja o melhor momento para contar que o saguão do Hôtel Regina Louvre — a majestosa *grande dame* dos saguões de hotéis parisienses — foi pano de fundo para dezenas de filmes, desde *Nikita: criada para matar* a *A identidade Bourne*. Havia algo naquele espaço sublime que fazia os visitantes sentirem como se tudo fosse possível, que nada estava perdido. Atrás da recepção, a jovem que acompanhou Tara e eu até nosso quarto no dia anterior encontrou meu olhar. Ela notou Anton ao meu lado e abriu um sorriso satisfeito, seus lábios se curvando de alegria. Se ela fosse americana, me daria um joinha.

Anton e eu ficamos parados no meio da agitação. Eu praticamente esqueci minhas malas e o táxi quando olhei nos seus olhos, e ele olhou nos meus. Não havia cantos à luz de velas para me esconder. Amigas ou irmã para me incentivar. Câmeras de iPhone apontadas para mim. Um mar de drinques para acalmar minha ansiedade ou amenizar a realidade. Éramos apenas nós dois, completamente naquele momento.

— Então, hum, quando foi mesmo que você nasceu? — perguntei.

Anton gentilmente inclinou meu queixo para cima.

— Posso te beijar? — perguntou ele.

Antes de eu conseguir concordar com um gesto de cabeça (porque *sim!*), seus lábios roçavam os meus. Devagar no começo. Uma mão desceu do meu ombro para minha lombar, e a outra tocou minha bochecha. Ele me beijou de novo, de leve, e eu o beijei de volta. Ainda havia tempo para parar, para rebobinar a fita, para dizer "Até logo" com algum resquício de elegância educada. Então ele me puxou para perto, e seus beijos se tornaram mais intensos, mais fortes. De repente, parecíamos adolescentes apaixonados, se agarrando de verdade. Ele me abraçava apertado, seu corpo se ajustando ao formato do meu. Amoleci em seus braços. Sua boca passou para o meu pescoço, me deu uma mordida leve na orelha. Então sua mão estava no meu cabelo. Ouvi sua respiração acelerar. Seu peso contra o meu corpo me fazia me sentir viva. A luz do sol que entrava pelas janelas aquecia o meu rosto, e eu tinha uma vaga noção do mundo se movendo ao nosso redor. Tenho certeza de que estávamos no meio do caminho de todo mundo. E, sim, eu estava vestida com um macacão de estampa de pele de cobra da cabeça aos pés. Não era um vestido de festa lindo nem fofo. Mas eu não me importava. Eu estava pegando fogo, mas da melhor forma possível, do jeito que livros de romance deliciosos descrevem. Achei que eu me derreteria em uma poça de pura felicidade bem ali. Se eu tivesse o meu próprio quarto, teria levado Anton para lá e mudado meu voo de novo, mesmo que isso significasse uma escala na Islândia e uma viagem de vinte e seis horas de volta para casa.

Tinham se passado cinco minutos, ou vinte horas, ou trinta segundos? Não sei. Pareceu durar para sempre, mas também acabou rápido demais.

Um pequeno segundo de eternidade.

Eu tinha escutado a tradução de Colette do poema de Jacques Prévert tantas vezes que ele havia se entranhado no meu cérebro, da mesma forma que acontecia com letras de música. Trechos iam e vinham nos momentos mais estranhos. Eu ouvia um ou dois versos enquanto esperava meu pedido no Starbucks. Ou dobrando roupa. Ou fazendo uma trilha em Temescal Canyon. Eu quase nunca sabia o que acionava a poesia no meu cérebro. Porém, no saguão do Hôtel Regina Louvre, não tive dúvidas.

O pequeno segundo de eternidade
Quando você me beijou
Quando eu beijei você
Em uma manhã sob a luz do inverno

Devagar, Anton se afastou. A realidade voltou. Meu táxi chegaria a qualquer instante.

— Você vai perder o seu voo — disse ele, roçando os lábios na minha testa pela última vez.

Não me lembro de ter me despedido. Não me lembro de nada sobre o momento em que ele foi embora. Devo ter dado tchau e o observado sair, porque tenho uma foto dele deixando o saguão pela porta giratória. Prova de que *aquilo aconteceu*. Apesar de a foto não ter saído boa. Nela, Anton é um borrão, uma figura escura desparecendo por uma porta em movimento.

Então eu estava em um táxi com as minhas malas. Mandei uma mensagem rápida para Tara praticamente antes de a minha bunda sentar no banco, só para ela saber que ninguém havia me sequestrado.

A GENTE
SE PEGOU
NO SAGUÃO
E FOI
🔥🔥🔥

Tara instantaneamente respondeu.

ME CONTA TUDO!!!!

Olhei para o hotel pela janela. Para a Torre Eiffel ao longe. Para Joana d'Arc. Para a magia de Paris. Então vi Anton na calçada. Ele olhava para mim, esperando meu táxi partir. Ergui uma mão e acenei enquanto íamos embora. Então viramos uma esquina, e não consegui mais vê-lo nem a Torre Eiffel, nem Joana D'Arc, nem nada...

Eu me lembro de passar a corrida de táxi inteira olhando pela janela, tentando entender o que havia acabado de acontecer e imaginar o que estaria por vir. Eu estava completamente exausta e maravilhosamente animada. Era a sensação mais estranha, mais linda. A cidade de Paris passava correndo até lentamente se transformar de mágica urbana para seus arredores mais humildes, as cores e a paisagem mudando no caminho até o aeroporto.

Ping. Tara de novo.

Ela havia enviado um monte de fotos. Nós duas na frente do Arc du Carrousel, eu agarrada aos meus panfletos, é claro. Nicole, Penelope e eu no jantar com François. Eu parada na frente do Little Red Door, pavor e ansiedade estampados no meu rosto. Eu com Andy, radiantes na ópera.

Então Bob e eu.

Oi, pai.

Quase perdi o voo. Fui a última pessoa a embarcar, e tiveram que segurar o avião por minha causa. Enquanto me acomodava na minha poltrona, pedindo desculpas para meus vizinhos, meu celular apitou de novo. Outra mensagem. Eu mal podia esperar para ver mais fotos de Tara. Eu não queria que Paris acabasse.

Mas a mensagem era SERÁ QUE ESSE É O AMOR DA MINHA VIDA?!

Você conhece a expressão *coup de foudre*? Acho que nosso encontro me passou uma boa ideia do que ela significa.

— Por favor, desliguem os aparelhos eletrônicos, inclusive o telefone celular, enquanto nos preparamos para a decolagem.

A voz do autofalante era prática, e vi o comissário na frente do avião começar a verificar cada fileira com um olhar preciso. Mas eu estava no fundo. Ainda tinha uns trinta segundos, pelo menos.

Abri o Google Tradutor e digitei *coup de foudre*, porque não conhecia a expressão. No telefone, a tradução apareceu:

Amor à primeira vista.

Casa Doze

Um céu estrelado

A Casa Doze, a última, fala sobre encerramentos. Ela trata das fases finais de um projeto, de concluir pendências, términos, o pós-vida e a rendição. O propósito da Casa Doze é nos ajudar a evoluir e crescer até nos tornarmos mais completos e realizados.

Minha Casa Doze está em Aquário. Aonde quer que eu vá, encontro amigos. Podem ser amigos por uma jornada curta ou amigos para a vida inteira, mas nenhum deles é novo. Stephanie diz que todos nós já nos conhecemos em papéis diferentes, talvez gêneros diferentes, em todo tipo de lugar em nossas vidas passadas.

O planeta Urano rege o signo de Aquário, e por isso rege minha Casa Doze. Nasci com Urano em Libra, e isso fala de companheirismo. Apesar de Urano ser o regente da minha Casa Doze por causa de Aquário, é importante saber que, no dia em que nasci, ele estava na minha Casa Oito da reencarnação da alma gêmea. A Casa Oito também fala sobre desejar controlar circunstâncias, mas Urano desafia o controle. Ele precisa de liberdade para respirar. Vendo por esse lado, Paris tinha que acontecer exatamente daquele jeito.

No começo, foi bom estar de volta a Los Angeles e à minha casinha amarela. Apesar de ter passado menos de uma semana fora, eu tinha sentido falta de tudo: das borboletas e das flores no quintal, do meu colchão antigo porém tão confortável, da minha cozinha, onde eu sabia usar a cafeteira. Do sol quente. E, acima de tudo, de Margot e Dash.

Dash me recebeu com abraços e mil perguntas sobre a comida em Paris. Eu tinha tomado sopa de cebola francesa? Steak tartare? Era verdade que franceses não lanchavam? Havia máquinas de venda eletrônica com baguetes em vez de doces?

— Ah. Oi, mãe. Como foi Paris? — perguntou Margot, distraída. — Você encontrou sua alma gêmea? Pareceu divertido.

E foi embora antes de eu conseguir responder, mas não antes de me contar que tinha feito um teste — e sido escolhida — para ser a mascote da escola. O golfinho Dewey? *Margot?*

Eu precisava ir ao escritório. Mas *não* queria. Não porque eu detestasse o trabalho e meus colegas — eu amava tudo, é claro. E vamos encarar os fatos, eu precisava de dinheiro, imediatamente. Mas não queria encontrar meus colegas e clientes porque me sentia tão envergonhada quanto havia previsto. Não dava para entender? Fora ter dado uns amassos ridículos (mas deliciosos) em público com um cara que tinha nascido no dia errado, eu fracassara em Paris, e muita gente sabia disso. Não era difícil imaginar os *Mas que droga* e *Puxa, deve ter sido chato mesmo* que me esperavam na recepção e nas copiadoras. Eu também teria que tirar todos os pôsteres da minha sala. Que horror. Era de surpreender que eu estivesse enrolando o máximo possível? Que acabou nem sendo tanto tempo assim.

Poucos dias depois da minha volta, me ofereceram uma vaga grátis em um workshop Ninja Coaching exclusivo para os melhores corretores da Agency. Aquele treinamento de vendas de alto nível, que duraria uma semana inteira, normalmente custaria uma pequena fortuna. E, mesmo que eu tivesse dinheiro sobrando, aquele não era o meu lugar. Eram os pesos-pesados responsáveis por vender centenas de milhares de dólares em imóveis que frequentavam esse tipo de treinamento. Mas alguém havia desistido em cima da hora, e pensaram em mim. Antes de eu conseguir pensar demais no assunto, aceitei. Porque, se aquele workshop era bom o suficiente para Billy e Mauricio, quem era eu para recusar?

O treinamento começou às oito da manhã no Viceroy L'Ermitage Hotel de Beverly Hills. *Parece o tipo de coisa que acontece em um salão*, pensei no caminho. *Ninguém vai perceber que estou um pouquinho atrasada. Posso entrar discretamente e fazer anotações no celular.*

Errado. O workshop tinha pouquíssimos participantes e acontecia em uma pequena sala de conferência. Pior ainda, todo mundo tinha chegado na hora. Assim, virei o foco das atenções quando abri a porta e tentei entrar de fininho.

— *Bonjour!* — exclamou Mauricio, sua voz inimitável ecoando pela sala. — Ela voltou!

— Você encontrou sua alma gêmea? — perguntou alguém.

— Bem-vinda!

— Aê, Natasha! Você foi mesmo!

— Gostou de Paris?

Meus colegas me aplaudiram enquanto eu encontrava um lugar. Eu não sabia o que fazer. Achei que acabaria baixando a cabeça de vergonha, sem saber o que falar enquanto fugia de perguntas humilhantes e admitia que o plano tinha dado errado. Mas ninguém ali falava comigo como se eu fosse uma idiota iludida que havia levado um banho de água fria da realidade. Em vez disso, estavam me parabenizando.

— Hum, obrigada, mas... por que vocês estão me dando parabéns? — perguntei, tentando rir e manter um clima leve enquanto esperava cair numa arapuca.

— Porra, você entrou num avião pra Paris e foi atrás da sua alma gêmea. Talvez não tenha dado certo desta vez, mas estou apostando em você, garota — disse um dos corretores, alguém que, para ser sincera, achei que nem soubesse da minha existência. Por que ele saberia? O meu trabalho era uma barraquinha de sorvetes em comparação com o império dele.

— O que aconteceu com o último cara? Estou louca pra saber! — sussurrou Monique enquanto a instrutora pedia para nos aquietarmos e prestarmos atenção nela.

— Vamos fazer um aquecimento — disse a instrutora, em um tom animado. — Muita gente tem medo de falar no telefone hoje em dia. Especialmente de ligar para clientes avulsos. Este é um exercício que ajuda a nos dar confiança. Todo mundo aqui vai ligar para alguém agora. Pode ser um cliente antigo. Um cliente novo. Um colega de trabalho. Um amigo. Sua mãe. Sua irmã. Não importa, contanto que você ligue, a pessoa atenda, e vocês conversem. E, se você não souber para quem ligar, quero que brinque de roleta-russa com o celular. Feche os olhos, arraste a tela nos seus contatos e ligue para a pessoa em que o dedo parar.

A roleta-russa parecia a escolha óbvia. Eu não queria falar com minhas amigas por enquanto. Elas teriam perguntas demaaais. Saí da sala, encontrei um lugar tranquilo, fechei os olhos e deslizei o dedo pelos meus contatos. Quando abri os olhos, não acreditei no contato em que tinha parado: a rádio 97.1 FM.

Só pode ser brincadeira. Cogitei girar a roleta dos contatos/destino de novo, mas segui com o exercício e apertei Ligar. A ligação foi atendida pela mesma pessoa que havia falado comigo meses antes. *É melhor eu acabar logo com isso e ir com tudo*, decidi na hora.

— Lembra de mim? A mulher que ia atrás da alma gêmea em Paris? Oi. Acabei de voltar — comecei, então expliquei sobre o workshop e por que eu estava ligando.

— Um treinamento de vendas? Ninja? *Agora?* Ah, os DJs vão querer falar com você — disse ela.

Os DJs se divertiram com o meu treinamento de vendas e me deram as boas-vindas no regresso de Paris, lembrando aos ouvintes por que eu tinha ido para lá. Então perguntaram o que eu queria dizer agora que tinha a atenção deles e que estava ao vivo no rádio.

Eu não tinha pensado nisso. Só tinha seguido o exercício do treinamento. E Mauricio havia acabado de se aproximar de mim, ouvindo tudo.

— Você está... *no rádio?* — perguntou ele, incrédulo.

Fiz um joinha para ele e abri um sorriso hesitante. Então, de repente, eu sabia o que dizer, o que tinha sentido no instante em que percebi que meus colegas *não* passariam uma semana me encarando como um fracasso cósmico no treinamento. Nem em qualquer outro lugar.

— O que eu mais quero dizer é que me sinto grata por tantas pessoas na minha vida. Até por essa estação de rádio. Toda manhã no caminho pra escola, eu e meu filho escutamos seu programa. Eu não percebi na época, mas esse programa foi uma das coisas que me animaram em momentos difíceis deste último ano. Ele me lembrava de *acordar* todo dia. Então, hum, obrigada por serem vocês.

Eu sei que tagarelei e provavelmente pareci sentimental demais. Mas eu tinha certeza de uma coisa: a onda de gratidão profunda que eu sentia pelas pessoas na minha vida que me apoiavam, que me incentivavam, enquanto eu tentava encontrar uma segunda (certo, talvez uma terceira ou quarta) chance de ter meu final feliz.

Pouco antes de desligar, acrescentei:

— Se alguém estiver querendo comprar ou vender uma casa, pode falar comigo.

— Você participou de um programa de rádio? Bom, é a primeira vez que escuto essa em anos dando este curso — disse a instrutora, surpresa. Todos nós tivemos que compartilhar nossas experiências.

Aguentei apenas dois dias e meio do treinamento. A instrutora queria que guardássemos nossos celulares e laptops e nos concentrássemos das oito da manhã às seis da tarde, e eu, com meu TDA, não conseguia. Mas aprendi algo inestimável: pessoas que eu respeitava me enxergaram de verdade — desordenada, esperançosa, impulsiva, trabalhadora, decidida a ter sucesso — e gostaram de mim. Elas até pareciam me respeitar também. Ah, e descobri que a venda da casa do astro pop provavelmente estava resolvida, mas com outro comprador. A corrente de e-mails que eu tinha mandado para minha lista de contatos de todos os cantos dos meus novos universos tinha, milagrosamente, rendido uma compradora empolgada que procurava uma casa exatamente como aquela. Billy tinha me puxado para um canto durante um dos intervalos no primeiro dia de treinamento para dar a notícia.

— Recebi um telefonema hoje cedo de uma pessoa que viu o seu e-mail. Por coincidência, fui advogado dela uma eternidade atrás, quando eu trabalhava no mercado de entretenimento. Ela é ótima e está esperando o terceiro e o quarto filho. São gêmeos, imagina só? Ela precisa de uma casa maior pra ontem. Vai pagar tudo em dinheiro, sem exigir quase nada no contrato, e quer resolver isso rápido. Tem uma boa chance de nós fecharmos o negócio nesta semana. E ela não liga pra festinha que o comprador acabou de dar.

Eu sempre sentira que a casa do astro pop deveria pertencer a uma família. As casas, assim como as pessoas, têm energia. Eu tinha uma sensação boa sobre aquilo.

— Se um dia eu me casar de novo, quero uma versão branca deste vestido — falei para Tony quando devolvi o vestido de festa de veludo que ele havia criado e me emprestado para usar em Paris com a minha alma gêmea. — Obrigada por confiar em mim pra cuidar dele.

Nós estávamos no seu ateliê.

— Você vai comemorar hoje? — perguntou Tony.

— Não. Por que eu comemoraria? — respondi, confusa.

— A data! *Chérie*, hoje é *le deux novembre*! Você precisa fazer um brinde ou comemorar de algum jeito. Dois de novembro finalmente chegou.

Era óbvio que Tony não sabia que eu era péssima com datas. Mas ele tinha razão. Em casa, sentei no meu sofá com um copo de água com gás (afinal de contas, precisava ser uma bebida com bolhinhas) e mandei meus votos de feliz aniversário para todos os meus dezesseis candidatos a alma gêmea. Até para o Cara da Cicatriz. Até para Amir, que tinha me dado um bolo na ponte.

Um por um, muitos deles responderam. Chloe também.

Maaz: *Merci!*

Antoine: Oi.

Chloe: Penso muito em você! Em você e na sua irmã.

Alcide: Espero que a gente se encontre em 2020. (Isso vindo de um homem que não tinha respondido a nenhuma das minhas mensagens em Paris — nenhuma!)

Amir: Muito obrigado! Como você está? Achei que tivesse esquecido de mim. E quando você vem encontrar nosso amor? (Hum, o quê?)

Thierry: Olá um pássaro de Paris Com um sorriso e um beijo. (Que diabos isso significava?)

Dava para perceber que alguns deles gostavam mais de mim agora que eu tinha voltado a Los Angeles.

Fabrice: Obrigado pelo aniversário, Natasha 😘⭐, fiquei muito emocionado, a festa foi pequena por causa do falecimento do meu pai, não tenho muita vontade de festa sem ele por enquanto. Minha mãe está descansando em casa agora, conosco por perto. Que tristeza você deve ter vivido também. Você é adorável obrigado por suas palavras. Eu beijo você.

Então mandei uma mensagem para Philippe.

Feliz aniversário, P. Conheci muitos homens nascidos em Paris no dia 2 de *novembre* de 1968. Nenhum era igual a você. Todo o meu amor. Bj

Mas Philipe não respondeu, nem naquele dia nem no próximo. Semanas passariam antes que eu tivesse notícias dele.

Dois de novembro não era o único dia em que eu devia estar prestando atenção enquanto 2019 chegava ao fim. Em uma tarde, Tara eu estávamos conversando na minha cozinha quando ela viu uma pequena tigela de vidro que eu tinha virado para cobrir e proteger cerca de uma colher de chá de cinzas grossas na minha prateleira de coisas especiais. Um post-it cor-de-rosa preso ao pote dizia NÃO TOQUE! PODE SER O BOB!

— *O que é isso?* — perguntou Tara. Pelo seu tom, já dava para perceber que ela sabia muito bem o que era.

— Bom, é que... bom... aquele tubo que eu comprei para as cinzas do papai devia ter uma trava ou coisa parecida. Ela meio que abre quando menos espero e derrama tudo se eu não tomar cuidado.

— Derrama *tudo*? Você está falando do *papai*? Tasha, está na hora de lidar com isso. Direito. O aniversário de um ano da morte do papai está chegando. No dia 10 de dezembro. Precisamos deixá-lo descansar. Chega desse tubo. O papai iria querer assim.

No fundo, eu sabia que ela estava certa. Antes da viagem para Paris, eu tinha me consultado com uma vidente chamada Teresa sobre a busca pela minha alma gêmea, apenas uma das muitas vias alternativas que segui na minha tentativa de encontrar o amor da minha vida. Teresa não tinha muito o que dizer sobre as minhas perspectivas amorosas, mas parecia ter uma linha direta com Bob. E com o meu tio materno. Eu sei, eu sei. Eu tinha ligado de novo para ela depois de voltar de Paris. Eu sentia saudade do meu pai. E ela, ou melhor, ele, segundo ela, tinha uma mensagem para mim. Ele me amava, estava orgulhoso de mim, mas, de acordo com Teresa, Bob ficava falando de uma foto dele que eu tinha. Ele queria que eu encontrasse essa foto e a colocasse, respeitosamente, em um porta-retrato. Eu sabia que foto era essa. Era a foto dele jovem, no MIT. Depois de encerrar a ligação com Teresa, eu tinha ido imediatamente para a prateleira na cozinha e encontrado a foto caída, virada para cima, salpicada de cinzas. Ah, não. O tubo. Quando eu não o carregava comigo na minha bolsa vermelha, ele ficava bem do lado daquela foto. E, pelo visto, tinha dado algum defeito. Eu não sabia o que fazer. Devia empurrar as cinzas de volta para o tubo e limpar o resto? Esfregar os restos mortais do meu pai com uma borrifada de desinfetante e uma folha de papel-toalha não parecia certo. Além disso, será que meu pai iria querer ficar na minha prateleira de coisas especiais? E se ele preferisse outro lugar? Um pote de vidro de cabeça para baixo parecia uma boa solução temporária enquanto eu bolava um plano. Mas, agora, fiquei pensando que talvez Bob quisesse mais que apenas a foto emoldurada para se tornar (em parte) o santo padroeiro da minha cozinha. Talvez fosse isso que a vidente queria dizer. Contei para Tara o que Teresa havia dito.

— É, parece exatamente o tipo de coisa que uma vidente *diria*. Que bom que você emoldurou a foto. É uma das favoritas da mamãe. E esse seu tubo? Ele é muito vagabundo — disse minha irmã, suspirando.

No fim das contas, decidimos espalhar o restante das cinzas de Bob no mar. Bob adorava o oceano. Até seu túmulo tinha uma vista linda para a costa. Alugamos um barquinho que nos levaria até as águas sob o cemitério de Santa Barbara. Seríamos apenas nós três: eu, Tara e nossa mãe. E a tripulação. Ah, e Bob.

— Você está bem, mãe? Quer alguma coisa? — perguntei, revirando a cesta de piquenique de Tara digna do Pinterest enquanto o capitão guiava o veleiro de vinte e sete pés rumo ao Pacífico. — Um lenço? Colírio? Salame de pimenta e erva-doce? O que é isso, uma tábua de frios para um sepultamento no mar? — perguntei para minha irmã.

Tara me passou uma garrafa de Veuve Clicquot com rótulo amarelo, uma versão de tamanho normal da que tínhamos no frigobar do hotel de Paris.

— Só presta atenção na direção do vento antes de abrir esse seu tubo. É sério. Pesquisei bastante como espalhar cinzas, e não quero vivenciar a cena de *O grande Lebowski* por sua causa.

— Você se preocupa demais — falei, abrindo o champanhe. — Relaxa! Não deve ser difícil espalhar cinzas.

— O Bob teria adorado isto — disse Edna, com um sorriso verdadeiro, enquanto eu enchia sua taça de plástico com champanhe e sincronizava a playlist Joe Tranquilo com a caixa de som do barco. "This Will Be (an Everlasting Love)", de Natalie Cole, começou a tocar e se espalhar pelas ondas. Era maravilhoso ver minha mãe feliz.

Quando estávamos a três milhas náuticas da costa — a exigência legal para o descarte de restos mortais cremados —, o capitão gentilmente anunciou que era hora de nos despedirmos e começarmos a espalhar as cinzas.

— Certo. — Engoli em seco, reconhecendo que essa era a minha deixa.

Mas eu não sabia bem como fazer isso. Olhei para minha irmã e minha mãe, as duas me encarando com expectativa sob seus óculos escuros grandes. Onde estava aquela merda de manual da morte? Como o sepultamento no mar de Bob tinha se tornado minha tarefa? Por que eu não tinha sido encarregada da comida, como minha irmã? Ou de conversar com o capitão bonitinho, como minha mãe? Minha cabeça doía; meu coração doía.

Fique tranquila, sussurrou uma voz calma. *Como Joe Tranquilo.*

Oi, pai.

— Ao grande Bob Sizlo. — Ergui minha taça. — Obrigado por ficar com a gente, pai. Amamos você.

Com cuidado, retirei a tampa do tubo dourado e comecei a espalhar as cinzas grossas pelo mar. *Até que não é tão ruim,* pensei. *É até lindo, na verdade. O ciclo da vida. Devolvendo o corpo físico do meu pai para a terra (ou, bom, para o mar). Do pó viemos e ao pó voltaremos.* Os restos mais pesados das cinzas que pareciam areia afundaram na água escura, e uma camada fina de poeira flutuou calmamente pela superfície rumo ao pôr do sol. Joguei um punhado de pétalas de rosa-branca no mar e as observei girando, se misturando ao meu pai. Minha mãe ficou em silêncio. Ouvi Tara fungando. E, mesmo assim, nossa tristeza era meio feliz. Estava na hora de desapegar. Mas, de algum jeito, não estávamos renunciando a nada naquele barco. Estávamos aceitando. Nós não lutávamos contra a morte de Bob nem fugíamos dela. Apenas encarávamos o fato, e ele. Nós enfrentamos as ondas do luto, do amor e das lembranças, deixando que tomassem conta de nós. Foi perfeito.

Isto é, perfeito até o restante das cinzas de Bob ficar preso no tubo.

Bati o recipiente de leve na lateral do barco, tentando soltar as cinzas. Mas nada saiu. Bati com mais força. Nada.

— Isso deveria acontecer? — sussurrou Tara entredentes.

Enquanto eu batia sem parar o recipiente com meu pai morto na lateral do barco, senti o vento ganhar força.

— Fecha a boca — avisei para minha irmã, que parecia apavorada.

Nossa, como aquelas cinzas estavam presas.

Pá! Pá! Pá!

Continuei esmurrando o tubo contra a lateral do barco com cada vez mais força, incentivando Bob a se soltar e cooperar com os planos do dia, mas, mesmo morto e reduzido a cinzas, ele era um homem teimoso. Conforme o barco boiava sobre as ondas, a direção do vento mudou; a brisa acelerou e soprou direto em nosso rosto.

— Nossa! — exclamei quando as cinzas soltaram e chegaram perigosamente perto de nós. — Acho que você estava certa em se preocupar!

O meu olhar encontrou o de Tara por alguns segundos, e sorrisos minúsculos se abriram em nossos lábios. Eu conhecia bem aquela sensação: estar sentada ao lado da minha irmã, engolindo uma crise infantil de risadas nos momentos mais inapropriados. Eu me esforcei para manter o controle, respirei fundo e esperei o ataque passar. Dava para ver que Tara lutava contra a mesma sensação. Lágrimas misturadas a risadas. O olhar em seu rosto igual ao de quando éramos pequenas.

— Não teve graça, pai — disse Tara, apenas, antes de cair na gargalhada.

Então chegou a hora de um brinde das irmãs. Tara e eu fomos para a proa do barco, nos afastando da nossa mãe, e erguemos duas garrafas de Modelo, a cerveja favorita de Bob, para o céu.

— Nós te amamos! Nós te amamos, pai! — gritamos antes de jogar a cerveja cor de âmbar na vítrea água azul-escura.

Eu me inclinei sobre a lateral do barco, fechei os olhos e falei diretamente com meu pai. Agradeci por ele ser um pai, avô, marido e amigo maravilhoso. Agradeci por ter me ensinado que tudo é possível, sempre. Agradeci por ter prometido em seu leito de morte que encontraria a mim e Tara em Paris. E por aparecer na Cidade Luz um ano depois, seu espírito pairando pelas ruas de pedrinhas, me dando forças para viver e amar de novo. Agradeci por ter me ensinado a acreditar, a ter fé, a acordar. Agradeci por ter me pedido para sempre acreditar em magia e nunca desistir do amor. Por me lembrar de ficar *tranquila*, independentemente do que acontecesse.

A água estava parada. O sol havia se posto, o céu brilhava com as cores da magia e do fogo. A lua enorme, quase cheia, refletia no mar. Pétalas de rosas-brancas boiavam ao longe. Tara e eu ficamos sentadas uma ao lado da outra, em silêncio. Então ela pegou o celular e começou a gravar.

— Nosso capitão é bonitinho — disse ela em segredo para a câmera, olhando para mim e levantando uma sobrancelha.

Ela indicou a popa do barco com a cabeça, onde nossa mãe se servia de outra taça de champanhe e batia papo com nosso belo e jovem capitão, Johnny.

— Talvez eu devesse perguntar quando é o aniversário dele. — Levantei minhas sobrancelhas de volta para Tara. — Ele *gostou* da mamãe.

Mas Edna já tinha passado na nossa frente.

— Ele nasceu em 1986, em Miami — anunciou ela em tom orgulhoso, dando um abraço apertado no capitão ao chegarmos no píer. — Ele não é o homem da sua vida, mas é um rapaz bonito.

— Como foi mesmo que a gente sobreviveu à nossa infância? — sussurrei para Tara.

— Sei lá... a gente sobreviveu?

Mais tarde naquele dia, postei algumas fotos do barco no Instagram. Eu não usava muito a internet desde que tinha chegado de Paris, voltando a ser a usuária de redes sociais que era antes de 2 de *novembro* de 1968. Era um alívio poder viver sem me preocupar com aparências. Mas eu também não conseguia parar de pensar nas muitas, muitas pessoas que tinham entrado em contato comigo no último ano, não sobre encontrar o amor da minha vida, mas sobre o luto esmagador e imprevisível que também sentiam com a morte de um ente querido. Eu tinha sido extremamente honesta sobre como era difícil aceitar a partida do meu pai. Ninguém sentia necessidade de fingir para mim que estava tudo bem, porque eu já tinha contado para todo mundo que eu conhecia e não conhecia que *não estava*. O fato de meu pai ter morrido não foi bom. Não *é* bom. Mas aconteceu. E, naquele dia no barco, percebi que eu, Tara e minha mãe finalmente tínhamos conseguido atravessar o luto. Não, nós não tínhamos chegado ao ponto em que tudo eram rosas, doces e borboletas para sempre. Nós estávamos em outro lugar. Um lugar que ainda era uma merda às vezes, mas que também era aceitável, de certa forma. Eu queria dar oi para os meus companheiros de viagem. *Estamos aqui! Estamos vivas. Olá.*

No meio de dezembro, finalmente tive notícias de Philippe.

Philippe: Oi. Eu não queria ter ignorado você no meu aniversário. Mas não sabia como responder. Estou com saudade. Vamos tomar um café?

Eu: Talvez.

P: Adorei a empolgação.

Eu: TALVEZ.

Claro que café era uma taça de rosé. Tudo bem, duas.

Philippe e eu nos encontramos no Casa del Mar, e sentei no mesmo banco do bar que tinha sentado um ano antes, torcendo para conhecer pais gatos que tiveram que sair de casa depois dos incêndios em Malibu. O lugar exato em que eu tinha dito a Nicole por mensagem Ele não pode ser o homem da minha vida!!! antes de resolver que eu buscaria todos os homens do mundo que tinham nascido no mesmo dia de Philippe.

Tinha sido um ano e tanto.

— Então, o que você *achou* de todo mundo com a mesma data de aniversário que eu? — Philippe sorriu ao me cumprimentar no bar.

Senti o rosto esquentando e ficando vermelho.

— Estou com tanta vergonha. Não quero falar sobre isso — respondi.

Philippe ainda estava lindo. Ele usava sua camisa branca. Maldito.

— Ah, sinto muito. Eu não sabia que isso estava na lista de coisas que não podíamos mencionar. Que tal este assunto: Você quer saber como é ser um cara que nasceu no dia 2 de novembro? — perguntou ele. — Podemos falar sobre isso? As pessoas me ligavam. As pessoas *continuam* me ligando, melhor dizendo. Pra perguntar sobre a minha data de nascimento e a sua aventura maluca. Minha mãe ficou tão confusa.

— Ah, desculpa.

Philippe apenas olhou para mim e balançou a cabeça.

— É bom te ver, Natasha.

— Obrigada, Philippe. É bom ser vista.

Bebemos nossos rosés em silêncio.

— Eu queria pedir desculpas — disse Philippe. — O que nós tínhamos foi... — Ele fez uma pausa.

— Perfeito demais até deixar de ser? — falei baixinho. — Eu sei. Nós fizemos bobagem. Perdemos o controle. Bebíamos muito. Dormíamos tarde. O jeito como nós terminamos. Foi difícil pra mim. Continua sendo, de certa forma. E eu fico me questionando se foi difícil pra você também. Eu sei que não é justo fazer essa pergunta, mas preciso saber. Passei tanto tempo pensando nisso. — Era algo que eu nunca tinha achado que teria coragem de perguntar.

— É claro que foi difícil pra mim — disse Philippe. — Talvez ainda seja. Não sei.

Então ele parou de falar, como costumava fazer na época em que ainda tentávamos salvar as coisas entre nós, feito dois idiotas, naquela fase final terrível. Ficamos em silêncio por um minuto.

— Eu te interrompi — falei por fim. — Você queria se desculpar. Mas pelo quê?

— Você me pediu em casamento, e eu nunca respondi.

— Ah. Foi de propósito?

— Você não queria a *mim*, Natasha. Você queria alguém que salvasse você, que juntasse os seus cacos. E depois foi embora para Paris.

Eu não teria colocado a situação *exatamente* nesses termos. Mas eu sabia que tinha sido difícil para ele dizer aquilo. E que sua observação era verdadeira até certo ponto.

— Sou eu que preciso me desculpar, Philippe. Eu queria que alguém me salvasse. Eu quis isso por muito tempo, depois do meu divórcio e da morte do Bob. Mas sabe de uma coisa? Você meio que fez isso, de certa forma. E sou grata a você. Vou ser grata para sempre.

Nós finalmente estávamos dizendo tudo que nunca tínhamos dito? Cara a cara? *Não* enquanto estávamos bêbados e às três da manhã? Sim, estávamos. Era difícil, mas também era bom. Philippe tinha, em determinada fase da minha vida, sido minha base, assim como meu pai. Mas eu estava começando a enxergar Philippe de um jeito diferente. Começando a entender a maneira como ele podia estar alinhado com meu ponto do destino, como Stephanie dissera, e também que eu não precisava necessariamente estar *com* ele. Só porque uma coisa termina não significa que não fosse para ser. Eu podia respeitar e amar o homem muito humano, lindamente vulnerável, de carne e osso, que era Philippe, e mesmo assim seguir em frente.

Naquela noite no bar, não desmoronei e caí nos braços de Philippe como teria feito em qualquer outra noite antes de Paris, antes da morte de Bob. E, sejamos sinceros, até depois da morte de Bob. Em vez disso, perguntei a Philippe sobre a mulher com quem ele estava saindo. Falei que estava torcendo para dar certo. E falei sério.

— Está, sabe? Dando certo. Acho que aprendi uma coisa ou outra, Natasha — disse Philippe.

— É engraçado como essas coisas acontecem.

Logo depois disso, Philippe foi embora para encontrar um amigo de infância próximo, Giles, que passaria apenas uma noite na cidade. O pobre Giles estava passando por um divórcio difícil, e Philippe queria distraí-lo e oferecer apoio.

Minha versão antiga teria continuado no bar. Ligaria para uma amiga vir me encontrar. Beberia um pouco mais. Torceria para um pai gato que tinha ido parar ali por causa de um incêndio ou por qualquer outro motivo sentar no banco ao meu lado. Mas fui para casa. Fiz um chá. Abri o laptop. E comecei a escrever e pensar em tudo. Sobre meu pai. Sobre amor. Sobre Philippe. Nossa história havia chegado ao fim? Parecia que estava se encaminhando para isso, mas uma vozinha na minha cabeça dizia que tinha sido fácil demais. *Fácil?*, eu queria berrar de volta para ela. *Que parte disso tudo foi fácil?*

Peguei o celular e mandei uma mensagem para Philippe.

Eu: Aquilo foi um ponto-final?

P: Pareceu um ponto-final pra você?

Eu: Algo assim.

P: Então foi "algo assim".

Eu: A gente acabou de ter o término mais louco da história dos términos?

P: Sem comentários.

Então ele mandou uma selfie dele e Giles. Dois homens adultos com os rostos pressionados, mandando beijinho para a câmera. Do mesmo jeito que Katie eu faríamos. Giles e Philippe eram amigos praticamente desde que tinham nascido. E estavam no tipo de lugar onde Katie e eu sempre fazíamos coisas assim, o Élephante, um lounge da moda em que as pessoas iam para encontrar o amor, ou pelo menos a versão de Los Angeles dele. *Todos nós estamos fazendo a mesma coisa*, pensei e sorri.

Eu: Isso aí, sim, é uma história de amor.

P: Trinta e quatro anos.

Eu: Diz ao Giles que mandei um beijo. E que eu desejo boa sorte com as gatas do Élephante.

E foi isso. Eu sabia que não falaria com Philippe no dia nem na semana seguinte. Mas não era como se precisasse fingir para sempre que ele não existia. Eu não precisava apagar Philippe. Ele tinha sido o homem certo em uma época errada da minha vida. Além disso, eu não queria mais desapegar nem esquecer o amor. Eu queria deixá-lo entrar, em qualquer formato que ele assumisse.

Enquanto eu dirigia para casa, voltando de Santa Barbara pela Pacific Coast Highway no fim da tarde do primeiro dia de 2020, pensei na noite que eu havia acabado de ter e no ano que estava por vir. O que Stephanie diria sobre 2020? Os astrólogos deviam ficar muito ocupados no nascimento de um novo ano, que dirá de uma nova década. Imaginei Stephanie e sua secretária, Sheri, analisando mapas astrais e celestiais por semanas e anotando suas descobertas. Rezei para ser um ano bom. Para meus filhos. Para minha irmã. Para Nicole. Para minha mãe. Especialmente para minha mãe. Eu estava vindo da casa dela.

Margot e Dash tinham passando o Ano-Novo com Michael e Anna, e Tara estava com sua família, então Katie eu tínhamos levado Edna para tomar uma taça de champanhe em um hotel chique antes de voltarmos para a casa dela e termos um jantar tranquilo, só nós três. E Sexta-Feira. Minha bolotinha cheia de amor para dar tinha ido morar com Edna. As duas se adoravam, e fazia bem para minha mãe ter companhia, apesar de eu e as crianças sentirmos muito a falta dela. No geral, e talvez um pouquinho para minha surpresa, a noite havia sido legal. Até divertida. Mas, se você tivesse me perguntado seis meses antes se eu achava que passaria a virada para 2020 com Katie, Edna e um chihuahua, eu teria dito: *Você está de sacanagem? Vou estar me agarrando com minha alma gêmea em Manhattan quando der meia-noite.* (Já que Nova York fica no meio do caminho entre Paris e Los Angeles.) Eu nem queria imaginar o que Katie diria.

Pela manhã, depois de Kate ir embora, eu tinha ajudado Edna a pensar na sua carreira. Eu adorava falar de negócios com minha mãe, porque ela entendia tanto do mercado imobiliário. Eu aprendi muito com ela. E, às vezes, encontrávamos formas de nos juntar para fechar negócio. Edna tinha uma casa de nove milhões de dólares para vender em Montecito, uma propriedade única que nós duas concordávamos que brilharia ainda mais com a megaequipe de marketing da Agency por trás dela, então resolvemos nos unir. Sentadas à mesa da cozinha falando sobre as vendas que ela já tinha feito e seus planos para o futuro, eu percebi pela primeira vez quanto minha mãe cuidara do meu pai ao longo dos anos. Eu achava que fosse o contrário, mas os dois apoiavam um ao outro com a mesma intensidade o tempo todo. Bob podia ser brilhante, mas também teve seus problemas de carreira, e a doença o obrigara a se aposentar mais cedo. Naqueles momentos assustadores, Edna havia tomado as rédeas da situação e trabalhado incansavelmente para atrair negócios e sustentar a família. Mas do que eu havia me dado conta.

É que minha mãe era a grande Edna Sizlo.

Minha mãe havia tomado conta de todos nós. Até o infinito.

O sol brilhava como uma moeda de cobre nova no fim de tarde sobre o mar azul infinito enquanto eu dirigia. *Que estrada linda*, pensei pela bilionésima vez. E: *Ela precisa acabar tão rápido?* O mar me chamava, como sempre fazia. Mas desta vez eu não estava com pressa. Então parei o carro no acostamento, não perto da areia fofa das praias de mar aberto de Zuma, mas dos rochedos baixos onde era impossível sentar e onde quase ninguém parava. A estrada estava vazia nas duas direções. Mas tudo bem. Na verdade, estava mais do que bem. Não haveria crises por estar sozinha nem nada assim no meu horizonte. Apenas o pôr do sol.

Ping! Uma mensagem de Nicole.

Feliz Ano-Novo, minha amiga linda! Não tenho palavras para agradecer a você por ter me levado na sua jornada incrível. Desejo que você tenha um ano de sonhos realizados.

Ela havia anexado uma foto dela usando calça de pelúcia e uma blusa, segurando um saco de lixo. Suas duas filhas adolescentes tinham dado uma festa na noite anterior, e agora a família toda limpava a casa. Justin estava ao lado de Nicole com um braço ao seu redor, sorrindo. Os dois pareciam relaxados. Felizes. E, sim, eles tinham reatado depois que voltamos de Paris. Como Nicole dizia, os dois simplesmente tinham resolvido aproveitar a impermanência perfeita de tudo. Quando ela me dera a notícia, eu tinha me dado conta de como aquilo era lindo, da forma como muitas das coisas supostamente místicas que Nicole diz são quando paramos para pensar nelas.

Outra foto chegou: a escada vermelha da livraria Shakespeare and Company em Paris. Havia algo escrito nos degraus que eu não tinha reparado antes. Letras grandes. Como eu não tinha visto? O que as palavras diziam? Ampliei a imagem.

EU QUERIA

PODER LHE MOSTRAR

NOS SEUS MOMENTOS DE

SOLIDÃO OU

ESCURIDÃO

A IMPRESSIONANTE

LUZ

DO SEU PRÓPRIO

SER.

— HAFIZ

Eu te amo, Tash, acrescentou Nicole.

Te amoooooooooooo, respondi, sorrindo enquanto meu coração se preenchia. É claro que eu tinha ignorado completamente aquele poema em Paris. Eu não estava pronta para lê-lo naquela época. A impressionante luz do pôr do sol tomou conta dos meus olhos e do meu carro. Ela era parte de mim, e eu era parte dela. *Isso* é o que a Stephanie quer dizer com *espiritual*, decidi. Li o poema depois. Eu o mostraria para Margot e Dash assim que os dois voltassem da viagem com o pai. Caramba, eu o mostraria até para Michael.

Estava na hora de voltar para casa.

Então notei algo no porta-copo do banco do passageiro: o pote de vidro azul lotado dos pedidos para minha alma gêmea. Eu o deixara ali quando tivemos que evacuar a casa por causa de um incêndio em Palisades, e então tinha esquecido dele.

Imediatamente, eu soube por que tinha me sentido atraída pela praia naquele fim de tarde. Os papéis de pedidos precisavam ser queimados, um por um, para eles terem chance de se realizarem. De acordo com a embalagem original, pelo menos. Infelizmente, eu nunca tinha encontrado um lugar seguro para fazer isso. Incêndios eram coisa séria em Los Angeles. Mas na praia? Perto de mais água do que seria necessário no caso de uma emergência? Daria certo. Havia jeito melhor de começar um ano novo do que com desejos?

Com cuidado, desci as pedras até a praia e encontrei um lugar para sentar. Surpreendentemente, a praia não estava deserta. As pessoas *desciam* pelos rochedos; eu é que nunca tinha visto. Um grupinho de adolescentes estava reunido à minha esquerda, brincando e jogando pedras, e uma mulher mais velha passeava com o cachorro pela beira da água. Tirei o primeiro desejo do pote azul e o li.

Dupla de Jenga pra sempre!!

Boa!, pensei enquanto colocava fogo no papelzinho. Eu o observei voar para o céu e queimar em um rodopio flutuante de chamas e cinza, como prometido. Tirei um segundo pedido do pote.

Alguém que seja romântico.

Não queimei esse imediatamente. Em vez disso, li outro pedido, depois outro, até o pote esvaziar. Eu nunca tinha relido nenhum deles antes daquela noite. Na verdade, depois de anotá-los, eu os dobrava, os jogava no pote e esquecia a sua existência. Ler todos os meus desejos de uma vez me fez perceber algo, porque aquilo era diferente de ler meu diário ou de rever postagens antigas no Instagram. Os desejos eram um registro simples de apenas uma coisa: o que eu tinha desejado com todas as forças do fundo do meu coração pelos últimos doze meses. Mas eles não tinham ficado adormecidos nem esquecidos. Eles tinham sido sementes plantadas por mim no solo rico da minha própria vida. Cada um havia se enraizado, brotado e desabrochado de algum jeito. Talvez não exatamente como eu imaginava quando os anotara e os jogara no pote, às vezes esperançosa, irritada, triste, frustrada ou impaciente. Mas eles tinham florescido. Isso era inegável.

Havia levado quarenta e cinco anos para eu, Natasha Sizlo, pedir em voz alta pelas coisas que realmente desejava. E um ano para o universo me responder.

Quase todos os pedidos no pote tinham sido realizados por alguém na minha vida conforme eu seguia na jornada pouco convencional em busca da minha alma gêmea:

Tem um coração enorme: Dashiell

Alguém que queira tornar o mundo melhor: Margot

Emocionalmente aberto: Fabrice

Alguém que não tenha medo de assumir o controle: François

Que dance comigo mesmo sem música: Minha irmã

SEXO INCRÍVEL: Dev

Ama pizzzzzza!!!: Dev também

Alguém que me inspire: Chloe

Alguém que não desista das pessoas: Minha mãe

Alguém que reconheça e valorize a importância da amizade: Penelope

Alguém que seja paciente comigo enquanto cresço, aprendo, mudo, amo mais, cometo erros, me torno a melhor versão possível de mim: Nicole

Tem um emprego de verdade: Hope

Alguém que me dê apoio (sobre minha carreira, sonhos): Billy

Alguém que ame meus filhos ou poderia amar: Anna

Alguém que tope tudo: Katie

Alguém que meu pai amaria: Andy

Alguém que me torne uma pessoa melhor: Philippe

E, acredite se quiser, eu também tinha este pedido no pote:

Alguém que acredite em amor à primeira vista.

Apenas um permanecia pendente:

Alguém que concorde que Lionel Richie é o maior herói da música que não recebe reconhecimento suficiente e que devia entrar para o Hall da Fama do Rock.

Um por um, queimei os desejos sem me despedir, mas aceitando-os. Aceitando o amor. Eu tinha tanto amor na minha vida. Na verdade, parando para pensar, o amor pelo qual eu havia buscado de forma tão desesperada estava praticamente todo lá. Será que eu estava chegando mais perto daquilo que Stephanie havia dito sobre minha jornada ensinar? Que eu não precisava de um companheiro, que aquela experiência me tornaria aberta a ter alguém? Na época eu tinha detestado ouvir isso, porque achava que era ridiculamente óbvio que eu precisava de um companheiro. E eu também queria isso. Mas, sentada na praia pensando sobre todos os meus desejos e as pessoas na minha vida que os realizavam com tanto amor, percebi que era capaz de cuidar de mim mesma. E dos meus filhos. Eu estava fazendo isso o tempo todo, com a ajuda da minha família e dos meus amigos incríveis.

A *necessidade* da minha busca havia desaparecido.

E, agora que eu não precisava da minha alma gêmea, será que eu finalmente, *finalmente*, estava pronta para essa pessoa entrar na minha vida? E ela poderia aparecer logo?

Para ser sincera, eu não tinha tanta certeza assim. Parecia aquele conselho chato que pessoas solteiras recebem o tempo todo: *Meu bem, quando você parar de procurar, vai encontrar.* Se isso fosse verdade, o Tinder teria falido e ninguém passaria batom para comprar couve-flor no mercado. Mas, deixando as brincadeiras de lado, eu acreditava que as orientações astrológicas de Stephanie faziam sentido. Tudo que ela dissera para mim na época e desde então tinha me impactado profundamente, tendo eu entendido ou não. Ela havia acertado bastante coisa.

Na manhã seguinte, comendo um croissant e tomando um café quente, abri meu e-mail. Dash e Margot estavam dormindo, o sol brilhava, e eu estava pronta para vender casas. Mas, quando eu estava pronta para enviar o contrato de uma casa nova pelo DocuSign (o mercado imobiliário em Los Angeles ganha força depois das festas de fim de ano), vi que Stephanie tinha me respondido. Eu havia enviado um e-mail para ela semanas antes, logo depois da minha conversa adulta com Philippe que tinha parecido um ponto-final enquanto tomávamos um ~~café~~ vinho. Porque eu tinha me dado conta de uma coisa: 2 de novembro de 1968 não podia ser a *única* data, podia?

Para : Natasha Sizlo
De: Stephanie Jourdan
2 de janeiro de 2020
RE: Em busca da alma gêmea — parte *deux*

Oi, Natasha.
Na astrologia, podemos ter muitas almas gêmeas, muitas pessoas com quem podemos ter casamentos felizes. Você não vai ficar surpresa de saber que a maioria das pessoas não gosta de saber disso. Elas preferem acreditar que encontraram o amor da sua vida. Nós temos muitos cônjuges de vidas passadas em quem esbarramos nesta vida e que sentimos que são nossas almas gêmeas. Na astrologia, ao contrário do que se acredita em nossa cultura, quanto mais velho você fica, melhor se tornam suas opções. O mapa astral oferece a descrição do seu parceiro ou o tipo e quantas pessoas se enquadram nessa descrição. Então, lá vamos nós! Rufem os tambores... procure por alguém nascido em 28 de agosto de 1979 ou 29 de agosto de 1979, no extremo oeste da Itália, Córsega, Sardenha, Suíça, no extremo leste da França, no oeste da Alemanha, no extremo oeste da Holanda, ou no extremo oeste da Dinamarca. Essas pessoas provavelmente nasceram entre 21h44 da noite e duas da manhã. Então, das 21h44 até meia-noite de 28 de agosto de 1979, ou da meia-noite às 2 da manhã de 29 de agosto de 1979.
Sol em Virgem
Lua em Escorpião
Provavelmente ascendente em Gêmeos ou Câncer
Sessenta e sete minutos, que totalizam quatrocentos e sessenta e nove dólares. Depois avise a sua forma de pagamento.
— Stephanie

Saiu mais caro que o terapeuta da Gwyneth Paltrow, pensei, fazendo uma transferência para Stephanie. E: *É sério que vou fazer isso de novo?*

Bom, a Nicole adora os saltos da Giuseppe Zanotti, e Katie e eu queremos aprender a esquiar. (Recentemente, Katie tinha se convencido de que teleféricos de estações de esqui eram um ótimo lugar para conhecer caras gatos. Plateia cativa e tal. Talvez ela tivesse razão.)

O universo devia estar me vigiando naquele dia, porque, assim que comecei a comparar as vantagens de schnitzels e carbonaras, meu celular apitou. Uma mensagem.

Era de Anton.

Sim, SERÁ QUE ESSE É O AMOR DA MINHA VIDA?!. Nós nos falávamos de vez em quando desde que eu tinha voltado para casa. Ele era minha alma gêmea? Eu não fazia ideia. Não tinha perguntado a Stephanie sobre ele nem pretendia fazer isso. Eu não precisava que os astros me dissessem como eu tinha me sentido com Anton. Além disso, eu tinha resolvido seguir o conselho sábio de Penelope: às vezes, um pouco de mistério faz bem.

Anton: Oi.

Eu: Oi pra você também. Mandei uma foto do meu croissant.

Anton: Que ótimo, mas acho que ele seria mais gostoso em Paris.

Eu: Hahaha. Eu também.

Anton: Então, o que você acha?

Eu: Do quê?

Anton: De me encontrar em Paris. Diz que sim, Natasha.

Não respondi a Anton na mesma hora. Em vez disso, me servi de mais café e mandei Alexa tocar a playlist Parte *Deux*. Dancei pela cozinha, balançando a cabeça para o momento em que as coisas aconteciam. Meu mural de serial killer cheio de perfis do Tinder e mapas de Paris, agora coberto com fotos de amigos e parentes e lembranças do ano passado, chamou minha atenção. Sorri. Talvez aquela não fosse a decoração de cozinha mais convencional do mundo nem a melhor forma de bolar um plano. E daí?

Sentei à minha mesa, abri o computador e abri um arquivo no GoogleDoc. Quando apoiei meus dedos no teclado, uma página em branco preencheu a tela.

E agora, Natasha?, perguntou uma voz.

Hum. Gosto dessa pergunta.

Respirei fundo. O cursor piscou para mim, cheio de expectativa.

O seu ponto do destino é contar uma história. A voz relaxante de Stephanie ecoou nos meus ouvidos.

Então eu soube o que fazer. Comecei a digitar, mais rápido que nunca.

A HISTÓRIA MARAVILHOSA E INCRÍVEL SOBRE COMO NATASHA ENCONTROU SUA ALMA GÊMEA

Agradecimentos

Este livro existe por causa de várias pessoas.

Meu *muito* obrigada à minha agente, Jen Marshall. (Gêmeos: multitalentosa, intelecto poderoso, parceira e amiga leal. Gêmeos e Virgem, regidos por Mercúrio, são os signos dos agentes literários, e como Jen é uma geminiana com ascendente em Virgem, ela está na área certa) Sou extremamente grata pelo destino ter nos unido. Obrigada por acreditar na minha história e por apostar em mim. Mal posso esperar para ver aonde nossos pontos do destino vão nos levar.

Ao restante da minha equipe incrível da Aevitas Creative Management. A Allison Warren (Libra: diplomática, carismática, inteligente) e Shenel Ekici-Moling, do departamento de cinema e TV. A David Kuhn — *obrigada* por estar no lugar certo na hora certa (que era em um bar de Los Angeles num sábado à noite, no fim de outubro de 2019) —, por ouvir minha história e ligar para Jen na mesma hora. Os astros se alinharam! Os drinques são por minha conta para sempre!

A Sarah Pelz (Virgem: gentil, dedicada, muito durona. Gêmeos e Virgem também regem os editores, então ela é mais uma pessoa dos livros que está no lugar certo!): Sarah é a editora mais motivadora e perspicaz que um escritor poderia ter. A sabedoria e o carinho dela tornaram este livro melhor de várias formas. Obrigada, Sarah, por me dar passe livre para escrever sobre *tudo*. A Emma Peters, Taryn Roeder, Katie Tull, Deb Brody, Abigail Nover, Emily Snyder, Lisa Glover e Tracy Roe. A equipe na Mariner Books e na HarperCollins é fenomenal, e eu tive muita sorte.

Obrigada por apoiar este livro, por acreditar em mim e por dar vida às minhas palavras e ao meu mundo. Vocês me impressionaram com sua visão criativa, ideias profundas e execução brilhante. A Mark Robinson, eu não poderia imaginar uma capa mais extraordinária. A todos que trabalharam na publicação, distribuição e venda deste livro, meus mais sinceros agradecimentos.

A Michael Sugar (Câncer: intuitivo, obstinado, protetor daqueles que ama. Câncer começa na percepção dos sentimentos que vêm da alma. É um signo extremamente intuitivo e que com frequência tem palpites brilhantes): Tuuuuudo faz sentido agora que eu sei que você é quatro vezes alienígena! Obrigada por *se jogar de cabeça* e por acreditar em mim. Obrigada a Lauren Wall Sugar (Áries: transbordando de energia) por todo o apoio. A Angela Ledgerwood (Escorpião: passional, ambiciosa, sincera): Amo vocêêêê, Angie!! E a toda equipe incrível da Sugar23 — Jillian Kay, Ashley Zalta: *Sou muito grata* a todos vocês.

Aos meus filhos Margot (Virgem: batalhadora, criativa, gentil. As crianças de Virgem parecem sábias demais para a sua idade) e Dashiell (Leão: generoso, gentil, amoroso. As crianças de Leão nos lembram que a alegria é nosso maior objetivo). Obrigada pelo apoio e incentivo enquanto eu escrevia esta história durante a pandemia. E enquanto eu a vivia antes de tudo isso. Vocês são *meu universo, as estrelas mais brilhantes do meu céu,* e *vocês me inspiram e me dão muito orgulho.* Nunca se esqueçam de que *tudo é possível.* Por vocês, eu tenho mais do que gratidão. Eu tenho *amor infinito.*

À minha irmã, Tara (Leão: forte, leal, generosa — e mandona, haha. Leão é um signo de fogo, que rege o coração. Se você tiver a sorte de ter um parente ou amigo leonino, busque o conselho dele, pois tudo que disser será um espelho daquilo que está no seu coração): Eu estaria muito ferrada sem você. Tenho tanto pelo que agradecer a você que seria até besteira tentar. Dizem que certa escuridão é necessária para que possamos ver as estrelas, e é por isso que eu me considero grata por todos os nossos dias, até os difíceis. Obrigada por me escolher para ser sua irmã. Por me salvar quando eu não estava pronta para nadar. E por me deixar decolar quando era a hora de voar. Amo você com todas as minhas forças.

À irmã que nunca conheci: Amo você.

Obrigada à minha mãe, Edna Margaret Henretty Sizlo (Virgem: sincera, humilde, batalhadora. Uma mãe virginiana pode surpreender pela sensibilidade e compaixão, apesar da aparência rígida e séria): Por sua exuberância escocesa, seu carinho e sua determinação. Por seu *coração enorme*. Pela *fé* que você coloca em mim. Por ser o exemplo mais incrível. *Por tudo. Amo você.*

A Nicole Cannon, minha irmã de alma parceira de todas as aventuras (Libra: artística, atenciosa, forte. Libra é um signo de ar que rege nossos alter egos, nossas versões que foram negadas. Se você tiver um amigo de Libra, terá um lembrete acessível de todo o potencial que ainda pode libertar dentro de si mesmo): Obrigada por me dar o presente mais incrível, que levou a esta aventura épica. E por me ensinar que o mundo vai muito além daquilo que podemos ver. Sou tão grata por ter vivido essa jornada incrível ao seu lado. Amo você para sempre.

A Penelope Alexitch (Touro: romântica, calma, leal. Touro é um signo de terra que rege aquilo que valorizamos, inclusive aproveitar a vida por meio dos sentidos. Fazer um intervalo para sentir o cheiro da pessoa amada, observar o voo dos pássaros, ouvir o som do vento, sentir a areia sob os pés e se deliciar com cada pedaço de um suflê de chocolate: é isso que nossos amigos de Touro nos lembram de fazer): *Amo você, P!* Acho que está na hora de mais uma aventura!

A Katie Viera (Gêmeos: aventureira, falante, atenciosa. Todo mundo precisa de um companheiro de Gêmeos para ter conversas leves que na verdade são muito profundas e simbólicas): *Minha parceira para toda a vida.* Quem topa um *après-ski*?

A Stephanie Jourdan, ph.D. (Virgem; claro que você tem o mesmo signo solar forte que a minha mãe e a minha filha! Os nossos mapas estão ligados através do Sol e de Urano, o que mostra que nos encontramos em vidas passadas): *Você é a melhor astróloga que já existiu, existe ou vai existir. Amo você!!! Obrigada pela sua orientação celestial e por me ajudar com este livro. Você é uma criatura mágica.* Eu sou infinitamente grata e estou ansiosa pelas nossas próximas vidas juntas.

A Philippe (Escorpião: passional, magnético, leal. Escorpião é um signo de água, profundo, que nos incentiva a olhar mais e mais para o desconhecido, até que a nossa própria luz traga o desconhecido para a consciência. É quase sempre aconselhável se envolver com alguém de Escorpião... é como fazer dez anos de terapia em apenas um): Obrigada por me entender. Até quando você não me entende. *Eu te amo para sempre.* A vida será longa ao seu lado, espero.

A Michael Barrett (Gêmeos: inteligente, adaptável, criativo. Um companheiro ou marido geminiano nos ajuda a saber o que queremos e o que não queremos... um verdadeiro presente): *Obrigada* por ser um pai e um ex-marido incrível. A Anna Faris (Sagitário: aventureira, filosófica, com um senso de humor excelente): Obrigada por ser a *melhor* madrasta malvada do mundo. No fim das contas, você nem é tão malvada assim. Sou eternamente grata pelo seu carinho e amor. A nossa pequena família moderna é um presente lindo.

Sou muito grata a Billy Rose (Gêmeos: inteligente, sincero, inovador. Os geminianos nos mostram como atraímos aquilo em que pensamos, mesmo que seja o oposto do que queremos, lembrando que somos todos parte do grande e lindo universo espiritual). Obrigada por me ensinar, inspirar e apoiar enquanto eu escrevia este livro e no restante do tempo. A Mauricio Umansky (Câncer: amoroso, protetor, intuitivo) e a todos os meus colegas da Agency. Deedee Howard, Farrah Brittany, Allie Lutz, Keri White, Gloria Castellanos, Marci Kays, Monique Navarro, Kate Schillace, Alejandra Sorensen, Kathrin Nicholson, Courtney Lingle, Eric Haskell, Sean O'Neill, Alex Brunkhorst, James Harris, David Parnes, Santiago Arana, Makenzie Green, Paul Lester, Michael Grady, Stefan Pommepuy, Mike Leipart, Doug Sandler e muitos outros. *Todo mundo* da Agency. Obrigada por essa empresa que nos incentiva a correr riscos, quebrar regras e fazer barulho. Vocês são a família que eu escolhi. Será que essa é a certa?! A covid-19 pode ter interrompido nossa história de amor, mas sempre teremos Paris. Obrigada por continuarem acreditando e me procurando durante a pandemia, e estou ansiosa para ver vocês em breve.

A todas as estrelas no meu céu noturno ou, como eu prefiro chamá-las, minha "Star Band". Obrigada por iluminarem o meu mundo e me mostrarem o caminho. Sem ordem específica: Allison Oleskey, Lucy Lee, Sharon Ainsberg, e todas as mulheres da Fists-n-Ropes; Taryn Weitzman, Kristina Grish, Dawn Davis, Jenny Minton Quigley, Jennifer Gates, Laura Nolan, Ellen Kinney, Decia Lazarian, KC Ryan-Foster, Heather Irving, Varun Soni, Anne Thomopoulous, Charles Alazet, Mitch Smelkinson, Shayna Klee, Clara Fantasin, Anita Pocsik, Sheri Buron, a família McVey, Cynthia Vincent. A todos os meus clientes maravilhosos, Caroline Pinal, Dancing Girl, Anne Burkin, Sarah Conner, Remy Rosen, Rhonda Byrne, Laurie Fortier, Teresa Symes, Dallas, Evelyn Hall, Friday, Bruce Lang, Hope Leigh, Tony Hamdan Djendeli, Felicia Alexander, Kate Walsh, Ashley Park, Lucas Bravo, Darren Star, Andy Fleming, Busy Philipps, Ellen Pompeo, Carrie Byalick, Rob Long, Mercedes Eraso Zamora, Marsha e Ivan Barrett, Shachar Scott, Rhiannon Dourado, Kristiana Tarnuzzer e a todas as Avocado Toasts. Aos clãs Sizlo, Henretty e Kraber. A Erik, Colin e Spencer — obrigada por aturar a sua tia Natasha esquisitona. A todas as amigas da Thacher —, obrigada por protestarem junto comigo usando só preto no jantar formal de 1990 e por tentarem (mais ou menos) tirar o carro da vala vinte anos depois. A todas as mulheres de Paris que me apoiaram quando eu mais precisei — *obrigada*. A todos os meus matches do Tinder, Bumble, Facebook e Instagram, desejo a vocês amor, magia e tudo de melhor. A todos os que nasceram em Paris no dia 2 de novembro de 1968 e que cruzaram o meu caminho, *je t'aime*. À equipe atenciosa do departamento de bombeiros de Carpinteria-Summerland, Santa Barbara VNA, e à equipe de cuidados paliativos — obrigada por seu trabalho incansável. A todos os artistas nas minhas playlists Joe Tranquilo, Acorda, Vai Fundo e Parte *Deux* (principalmente o Lionel Richie) — *obrigada*! A todos os espíritos da casinha amarela (e da minha cabeça): *Obrigada* por me ajudarem e por apoiarem meu eu superior e melhor. Eu não teria conseguido sem vocês. A todos os videntes, tarólogos, astrólogos, curandeiros e colecionadores de cristais doidos que cruzaram o meu caminho, e a todos os que me desejaram *bonne chance* na jornada: Não fiz nada sozinha, principalmente este livro. Amo todos vocês. À enésima potência.

Um agradecimento muito especial a todas as organizações que batalham pelos direitos das pessoas a viver, amar e morrer como quiserem.

Para aqueles que estiverem vivendo alguma forma de luto: Este livro foi escrito para vocês. Vocês não estão sozinhos.

A todos os que tiveram nascido em Paris no dia 2 de novembro de 1968, ou no dia 28 ou 29 de agosto de 1979 no extremo oeste da Itália, Córsega, Sardenha, Suíça, no extremo leste da França, no oeste da Alemanha e no extremo leste da Holanda ou no extremo oeste da Dinamarca entre nove e quarenta e quatro da noite e duas da manhã: Venham me encontrar; é o nosso destino.

A todos os que quiserem comprar ou vender uma casa: Deixa comigo! Me liga!

E, por último, ao meu pai, Robert Joseph Sizlo. Bob. Joe Tranquilo (Áries: aventureiro, corajoso, cheio de amor. Áries é um signo de fogo que sabe que sempre há mais coisas a fazer, ver, experimentar e ser. Mesmo sendo o signo mais yang de todos, os arianos surpreendem por serem ótimos exemplos para suas filhas, ensinando-as a serem independentes, confiantes e líderes): Obrigada por tudo. *Tudo.* Nada disso seria possível sem a sua orientação e o seu amor enquanto você estava ao meu lado, e principalmente quando não estava. Você me ensinou sobre *magia, amor* e o poder de *acreditar.* Eu sei que você participou de toda esta jornada louca. Sinto você ao meu lado na casinha amarela, nas árvores, nas nuvens, e amo você à enésima potência. Está tudo tranquilo, pai. Está tudo tranquilo.

Impresso no Brasil pelo Sistema Cameron da Divisão Gráfica da
DISTRIBUIDORA RECORD DE SERVIÇOS DE IMPRENSA S.A.